U0119052

从敦煌到奈良·京都

[日] 砺波护 著

黄铮 译

四川人民出版社

图书在版编目（CIP）数据

从敦煌到奈良·京都 / （日）砺波护著；黄铮译.
-- 成都：四川人民出版社，2023.4
ISBN 978-7-220-12705-2

Ⅰ.①从… Ⅱ.①砺… ②黄… Ⅲ.①中日关系—文
化交流—文集 Ⅳ.①G125-53

中国版本图书馆CIP数据核字（2022）第088654号

四川省版权局
著作权登记
［图进字］21-2023-3

"TONKOU KARA NARA · KYOTO E" by Mamoru Tonami
Copyright © 2016 Mamoru Tonami
All Rights Reserved.
Original Japanese edition published by Hozokan Publishing Co., Ltd..
This Simplified Chinese Language Edition is published by arrangement with Hozokan Publishing Co.,
Ltd. through East West Culture & Media Co., Ltd., Tokyo

本书中文简体版权归属于四川人民出版社有限公司

CONG DUNHUANG DAO NAILIANG JINGDU

从敦煌到奈良·京都

［日］砺波护 著 黄铮 译

责任编辑	邹 近
特约编辑	柴子凡
内文设计	戴雨虹
封面设计	杜林旭
责任校对	舒晓利
责任印制	李 剑
出版发行	四川人民出版社（成都三色路238号）
网　址	http://www.scpph.com
E-mail	scrmcbs@sina.com
新浪微博	@四川人民出版社
微信公众号	四川人民出版社
发行部业务电话	（028）86361653　86361656
防盗版举报电话	（028）86361653
照　排	四川胜翔数码印务设计有限公司
印　刷	四川新财印务有限公司
成品尺寸	146mm×208mm
印　张	11.25
字　数	201千
版　次	2023年4月第1版
印　次	2023年4月第1次印刷
书　号	ISBN 978-7-220-12705-2
定　价	89.00元

中译本自序

本书是京都法藏馆2016年秋刊行的《敦煌から奈良·京都へ》一书的中文版。

2001年春，我从由学生到教师相伴45年的京都大学退休时，在学术论文之外写就历史随笔集《京洛的学风》，由中央公论新社出版发行。在此书中，以我所专攻的隋唐时代为中心的中国中世史为主，其中包含了京都东洋学的学风与旅行记、演讲录、书评、自传回忆等内容。本书是我继《京洛的学风》之后的第二本随笔集。

本书由"第一章　从敦煌到奈良""第二章　大谷的响流""第三章　京洛的书香""第四章　先学的彰显""第五

章　京都的中国学"等五部分构成。

"第一章　从敦煌到奈良",是由朝日新闻社从2005年10月开始连续一年发行的《周刊朝日百科·丝绸之路纪行》50册中,所收录的我所投的二十篇稿件。此外,还有介绍学界最新成果和像《青海之道》《寺本婉雅》这样发表我个人见解的篇目。

"第二章　大谷的响流",是我从京都大学退休后,返聘到京都的大谷大学兼任博物馆馆长的九年间,发表在大谷大学出版物上的文章。多为介绍与研究中国宗教文物的话题,有《赵朴初的墨迹》《最初的汉俳》《唐代长安的景教碑与洛阳的景教经幢》等诚意之作。

第三、四、五章含旧著《京洛的学风》中未收录的内容,以及收集了在此之后所执笔的文章。

"第三章　京洛的书香"与"第四章　先学的彰显"介绍了京都大学东洋史学教研室的初代教授内藤湖南与桑原骘藏,以及先师宫崎市定等人的业绩。在中日还未建交时就迎来青年时期的我,没能有机会到中国留学,而去了英国剑桥大学与巴黎留学。不过,在从1980年11月为始的四个月时间里,我受到了作为京都大学外籍客座教授赴日的武汉大学唐长孺教授的关照,收获了很宝贵的经验。与此相关的来龙去脉,我记录在了《唐长孺先生在京都》之中。

"第五章　京都的中国学",是关于18世纪前期在京都尽力校订《大唐六典》的近卫家熙与因躲避辛亥革命而逃亡京都的罗振玉与王国维对学界的贡献等相关内容所发表的个人见解。

最后，要对推进本书刊行的四川人民出版社与法藏馆，以及认真进行译注的黄铮氏，报以满腔的感谢。

京都大学名誉教授　砺波护

2021年3月3日　日本　大阪

中译本序一

　　本书是京都大学名誉教授砺波护先生2016年出版的一部历史随笔集，此前在2001年作者曾出版了第一本随笔集《京洛的学风》，两书风格相似，有些内容也相互接续，可以对读。本书收录的随笔文体不一，有旅行记、讲演录、百科全书词条、书评、回忆录等，内容涵盖从敦煌到奈良、京都的丝绸之路，以京都大学为中心的学术掌故，特别是对内藤湖南、桑原骘藏、宫崎市定等京都大学先辈学风和业绩背后故事的讲述。这正是我们在一般正式的学术论文中所看不到的内容，读起来既轻松，又有趣味。

　　砺波先生出身于大阪府净土真宗大谷派的寺院家庭，受到良好的家风熏陶。后来在京都大学读本科到博士课程，受教于宫崎市定、塚本善隆先生，专攻隋唐时代政治、社会、佛教史，也参加藤枝晃先生敦煌文献读书班，毕业后进入京都大学人文科学研究所作为助教授，协助平冈武夫先生编纂"唐代史料稿"等。再后来又转任京都大学文学部教授，曾担任部长之职。2001年退休后转任大谷大学文学部教授兼大谷大学博物馆馆长。可以说，砺波先生很早就成为"京都人"了，其治学，秉承京都学派的严谨，又有广阔的视野；其行事，则有京都人的儒雅"古风"和文化"傲气"。

我自1990年以来，经常访问日本，与砺波先生多有交往。他的著作，不论精装本的《唐代政治社会史研究》《隋唐佛教文物史论考》《隋唐都城财政史论考》，还是文库本的《唐之行政机构与官僚》《隋唐佛教与国家》《唐宋变革与官僚制》等，以及上述随笔集，都题字赠我。他关于中古都城，唐代社会中的金银、少林寺碑、公验与过所等文章，都对我有关长安、敦煌和丝绸之路的研究给予影响。

每次拜访他，我都从聊天中获得收获。他知道我来自北京大学历史系，曾出示给我"文化大革命"刚刚结束后唐长孺先生论集中未载的周一良的文字；他知道我对西方汉学有兴趣，特别给我展示他从Otto Harrasowitz购买到的德国汉学家福克司（Walter Fuchs）的藏书；他还应我的请求，帮忙联络京都藤井有邻馆，让我和陈国灿先生、池田温先生一起，看到这个私家博物馆珍藏的敦煌吐鲁番文书；他还带我在大谷大学图书馆中，观览了珍贵的宋拓欧阳询《化度寺塔铭》、神田喜一郎收藏的善本古籍和王国维遗稿等。

最让我感动的是，2000年5月日本东方学会召开第42届东方学者会议，为纪念敦煌藏经洞发现一百周年，特别请我作为特邀嘉宾，专程到东京在"敦煌吐鲁番研究"分会场做主题发言。这对于有着"敦煌在中国，敦煌学在日本"说法的中日学界来说，是十分难得的转变。我在发言后的中午会餐时，才明白这件事实际上是砺波护和池田温两位先生促成的，他们都是推进中日学术友好交流的重要人物。会后砺波先生邀请我到京都访问，还特意安排请我在庭院式餐馆"芜庵"晚宴，据说这是大谷光瑞从中国请来的厨师家开的餐馆，环境极为优雅，广东菜加上日本菜，十分丰盛，一天只有一席，当时作陪的有京大文学部助手中砂明德、古松崇志和中国留学生胡宝华、张学锋、萧锦华。阅读这本随笔集，不时想起与砺波先生见面的往事，而他特意在书中刊出我们一起参访藤井有邻馆的留影和拙著《敦煌学十八讲》的书影，更是他对我的鼓励和期待。

本书中译本的出版，将使中国学者更清晰地理解砺波先生本人学问的缘起，知道京都东洋史、佛教学的学术源流与脉络，京都大学和大谷大学许多珍本、文物、经藏的来历，特别是他强调的各位前辈学者与同行不同的学术风格与志向。相信读者看完此书的收获，不亚于阅读一本内藤湖南等人的专业著作。

黄铮先生毕业于日本立命馆大学东洋史专业，现任教于四川大学哲学系美学教研室，他用流利的文笔，将此书译成中文。因为知道我与砺波先生素有交往，希望我撰写一序。念本书中译本之价值，因略述砺波先生学术贡献及对我之学恩，是为序。

荣新江

2023年2月11日　于北大朗润园

　　黄铮兄发来他新译的砺波护《从敦煌到奈良·京都》的出版样稿，初看书名就觉得很有吸引力，加上作为日本隋唐史研究巨匠的砺波护先生的影响力，就有一种阅读的冲动。我之前就翻阅过先生20世纪80年代出版的《隋唐佛教与国家》《唐代政治社会史研究》等名作，深为先生的学术功力所折服。读到书中先生所写的序言，才知道先生在这本学术随笔之前已出版过《京洛的学风》。《从敦煌到奈良·京都》是先生第二本学术随笔，2016年由京都法藏馆刊行。很遗憾这两本随笔之前我都没有机会读到，现在《从敦煌到奈良·京都》有了黄铮兄的译作，大大方便了国内读者。

砺波先生生于1937年，2001年64岁时从京都大学退休，今年已是86岁耄耋高龄。他2016年出版《从敦煌到奈良·京都》时已是近80岁杖朝之年的人，仍笔耕不辍，令人钦佩。

《从敦煌到奈良·京都》是先生跳出纯粹的历史研究，把观察的眼光、思考的脉络、写作的笔触投射到更加广阔的纯学术之外的历史知识、学术史、学术人物、学术思潮、学术动态中来，涉及面广泛。其中我印象最为深刻的是对中国史研究产生深刻影响的内藤湖南的学术经历、学术思想、学风、文风、个别作品的介绍、讨论、解读，无疑是我们理解内藤湖南中国史研究思想形成的重要背景材料，是认识和理解内藤湖南"唐宋变革论"的有效注脚。另外，先生对桑原骘藏、狩野直喜、羽田亨、藤田丰八、神田喜一郎、宫崎市定、谷川道雄、森鹿三等学人的侧影描写，把读者领入日本中国史研究的学术殿堂，从独特的视角观察日本的中国史研究。

学术圈内学人之间的友谊、互动，是促进并保证学术研究良性发展的重要保证，读先生的这本随笔会有更深层次的感受。书中有多篇记录中日学术交流的往事，其中包括1980年11月19日到1981年3月18日唐长孺先生作为外国人研究员在京都大学访学的一些细节，尤其是所记唐先生回国前手书并赠砺波先生的一首七律诗，实属中日学者交流的典范。另外，书中所记罗振玉、王国维在日本期间与内藤湖南等人的频繁往来关系，人物、时间、事由叙述梳理颇为清晰，具有重要的学术史意义。

砺波先生并不专攻敦煌学，但随笔中对丝绸之路的关注、对敦煌历史的介绍、对日本敦煌学著作的简述，也是我们了解日本敦煌学学术史的有益读物。

砺波先生是日本治中国史，尤其是隋唐史的大家，我们有幸能够读到他治史之余的随笔心得。这些学术随笔是先生学术研究之外对历史、学术、人物的独特思考，所有的问题都因他所关注和关心的中国历史而来，可以认为是先生对历史普及和文化民众化的重要贡献，也是大家治史的"闲话"之作，可视为另一种历史。本书中的人、事、物是鲜活的，确实值得细细品味。

沙武田

目 录

第一章　从敦煌到奈良

朝日新闻社刊《周刊朝日百科·丝绸之路纪行》于2005年秋创刊，全50册。从NO.1"敦煌"到NO.50"奈良"中，著者寄稿20篇。本书将这些文章分为"丝绸之路的历史""丝绸之路的人物""民族与宗教"三类收录进来。"丝绸之路的历史"中的《青海之道》与《安史之乱前后的唐朝》为匠心之作。卷首以寄稿《平凡社大百科事典》的《敦煌》《吐鲁番》两文为开篇。

第一节　敦煌

敦煌是中国甘肃省西北部酒泉地区（现酒泉市）所属县（现代管县级市）。位于被称为河西走廊的河西通路地带西端，是丝绸之路中国一侧最为重要的出入口。1984年敦煌近郊建成机场。在此之前，因为没有相连的铁路，去往敦煌需要在距其200公里外的兰新线（兰州到乌鲁木齐）柳园站换乘汽车，沿高速公路甘新线至安西县（现瓜州县），再转至安敦公路向西行驶120公里，方可到达。

敦煌北面有雅丹地貌的山脉，南侧是祁连山支脉的延伸。敦煌矗立在党河水纵横流淌的绿洲之上。这片绿洲的西侧，是党河冲刷戈壁表面形成的混杂砾石大扇形荒地。这块大扇形荒地的西北端和南端，距敦煌市西北约100公里与西南约100公里处，有着西汉时在此建成的玉门关和阳关。此二关分别为向西北通往哈密、吐鲁番的西域北道与通往和田的西域南道的门户，清代以后经哈密、吐鲁番与安西往来交通。敦煌冬天严寒，夏日酷暑，竟日常有狂风呼啸，为人所共知。古代的敦煌住民，由汉族与其他民族等不同族群混居组成。敦煌人口约9

万，其中城镇人口约1.2万①，特产为棉花。因敦煌在唐以后成为沙州的治所，所以也常被称为沙州。顺带说一下，现在的敦煌市区是在1725年（雍正三年）修建的，此前的城镇位于距其西南3公里处，至今尚存白杨环绕的一部分土质城墙。

玉门关遗址

敦煌之所以闻名于世，是因距市区17公里处，鸣沙山东麓上的佛教大石窟群——敦煌莫高窟。在20世纪初，从其第17窟的藏经洞中发现的大量经卷、古文书、书画等文物，是全世界汉学与佛教美术研究的重要资料。自1907年（光绪三十三年）以来，英国探险家马尔克·奥莱尔·斯坦因（Marc Aurel Stein）与法国汉学家保罗·伯希和（Paul Pelliot）、日本大谷

---

① 据敦煌市人民政府网站公开信息，截至2021年，敦煌市总人口20万，城市化率达68.45%。总人口中汉族占大多数，回、蒙古、藏、维吾尔、苗、满、土、哈萨克、东乡、裕固等27个少数民族占总人口的2.2%。——译者注（以下注释未特别标注者，均为译者注，不再标示）

探险队等在此发现的敦煌古文献与书画，对南北朝、隋、唐时代的中国社会经济史、古文书学、佛教美术与通俗文学（变文）等的研究，起到了推动作用。斯坦因在1906年到1908年第二次西域探险时，从敦煌附近的长城遗址中发掘了705枚与边境守备有关的汉代木简；在1913年到1915年的第三次

伯希和在藏经洞内挑拣文物

探险中，于敦煌附近又发掘了166枚汉代木简。其第二次探险时所发现的汉代木简，与1901年斯文·赫定（Sven Anders Hedin）和斯坦因自己发现的晋代木简不同，因其作为近代最初发掘出土的汉简而备受关注，其释文与研究成果也紧随其后被发表。首先是由法国汉学家埃玛纽埃尔-爱德华·沙畹（Emmanuel-Édouard Chavannes），于1913年将全简的释文与注释，附以588张木简照片，进行出版发行；翌年，东渡日本的罗振玉与王国维，在沙畹的版本上加以精妙考证，合编为《流沙坠简》，在日本刊行。此外，第三次探险时收集的木简由法国汉学家亨利·马伯乐（Henri Maspero）进行研究。在此之后，夏鼐等人于1944年在敦煌地区长城遗址中，采集到了48枚木简与竹简；于1979年在敦煌县西北95公里处的马圈湾发掘出混杂少量竹简的1217枚木简。

敦煌莫高窟九层楼

敦煌莫高窟藏经洞

孝之心……乖救吾之難幽冥鬼

別子尚遠承父書相喚悲遠將□

平王因藥遠書相命欲救慈父□

王曰卿父今被嚴刑因繫□□□□

救父愍何名孝子卿頌急去更莫再三子尚卿辭鄭王曰卿□□

苓稱梁國見弟子胥且會□□專意今□平王無道信受讒佞□□

言因繫慈父之身後將嚴峻吾今遠至喚兄相隨事意不

得久停頹兄急須裝束子胥見兄疠乳遙知父被勾留違妻

事由書當多為乘其兄曰平王無道乃聞賊臣之言因藥父

身穫將鞭剪見我先弟在此憂恐在後誰究蓋任慈父之書

遠道妄相掃下脫此之情況足得一

獻恭題書相命必是姤言讒救□

八可盜途由如鈍馬邊羅泉魚□

英国图书馆藏《伍子胥变文》

与班固《汉书》记载相同，在汉朝将敦煌纳入其领土前，月氏在匈奴的统治下，经营着作为东西方贸易中转枢纽的敦煌。汉武帝以此地作为经营西域的前沿基地，设立了敦煌郡，将其作为河西四郡之一；在绿洲北端修筑了抵御匈奴进攻的长城，设置了玉门关与阳关。这些敦煌汉简作为第一手史料，使学者可以对长城防御的实际状态做出明判。敦煌作为通往西域门户的建制，在西汉时期就已经完善，并一直沿用了下来。而在西方世界，敦煌也作为丝绸之路上的城市一直被传颂。除中国外，最早记录敦煌之人，是公元2世纪的亚历山大学者克罗狄斯·托勒密（Claudius Ptolemaeus）。在其《地理学》（Geography）的第16章中，列举赛里斯（Serica）的都市时，可以看到对被称为"Throana"的敦煌的记载。

悬泉置汉简

无论在哪朝哪代，敦煌都因处于河西走廊的最西端，相距中原地区遥远，而使中央政府对其的控制相对较弱，但丝毫不减其作为东西方贸易中转站的重要地位。因在历史上中原爆发战乱之时此地也依然能保持和平，所以有大量的移居者从中原流入此地。与此相关的最早事例，见于公元1世纪初，窦融以河西五郡大将军身份经营敦煌地区。在公元3世纪以后，敦煌处于佛教东渐的陆上口岸位置，从印度与西域进入中原的往来僧侣常在此落脚。同时，也有着如作为译经僧、被称为"敦煌菩萨"的竺法护这样生于敦煌的僧侣在此生活。在公元4世纪初到5世纪中叶的十六国时期，河西走廊地带常有小的政权在此兴亡更迭。在十六国之中，实际上有5个政权，在此地带兴亡反复。在居于武威的前凉张氏统治时期，敦煌因鸣沙山之名而被称为沙州，后又改称为敦煌

大英博物馆藏敦煌出土的西汉髹漆耳杯

郡。不久后，作为北凉属臣的敦煌太守李暠，建立西凉（400—421）时，将敦煌作为国都。西凉灭亡后，敦煌复为北凉领土，直至公元439年北凉与北魏合并。北魏初期在此设立了敦煌镇，后改称瓜州。

莫高窟在前秦所统治的建元二年（366），由僧人乐僔进

行了最初的开凿①。相传在公元6世纪前半叶的北魏末期，作为瓜州刺史的东阳王元荣，对莫高窟进行了扩建，在此后的一千多年中，莫高窟被不断地开掘与修补，最终成为佛教圣地。在北魏的都城平城附近，于公元460年由昙曜②最先开掘的云冈石窟，很明显是以敦煌莫高窟为模板进行修建的。但是，作为同属佛教的大石窟寺院，与无论哪个佛陀、菩萨塑像四周都有着壁画群的莫高窟相比，刨开岩壁进行开凿的云冈石窟，其各洞则由石雕群围绕在巨大的石佛周围。日本法隆寺的塑像与壁画的源流，并非来自云冈，而是来自敦煌。

敦煌《九色鹿》壁画

---

① 僧人乐僔开凿莫高窟一说，始见于唐李怀让在《重修莫高窟佛龛碑》中所记。碑文记有：“莫高窟者，厥前秦建元二年，有沙门乐僔，戒行清虚，执心恬静。尝杖锡林野，行至此山，忽见金光，状有千佛……造窟一龛。次有法良禅师，从东届此，又与僔师侧，更即营建。伽蓝之起，滥觞于二僧。”
② 北魏僧人，云冈石窟中由其最早进行开凿的石窟，被统称为“昙曜五窟”。

在公元6世纪末7世纪初，实现了南北统一的隋朝，其第二位皇帝隋炀帝致力于经营西域，故复设敦煌郡。在隋炀帝经营西域的过程中，被派遣到张掖与敦煌的裴矩，将从西域各国商人处听闻的风土与地理等，汇编著成了《西域图记》，并多次向隋炀帝献策。隋末混乱时期，敦煌处在据于凉州的李轨的支配之下。唐朝建立翌年的武德二年（619），敦煌称为瓜州，不久后又改称沙州。唐朝也对经营西域采取积极方针，消灭了吐鲁番地区的高昌国，并在此设立了西州；还平定了更西面的塔里木盆地中的丝路诸国，设立了羁縻州（羁縻政策①）。这样的西域经营方针，使得敦煌成了通往西方的重要根据地，同时有着大量的伊朗商人②会集于此。在公元8世纪初，以敦煌城内的守备队——豆卢军③为主设为军镇，不久后归于最初设立的节度使——河西节度使的管辖之下。在唐玄宗治世的开元、天宝年间（713—755），敦煌迎来了其最辉煌璀璨的时代，莫高窟中也有以盛唐的样式营造的多个华丽的净土窟。

---

① 羁縻政策，即羁縻制度。此制度提法始见于《史记·律书》《后汉书·南蛮西夷列传》等中，表明在汉代已有此说。据《册府元龟》卷174所载，在唐武德二年，唐高祖下诏："画野分疆，山川限其内外，遐荒绝域，刑政殊于函夏。是以昔王御宇，怀柔远人，义在羁縻，无取臣属，朕祗应宝图，抚临四极，悦近来远，追革前弊，要荒蕃服，宜与和亲。"成为正式的政策制度，并对后世王朝的民族政策产生了深远影响。

② 即中亚商人。

③ 唐神龙元年（705）置，治所在沙州城（今甘肃敦煌市西）。

藏经洞《唐代行脚僧图》

到了天宝十四载（755）安禄山起事造反后，唐王朝的统治力开始削弱，河西走廊地区受到了南来的吐蕃人的入侵。当时的沙州，也就是敦煌，对于吐蕃的入侵进行了顽强的持续性抵抗。面对一时之间将国都长安都占领了的吐蕃军事力量的长驱直入，建中二年（781）沙州一角的寿昌县被攻破，直到贞元三年（787）敦煌才被吐蕃完全降服。在此之后，直到大中二年

（848），张议潮①将吐蕃人赶出去前，近六十年间敦煌都处于吐蕃的统治之下，这个时期又被称为吐蕃统治时期或吐蕃期。在此时期的敦煌，从生活和文化的方方面面，都可以看出受到了吐蕃的影响。不过，在虽为不同民族但同为信奉佛教的吐蕃统治下，莫高窟没有出现被破坏的情况，也没有停止营造修建，而是将之持续了下去。

沙州郡城遗址（归义军节度使驻所）

公元9世纪中叶，吐蕃对河西及中亚的统治开始动摇。趁着吐蕃自身的内乱，以地方豪强张议潮为领袖的敦煌汉人，于大

---

① 张议潮（799—872），沙州敦煌人，大中二年（848）率归义军克复沙州、瓜州，后大中五年（851）复派其兄张议潭和州人李明达、李明振、押衙吴安正等二十九人入朝告捷，并献瓜、沙等十一州图籍。至此，除凉州外，陷于吐蕃的沙州、瓜州等河西诸州复归唐朝。

中二年（848）将吐蕃成功驱逐。从张议潮受唐朝任命为归义军节度使的大中五年（851）开始，张氏一族承袭归义军节度使之职，统治敦煌地区达三代五十余年。因所依靠的唐朝覆灭，张氏自称西汉金山白衣皇帝[①]，并宣告独立。这个金山国只存续了十年左右，就被曹氏[②]取代，曹氏成为敦煌的实际统治者。曹氏后受中原王朝任命，继任归义军节度使，但其实此时只是徒有虚名罢了。实际上作为朝贡国，曹氏政权受到了西夏党项人的压力，已经变得极为羸弱，于11世纪初被西夏征服[③]。归义军时代的敦煌，被回鹘、吐蕃等政权环伺，作为丝路上唯一的汉人政权，前后存续了近二百年。归义军时代的莫高窟营造了巨大显赫的佛教石窟。西夏在13世纪被蒙古帝国吞并后，敦煌就逐渐变得萧条与荒凉了。明朝将肃州西边的嘉峪关作为西面的门户，替代了玉门关曾经的作用。因吐鲁番地区的地方政权接连不断地侵袭，嘉靖三年（1524）朝廷将嘉峪关关闭，以断绝交通往来，放弃了对敦煌的控制。敦煌复归中央王朝清朝的统治已是18世纪，现今的敦煌城是1725年构筑的。

（《平凡社大百科事典》，平凡社，1988年）

---

① 西汉金山国，后又改称西汉敦煌国，尊甘州回鹘为父国。
② 曹氏即曹议金。原名曹仁贵，为张议潮外孙女婿，被后唐庄宗授予沙州刺史、归义军节度使、瓜沙等州观察处置使、检校司空等职。
③ 北宋仁宗景祐三年（1036）被西夏纳入版图。

北宋太平兴国八年观世音菩萨图轴

第二节　吐鲁番

　　吐鲁番位于中国新疆维吾尔自治区的东部，曾为西域北道[1]沿途的丝路城市，在今乌鲁木齐东南方约110公里的吐鲁番盆地北端位置。在天山山脉东侧、如钵状落地的吐鲁番盆地，南北长60公里、东西长120公里，是中国已知海拔最低的地方。盆地底部的艾丁湖，湖面标高–154米，其深与–399米的死海相较，位列世界第二。在盆地中，有着《西游记》中的名山——火焰山，元代称吐鲁番为火州，正是以此为象征。该地夏日极为酷热，最高温度超过40摄氏度的高温天气，在一年中就有数十日；此外，又以降雨稀少且风力强劲而著称。因此地降雨极端稀少，自古就有引天山山脉的雪水入此的水利工程。汉字写为"坎儿井"[2]的暗渠地下灌溉水道，在此开掘有300余条。近年，历经15年修建而成、被称为"人民大渠"[3]的运河，将天

---

①　中原地区通往西域最初主要有南北两道，《汉书·西域传》中载："自玉门阳关出西域有两道行，从鄯善旁出南山西行至莎车为南道。南道西逾葱岭则出大月氏、安息，自车师旁北山西行至疏勒为北道。北道西逾葱岭，葱岭则出大宛、康居、奄蔡、焉耆。"

②　特指见于干旱地区的地下水道设施，将山上的水源通过长长的地下管道引入遥远的村落或城镇中进行供水，始见于公元前6世纪的中亚地区。

③　即人民渠，又被称为布依鲁克河。

吐鲁番火焰山

山雪水源源不断地引入吐鲁番。此外，为了防范激荡热风的侵扰，道路两侧还种植了三四重美丽的行道树，作为防风林。吐鲁番的人口约有17万[1]，超七成为维吾尔族。特产有棉花、葡萄、哈密瓜等，无籽白葡萄制成的葡萄干畅销海外。

　　吐鲁番的周边，散落着各历史时期的都城遗址与古墓群。作为丝绸之路上的要地，此地被视为东亚史研究的一座宝库。

──────────

[1]　2015年4月设立地级吐鲁番市。据吐鲁番市人民政府《2018年吐鲁番人口概况》，吐鲁番市所辖人口至2018年为63.34万，其中维吾尔族人口48.75万，占77%。

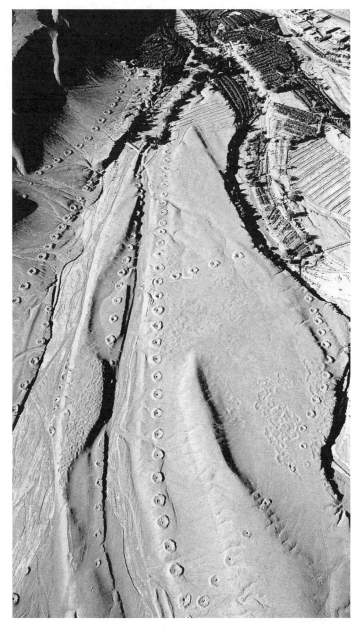

从空中俯瞰坎儿井

吐鲁番市周边的都城遗址，有位于城市西面约10公里的交河古城址，以及位于东南方45公里火焰山南麓的高昌古城址。就石窟而言，有位于城市东北方45公里火焰山北麓木头沟峡谷的柏孜克里克石窟、位于城市正东方向40公里的胜金口石窟[①]等。以古墓群来说，高昌古城以北1公里处，有阿斯塔那[②]与哈拉和卓[③]古墓群，以及那些交河古城周边的古墓群[④]。交河古城，因其处于流经城东西方向两条河流交汇形成的台地之上而得名，是罕见的不需要城墙的天然要塞。交河古城南北长1650米、东西最宽处达300米，给人一种像是飘浮在荒野中的航空母舰的印象。交河古城自汉代的车师前国在此设立都城以来，一直是吐鲁番盆地的政治中心。随着高昌国的兴盛，吐鲁番的政治中心随之

---

① 胜金口石窟位于新疆吐鲁番市二堡乡巴达木村北部，火焰山南麓木头沟沟口的一处河湾地内，是古代僧侣修行场所的遗迹。1902年8月，由格伦威德尔（Albert Grünwedel）、胡特（Georg Huth）和巴图斯（Theodor Bartus）三人组成的吐鲁番探险队出发前往吐鲁番盆地，11月底到达。同年12月到次年4月初，探险队在高昌故城、胜金口石窟等地进行发掘，共获得包括写本、刻本、壁画、雕像等在内的古物44箱。故此，外国学术界多以当时的命名将其称为Semgim-aghiz。

② 阿斯塔那位于吐鲁番市东南约40公里处，距高昌故城6公里，是古代高昌城乡官民的公共墓地，大约形成于公元3—8世纪。

③ 哈拉和卓，见于前文所载《西域图志》。在吐鲁番市东南方40公里处，"和卓"或系"高昌"的音讹，"哈拉"是突厥语，含义为黑色。约元明之际迁建今堡。《元史》有合剌火者、合剌禾州、哈剌霍州、哈剌和州、哈剌火州诸译名。明称火州，清称哈喇和卓。其古墓群遗址与阿斯塔那比邻，常被合称为"阿斯塔那—哈拉和卓古墓群"，主要为西晋与唐代时期的高昌墓葬遗存。

④ 即交河故城，位于吐鲁番市以西16公里处，因河水分流绕城下，故称交河，最早是西域三十六国之一的车师前国的都城。其周边有墓葬群分布，其中具有代表性的有沟北1号台地汉代墓葬群、沟西墓地汉晋墓葬群等。

转移到高昌城后，交河古城保持着交河郡与交河县治所的地位，但在元代末期成为废城。交河城的建筑，在其鸟形台地上由南向北的一公里的范围内。城中央处有着由南向北宽10米、长320米的大道横穿其中。大道北端有大寺院，大道西部有规模较小的寺院，而东部是庶民住宅区。这座古城的最大特点，在于其建筑是在地表下进行挖掘建造的，墙壁上都有着地层的纹路。

交河故城遗址

高昌古城

高昌古城是公元5—7世纪汉人所建立的佛教王国——高昌国的都城。其至今尚存，周长5000多米、高11.5米的方形外城构造及城墙，是丝绸之路上已知残存的最大规模遗址。宫城在整个外城范围内的最北部位置，内城在整个外城范围内的中心位置。玄奘前往印度求法途中，在此所滞留月余①的寺院在其城中的西南角位置。此地都城遗址与石窟，被作为美术史上的宝库，在19世纪被俄国学者与探险家公布于世。进入20世纪后，德国的格伦威德尔（Albert Grünwedel）②、勒柯克（Albert

----

① 《大慈恩寺三藏法师传》卷一："时高昌王麹文泰使人先在伊吾，是日欲还，适逢法师，归告其王。王闻，即日发使，敕伊吾王遣法师来，仍简上马数十匹，遣贵臣驰驱，设顿迎候……停十余日，欲辞行，王曰：'已令统师咨请，师意何如？'师报曰：'留住实是王恩，但于来心不可。'……仍屈停一月讲《仁王般若经》，中间为师营造行服。"

② 即阿尔伯特·格伦威德尔（1856—1935），又译为格林威德尔，德国著名画家、佛教美术史家、中亚考古学家，同时也是西方敦煌学研究的先驱之一，代表著作有《印度佛教美术》等。

格伦威德尔率领德国探险队成员和当地向导在克孜尔石窟四号窟前

von Le Coq）①对吐鲁番地区进行了深入的调查与发掘，之后还有英国的斯坦因、日本的大谷探险队等，将从吐鲁番古墓等中出土的文物，以及包括敦煌在内的西域文化与美术资料向世界公布。德国探险队着重介绍的柏孜克里克石窟等的佛誓愿图壁画，至今仍然是美术史与佛教史研究者的关注重点。关于这些古墓群中的文书，已先有大谷探险队与德国探险队发掘出了一部分；而大量古文书碎片，是在中华人民共和国于1959年至1975年间，以阿斯塔那与哈拉和卓为中心，所展开的13次大规模考古发掘工作中被发现的。在456座古墓中的118座古墓里，

① 即阿尔伯特·冯·勒柯克（1860—1930），20世纪初德国知名探险家、收藏家，起初作为格伦威德尔的助手参与了吐鲁番地区的探险和考察工作，后又多次单独率队前往。

共发掘出了汉文文书1600枚，这些文书在经整理后，以《吐鲁番出土文书》①为书名出版发行。这批从古墓中发掘出来的吐鲁番文书，除随葬的衣

1990年，京都藤井有邻馆观览吐鲁番文书。
左起：砺波护、藤枝晃、荣新江

物疏与告身书等埋纳文书外，还多有裁定完结的官方文书。对于探明隋唐时期中国社会形态极为重要的敦煌文书，是偶然残存在石室中的，并不奢望今后还能再有新的发现，而吐鲁番文书，却仍期待今后能在古墓或寺院的遗址中有更多的发掘。

（《平凡社大百科事典》，平凡社，1988年）

---

① 1975年由国家文物局古文献研究室、新疆博物馆和武汉大学历史系，组成了吐鲁番出土文书整理小组，由唐长孺主整理，拼得文书近一千八百件，编印十册。文书均按照原式抄写影印，有关文书情况如墨色、缺残等也一一标明，对字迹模糊、缺笔、残坏之字则尽可能推断注出。本书由文物出版社出版，1981年出版前3册，1983年出版第4、5册，1985年出版第6册，1986年出版第7册，1987年出版第8册，1990年出版第9册，1991年出版第10册。

第三节　丝绸之路纪行

一、丝绸之路的历史

1. 西汉武帝的时代——敦煌，通往西域的门户

汉武帝（前156—前87；前141—前87年在位）作为汉高祖刘邦（前202—前195年在位）所创西汉王朝的第七位皇帝，是第六位皇帝景帝（前157—前141年在位）的次子。姓刘名彻，庙号为世宗。"武帝"并非其生前所用称号，而是其死后被追授的谥号。称其为"武"，是以"武"字来彰明在其治世之时，带给民众的君临天下的印象。

汉武帝于16岁即位后，在位时间长达55年。他在位时，对国内封建诸侯予以打击，用儒教统一了国家思想，制定了最初的年号和历法，盐和铁也收归政府专卖；使全国直接受中央统治的中央集权国家制度得以确立，西汉进入全盛时期。

对外方针上，汉武帝将汉高祖以来的消极外交政策扭转为积极政策。为扩大东西南北四方的版图，多次派遣张骞出使西域，成功地开拓出丝绸之路。

◎跃然史册的"敦煌"之名

作为代表丝绸之路的绿洲城市，"敦煌"之名是在汉武帝治世的末年，近公元前93—前92年时，将敦煌县与所属六县合为敦煌郡，始见于史书的。盛唐诗人王维所吟诵的"劝君更进一杯酒，西出阳关无故人"中的敦煌西面关隘——阳关，就是在敦煌郡成立前后开设的。

汉武帝时期，可以说是最初统一中国、建立东亚史上第一个大帝国的秦始皇（前247—前210年在位）的政治再现。秦始皇所建立的政治体制：将平定六国后编入的新领土，全部归于皇帝直辖的中央集权体制，将全国分为三十六郡，每郡设置数县，一郡的长官"郡守"与一县的长官"县令"，都是由中央政府任命。这就是秦朝的郡县制。

汉高祖吸取秦王朝短命教训，废除了秦以前的封建制，将社会稳定作为优先考虑；以郡县制与封建制并用的妥协政策路线，制定了郡国制。看起来像是半独立的诸侯王的封国，占汉朝的三分之二领土。进行封建统治的角色由异姓氏族，替换为了刘姓一族，作为皇室的屏障（守护者）。

在汉景帝治世的公元前154年，有七个刘姓王国发起叛乱，史称"吴楚七国之乱"，历经三个月得以平定。汉武帝为了防止诸侯王过于强大，颁行"推恩令"，将以前嫡子才能继承的封国领土，分封给了其余的子弟。分封过后的地域，由封国划为郡县所属，确立了名义上为郡国制的汉朝地方制度，实际上为郡县制的中央集权体制。汉武帝将新占领的领土也实行了郡县制。

◎儒教国家的开端

现代中国的地方行政区域划分，基本上按照省—州^①—县三段划分。大行政区域的"省"，是以后来元朝的行中书省作为起源的。中行政区域的"州"，则可以追溯到夏王朝的禹王将天下分为九州之时。然而，在元封五年（前106），汉武帝将天下九州加上益、幽、交趾、朔方的郡国分为十三州，各州派遣刺史管辖督察郡中太守以下的各级官吏，这就是十三州的创立。但是，创立之初的州，纯粹是按照监察区域进行划分的。到了东汉年间（25—220），刺史的管辖范围得以确定，使得其权力大增，"州"成为可以支配多数郡国的地方最高行政区域。在此之后，"州"的数量不断增加，到隋代已达241个。

汉武帝在对国内思想的统一这点上，也是继承了秦始皇的事业。秦始皇依从李斯的建议焚书坑儒，学习法家之学，将秦朝史官记述以外的书籍烧毁，将儒家等学派内反抗的学者杀害。可是汉武帝却并没有依赖法家，而是重用了主张以儒教作为政治指导的儒家董仲舒（前179—前104）。建元五年（前136），汉武帝依照董仲舒的进言，以精通儒家五经（《易》《书》《诗》《礼》《春秋》）其中一门的专门人才，设"五经博士"，作为太学的教官，太学毕业的学生被任为官吏。儒教由此获得了近似国学的官学地位。东汉成了儒教国家。

◎"时间"与"经济"的支配

秦始皇对度量衡与文字进行了统一，而汉武帝最早制定了年号与历法。在此之前的纪年方法，从殷、周以降，都以王或

① 市。

皇帝的即位年数为纪年数值。在汉武帝即位后，以六年为一区间、从第七年开始改元为新的纪年。在他元封元年（前110）至泰山进行封禅时，制定年号为元封元年。在此之前的年号，以汉武帝即位年序，从最初的建元、元光、元朔、元狩、元鼎，都是以六年为周期制定的年号。

创立了年号的汉武帝，在六年后的太初元年（前104），制定了名为"太初历"的历法，是为太阴太阳历。汉武帝所制定的年号与历法，对东亚诸国的历史都产生了影响。日本在公元645年采用了大化的年号，公元690年采用了中国的历法。

汉武帝对于财政经济，在元狩四年（前119）制定实施了两个政策。第一个政策是铸造了被称为"五铢钱"的铜钱，作为通用货币发行。"铢"是指记重为一两的二十四分之一重的重量单位，五铢钱的面额与此一致。五铢钱的出现是对以前的铜钱形状进行统一，以此形状作为标准一直延续到唐朝的开元通宝取而代之为止。

汉代上林三官五铢

第二个政策是依照张汤的提案，对盐和铁实行专卖。汉武帝注重对外征伐与土木工程，使得国家财政日益穷乏，盐铁政策的推行是以确保国家有新的财源为目的的。在具体实施中，任用了制铁业的从业者孔仅，与盐商东郭咸阳为大官[1]。在中国

———————

① 大农丞。

北方各地，设置盐官与铁官进行管辖。因黄河上游地区多有盐池，所以在此设置了很多盐官。从此之后，盐池所有权的争夺战，就在中原王朝与游牧诸国之间展开了。

对于距今2100年之前，汉武帝时代的政治经济与学术的详尽说明，要以同时代的司马迁（约前145—约前86）所撰《史记》，与东汉班固所著《汉书》作为依据。上述两书不仅给出了详细缜密的史料，有些地方还提供了正反两方面评价。

◎ 向匈奴派遣远征军

在汉武帝即位时，匈奴建立了南抵长城的强大势力范围。汉武帝派遣张骞出使月氏，试图与其缔结共同对抗匈奴的攻守同盟。但是，张骞一行在匈奴被扣留长达十余年。趁着匈奴内部政变借机逃走的张骞，对锡尔河畔的大宛国进行了调查，在十三年后的元朔三年（前126）归国，并将旅行中的见闻报告给了汉武帝。通过张骞的归国报告，汉武帝获悉了西方有着不同于中国的文明国家存在，拥有许多珍贵的物产。汉武帝在元光六年（前129）后，任命卫青与霍去病为将军，派遣远征军对匈奴给予了极大的打击，成功将匈奴追逐到戈壁沙漠以北。

汉武帝为确保东西方贸易的安全，将长城的西端向北推进。先是在元鼎二年（前115）设河西郡、元鼎六年（前111）设酒泉郡，从内地派遣数十万屯田兵对上述两郡进行正式开发。之后将河西郡改名为张掖郡，不久又设置了敦煌郡，并在敦煌近处开设玉门关与阳关。此后，武威郡又从张掖郡分离了出来，形成了"河西四郡"，并在汉武帝死后继续存在。关于敦煌北部的长城与玉门关、阳关，从斯坦因所发现的敦煌汉简，可以判断其在防御时的真实状态。敦煌作为从中国通往西域门户的建制，从西汉武帝时代已经得以完善。

汉武帝也对南方与东方采取了军事行动。对于南方，于元鼎六年（前111）消灭了南越国，并于此设立了"南海九郡"。其中最南端的日南郡，于当今越南中部的顺化附近。对于东方，在元封三年（前108）消灭了卫氏朝鲜，在朝鲜设立乐浪、真番、玄菟、临屯四郡[①]，归于中央直接统

河西汉简

治。四郡中，只有乐浪郡持续了很长时间。《汉书·地理志》载："乐浪海中有倭人，分为百余国，以岁时来献见云。"这是日本以"倭"作为古名见于史书的确凿记载。

2. 西夏与蒙古的时代——莫高窟从始至终的光辉
◎最古老的石窟寺院——莫高窟

现在作为丝绸之路代表都市的敦煌，此地冠以郡、县之名，最早见于史书是在公元前1世纪初，西汉的汉武帝末年时。

---

① 即汉四郡。存在时间为公元前108年至313年。

大谷光瑞像

敦煌此名，如东汉学者应劭解释的"敦，大也；煌，盛也"①那样，象征广大与繁盛。

使敦煌名满天下的，是20世纪初，从敦煌县城（现敦煌市）东南25公里，鸣沙山东麓断崖的大石窟群第17窟（被称为藏经洞或佛洞）中，发现的大量佛教典籍与古文书、书画等文物。这些佛教典籍与古文书等文物，最早由斯坦因带到了英国、伯希和带到了法国、大谷光瑞的大谷探险队运往了日本。将精美绝伦的敦煌文物介绍给日本读者的，是以《守护法城的人们》这一著作为人所知的松冈让所创作的小说《敦煌物语》（1943）。

敦煌处于佛教通过丝绸之路进入中原地区的陆上口岸位置。敦煌莫高窟作为中国创建时间最早的石窟寺院，最初开凿于公元366年。莫高窟中的大部分石窟建造于隋代与唐代的鼎盛时期，经过五代与宋代并行的张氏、曹氏政权对旧窟的修补期，直至党项政权的西夏国与蒙古政权的元王朝，对敦煌地区

———————

① 《汉书·地理志》。

敦煌莫高窟

统治的14世纪为止，历经一千余年，开掘与补修了大大小小约500个石窟，成为佛教圣地。莫高窟历史上的最后时期，应是党项的西夏国与蒙古王朝时代。

◎作为法隆寺壁画源流的莫高窟

以鲜卑拓跋部为王室的北魏，从再次统一华北后的公元454年开始，在国都平城（今山西省大同市）西郊开始营造的云冈石窟，明显是以敦煌的莫高窟为模板的。同样作为佛教石窟寺院，莫高窟因岩壁脆弱无法在壁面雕刻，各洞有着佛塑像、菩萨塑像和四壁的壁画群像；与此相对，开凿在坚硬岩壁中的云冈石窟各洞，与公元493年伴随北魏迁都，于洛阳南郊开凿的龙门石窟各洞，在洞内巨大石佛的四周，都围绕着岩石的浮雕

法隆寺九面观音像

群。日本法隆寺的塑像与壁画的源流，并非是云冈和龙门，而是取法敦煌石窟的塑像与壁画形式。

敦煌在北魏末年并入瓜州管辖，于隋代设立了敦煌郡。在隋文帝之前，北周武帝撤回了宗教废除政策，极大地推进了佛教复兴政策，敕使到莫高窟营造佛窟。在隋文帝与炀帝治世的38年中，莫高窟共开凿了95窟石窟。在壁画的主题中，不见了《佛传图》，《树下说法图》也相对减少，而单独的菩萨像增多了。

唐代也称敦煌为瓜州，之后又设置沙州（今敦煌市）等，使得其名称与管辖区域发生了令人眼花缭乱的变化。随着景教等西方宗教的陆续传入，唐朝对西域采取的积极开放政策，使得敦煌成为与西方往来交通的重要根据地。在迎来唐玄宗治世的繁荣盛世时，莫高窟也营造了许多华丽的净土窟。随着公元8

原藏经洞中的唐代《药师净土图》

世纪中叶安史之乱的兴起，节度使（地方军团的长官）等所领导的藩镇（观察使等所统辖的半独立军阀势力，也称为方镇）割据天下各地。

◎唐代以后的政权更迭

安史之乱后，河西走廊从南边被吐蕃入侵，沙州自此被吐蕃统治。但在信奉佛教的吐蕃统治下，莫高窟并没有遭到破坏。到公元9世纪中叶，唐朝夺回河西走廊的西部，张议潮与张氏一族被陆续任命为归义军节度使，对沙州进行统治。

在10世纪上半叶的五代十国时期，中原地区处于乱世之中，河西地区相对平稳。自公元924年以后，沙州的归义军节度使职务，由张氏一族移交到曹氏一族。直至公元960年北宋统一中原时，因无力收归处于边境的沙州，曹氏依旧维持着半独立政权的状态。曹氏政权在直到沙州被党项1036年占领的110年间，恪守着中原的传统文化，于莫高窟开凿了大型的石窟。在张氏一族与曹氏一族出任归义军节度使的时代，敦煌有着被称为"十七大寺"的众多寺院，有很多僧侣。

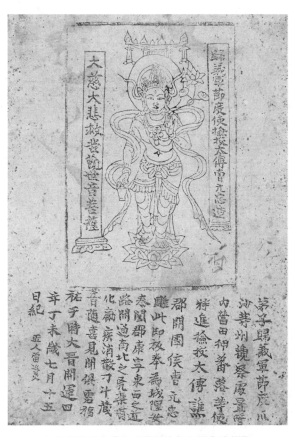

归义军节度使曹元忠雕版施印观世音菩萨像

西夏文佛经

河西走廊的东端以夏州为中心，从唐五代到北宋初年间不断兴建，党项人对其进行了重点发展。党项族长李元昊（1003—1048），在1032年其父德明死后，将兴州定为兴庆府（今银川市），公布国家文字为西夏文，用西夏语标注，彻底完成了体制上的独立。李元昊为扩张在西面的势力，于1036年占领了瓜州与沙州、肃州。李元昊于1038年称帝，定国号为大夏。因在宋朝的西北位置，宋朝又称其为西夏。西夏作为小国，直至被蒙古军消灭的190年间，与东边的辽国（后为金国）、东南的宋国，维持着三国鼎立的状态。

13世纪初，统一蒙古高原游牧民族的成吉思汗（1162？—1227），朝思暮想地要对外征讨。蒙古军对西夏国，从1205年以后进行了五次远征，在元太祖二十二年（1227）三月的第五次远征中，攻破了沙州。据《元史》记载，在其年六月将西夏国王降服，七月（《集史》记为八月一日）成吉思汗因落马负伤，于六盘山南麓的野营地死去。

沙州成为成吉思汗长子术赤的嫡次子拔都的领地。此后，拔都西征创建了钦察汗国。其后不久，忽必烈汗（1215—1294）建设了草原与中原的连接地、临近港口的首都大都（今北京市），并于1271年成为大元王朝的首位皇帝，世称元世祖。忽必烈对沙州进行了再建，1280年将其升格为沙州路总管府；将瓜州隶属于甘肃等处行中书省①，并在瓜州与沙州进行了大规模的军事屯田。

元代八思巴文虎符圆牌

---

① 即甘肃行中书省，为直属元朝中央政府的一级行政区，简称"甘肃"或"甘肃省"。

马可·波罗的《东方见闻录》[1]有载，在其去程的1247年，他越过帕米尔高原进入西域南道，经沙州向肃州方向行进。沙州这个地方有很多被称为党项人的住民，有着很多寺院、僧院，在那里所有的佛像都被放置在狭小的空间中，人们供奉了很多东西。

下面论述一下敦煌在西夏与蒙古统治时的宗教。因为都信奉佛教，有大量西夏语翻译的佛典被保留了下来。蒙古对其统治地区采取了宽容政策，敦煌被归入其统治后，他们尽力对莫高窟进行了修复。

◎从干线向外的敦煌

敦煌石窟作为最早的中国石窟研究课题，在1980年日本学界与中国学界建立了合作机制，取得了预期的成果。日本的长广敏雄[2]、冈崎敬[3]等人，与中国的夏鼐、宿白等人任编辑委员的《中国石窟》丛书[4]全17卷，耗费十年时间，以中文与日文双语版出版发行。在这套丛书里，《敦煌莫高窟》（1908—1982）共5卷，其中第5卷收录了五代、宋、西夏、元代诸窟。在《安西榆林窟》卷中，记载有从唐代开始的194张图版，其中

---

① 即《马可·波罗行纪》。

② 长广敏雄（1905—1990），美术史学者，京都大学教授。

③ 冈崎敬（1923—1990），东亚考古学者，京都大学出身，九州大学教授。

④ 《中国石窟》丛书，共17卷，由中国文物出版社与日本平凡社合作，两国共同出版发行，日本方面从1980年开始陆续出版；中国方面从1989年到2012年完成了全17卷的出版发行工作。全书依次分为《敦煌莫高窟》5卷、《巩县石窟寺》1卷、《克孜尔石窟》3卷、《库木吐喇石窟》1卷、《永靖炳灵寺》1卷、《天水麦积山》1卷、《龙门石窟》2卷、《云冈石窟》2卷、《安西榆林窟》1卷。

榆林窟《水月观音像》壁画

西夏的图版有72幅、元代的图版有17幅，两代加起来接近总数量的半数。

在井上靖的小说《敦煌》[①]中，被西夏年轻女子所卖布片上的西夏文字所吸引的主人公，在李元昊的部队即将攻入沙州时，将经卷与废纸运往千佛洞的石窟，这是涂笼之语[②]类的深刻描写。井上的这一单行本著作，在1959年付梓时，担任题签与装帧的是对丝路研究有很深造诣的藤枝晃[③]。藤枝有一部珍藏在箱中的西夏经书，裱纸上用西夏文标记着沙州，在扉页有莫高窟元代的《六字真言碑》节选。

这块石碑现存于敦煌，又被称为《莫高窟造像记》，以梵文、藏文、汉文、西夏文、八思巴文、回鹘文6种文字书"唵ong、嘛ma、呢ni、叭bei、咪mei、吽hong"，为"莲华上的宝珠"之意，又称"六字陀罗尼"。在其周边刻有进献者的姓名，为察合台家族[④]出伯[⑤]一门的旁支，西宁王速来蛮[⑥]于1348年5月15日所建。此后，在1351年于敦煌修建《重修皇庆寺记》

---

① 《敦煌》，井上靖于1959年发表的中国历史长篇小说，以从莫高窟发现的敦煌文献为主题，为井上靖西域小说系列代表作，于1960年与《楼兰》一起获得"每日艺术奖"。
② 原指日本寝殿造中母屋中所隔断出的暗室，现代语用于表述深入、隐秘、隐私的空间。
③ 日本敦煌文书研究第一人，著名敦煌学家、古写本学家。
④ 有拖雷一说。
⑤ 即豳王出伯。
⑥ 即成吉思汗第四子拖雷八世孙，伊儿汗国第十四任君主，西宁王速来蛮。

莫高窟《六字真言碑》

的西宁王牙罕沙[1]，是速来蛮的儿子，14世纪中叶的敦煌处于速来蛮父子两代西宁王的统治下。

莫高窟中的元代《六字真言碑》，是与1343年在居庸关为祈祷往来平安所建造的过街塔台座上所刻六体文字陀罗尼相同

[1] 牙罕沙西宁王，在《元史》及《蒙兀儿史记》均无传，其生平事迹仅有数条散见于《元史·顺帝纪》及其他列传。如《元史·顺帝纪》记载至正十二年二月"命西宁王牙罕沙镇四川"，至正十三年"宁王牙罕沙镇四川，还沙州"。《元史》亦称"牙安沙"，即莫高窟《六字真言碑》中的养阿沙。

《重修皇庆寺记》碑拓本

的含义与题材。这两个六字真言碑都是由忽必烈所建立的大元王朝作为国际性帝国的文物。敦煌在《莫高窟造像记》与《重修皇庆寺记》后，并无其他元代的资料了。

到了作为统治大陆与海疆的巨大帝国——元朝的后半期，敦煌已经远离了东西交通的干线。自汉武帝后持续1400多年并作为东西方交通要冲的敦煌被遗忘在了历史的尘烟中，莫高窟也随之失修。明代在酒泉设置嘉峪关，取代了敦煌玉门关。

3. 青海之道——从围绕西域南道的古墓中出土的大量绢织物

◎ 多处存在的丝绸之路

现在的日本，将丝绸之路作为中国与西方的连接通路，多指的是陆地与海洋上的所有通行路线。但在以前，丝绸之路是指从中国的洛阳和长安（今西安）等城市，经由中亚与西方的叙利亚和罗马等城市地区间相连的，陆上东西方通路。因多有运输中国的特产"绢"①，所以现代中国将其称为"丝绸之路"。

敦煌出土丝织品

---

① 日文中丝绸的统称。

陆地上的丝绸之路主干线共有两条。从长安先入兰州，后经武威、张掖、酒泉至敦煌，与河西走廊的路线一致。从敦煌开始，分为南北两条线路向西行进。

第一条是过天山山脉以北，经吐鲁番、乌鲁木齐、塔拉斯河畔，直至里海的"天山北路"。因横穿草原地带，也被称为"草原之路"等。

第二条是从洛阳、长安经敦煌，与塔里木盆地的绿洲城市相连的狭义上的丝绸之路，被称为"绿洲之路"。经过天山山脉以南、昆仑山脉以北被称为"亚洲心脏"的塔里木盆地的"绿洲之路"，又被分为两条路线，即通过盆地北侧库车①等地的"天山南路"（或称"西域北道"）和经昆仑山北侧和田②的"西域南道"，二者向西在喀什再度会合。

从西域南道，是可以不必迂回到河西走廊到达兰州的：经过西宁、青海湖畔进入柴达木盆地，穿越阿尔金山脉，到达西域南道的若羌，是为"青海之

血渭一号墓出土丝织品

---

① 即龟兹。

② 即于阗。

道"。如今，从青海之道上的吐谷浑古墓群中，陆续出土了很多的丝织品，引起了极大关注。

在此，我们先对公元6世纪以后中国史书记载的青海之道一带的历史进行梳理，期待对青海之道的历史作用等相关问题，能有改变以往通识概念的考古发现。

◎占据青海的吐谷浑与吐蕃

青海省几乎全域都处在青藏高原的东部，平均海拔约3000米①。省域西北部有着广阔的柴达木盆地，平均海拔在2700米左右。在其靠近中央的位置有着中国最大的咸水湖——青海湖。

青海省的省会西宁位于省域的东端位置。因处于黄河支流之一湟水的中游，又被称为湟中。西宁在明清时属陕西省，1912年起属甘肃省，直至1928年成立青海省时被立为省会。

血渭一号墓出土金饰件

───────────────

① 原文为4000米，现据青海省人民政府官网改正。——编者注

青海地区，历史上因是羌人的居住地，所以在汉代又被称为"西羌"。在此之后，从公元4世纪前半叶到7世纪后半叶，由蒙古高原流入的鲜卑系游牧民族占据此地，建立了被称为吐谷浑的王国。

　　吐谷浑在公元6世纪中叶势力扩大，向西经柴达木盆地，将塔里木盆地的丝路城市纳入了统治范围，首领夸吕（540—591）自称初代可汗。公元7世纪初，隋炀帝（604—618年在位）曾征讨吐谷浑，但吐谷浑随后趁着隋末乱世夺回了失地。

　　唐太宗（626—649年在位）继承了隋炀帝的政策，在贞观九年（635）布局攻略西域时，有意将吐谷浑纳入统治。但是，出生于拉萨东南的松赞干布（？—649）合并了吐蕃诸部，建立了吐蕃王国。吐蕃向东攻破了吐谷浑，占领了青海地区，并侵扰唐朝领土。唐太宗采取了将女儿文成公主（625前后—680）下嫁给松赞干布的怀柔政策，在松赞干布在世期间一直延续着亲盟关系。

　　吐蕃在唐玄宗（712—756年在位）治世的天宝七载（748），将青藏高原完全封锁。但在天宝十四载（755）安禄山（705前后—757）发动安史之乱时，唐朝的西北边境军队匆忙向东边调动。趁此缝隙，吐蕃的第五位君主赤松德赞（754—797年在位），出动大军进攻，并于公元763年占领了唐朝的首都长安。吐蕃军于两周后撤退了，但一直保持对河西走廊一带的占领。

　　唐与吐蕃进入了连续战争状态后不久，回鹘王国与云南的南诏国，因为服从于唐朝，对吐蕃采取了孤立政策。于是，在公元820年初，以认定河西走廊一带由吐蕃占领的事实为前提缔

唐蕃会盟碑

结的和平条约——唐蕃会盟碑，树立在了长安、拉萨和赤岭。

　　◎ "官吏守护和平"

　　唐蕃会盟碑是在唐穆宗（820—824年在位）与吐蕃的赤祖
德赞（815—841年在位），为纪念缔结和平条约，于长庆元年
（821）在长安、长庆二年（822）在拉萨所立的石碑。但是，
现存于世的只剩拉萨大昭寺门前的石碑。在长安所立的碑毫无
疑问已经损毁了，在赤岭所立之碑不知将来是否还能发现。

在唐蕃会盟碑的西面（正面），刻有汉文和藏文的"以清水县为国境，在此交换驿马，两国边境官吏守护和平"①的条约内容。

东面只以藏文叙述会盟的经过。南面是参加会盟的大唐方面人员官职名和姓名的汉文与藏文刻记。北面是参加会盟的吐蕃方面人员的信息，同样用藏文和汉文刻记。这对知晓当时藏语与汉语的音韵等，是极为珍贵的资料。

此碑的拓片在清代广有流传，而将碑身四面拓片全部进行了介绍说明的，是日本学者内藤湖南（名虎次郎，1866—1934）。他在佛教学者寺本婉雅的帮助下，得以在1928年发表了《拉萨的唐蕃会盟碑》一文。其完整的研究，被收录于佐藤长的《古代西藏史研究》（东洋史研究会，1959）中。

修建唐蕃会盟碑的赤岭，在公元6世纪初期是唐朝与吐谷浑的边境。北魏神龟元年（518）十一月，北魏胡太后派遣使者宋云与比丘惠生，前往西域求取佛典。他们通过青海之道到达犍陀罗国②，北魏正光三年（522）二月返回。伴随洛阳佛教的兴盛，在公元6世纪中期的《洛阳伽蓝记》卷五《宋云行纪》中，记录了宋云与惠生的行迹：从东都洛阳出发向西行四十日

---

① 从王尧的《唐蕃会盟碑疏释》（《历史研究》1980年第4期）中所录入的唐蕃会盟碑汉文全文中并无此段原文描述。相近意思的原文为："然舅甥相好之义善谊，每须通传。彼此驿骑一往一来，悉遵曩昔旧路。蕃汉并于将军谷交马，其绥戎栅已东大唐祇应清水县，已西大蕃，供应须合舅甥亲近之礼，使其两界烟尘不扬，罔闻寇盗之名，复无惊恐之患，封人撤备，乡土俱安，如斯乐业之恩垂于万代，称美之声遍于日月所照矣。"

② 即健驮逻国，特指古犍陀罗（Gandhara），核心区域位于今巴基斯坦东北部和阿富汗东部的南亚次大陆佛教王国。

（《资治通鉴》卷一四九载为四千里），至国境赤岭；复向西行二十三日，过流沙河至吐谷浑。

赤岭作为唐时边界之地，自古以来就是草原区与农耕区的分水岭。如今，从西宁到青海西部的途中，有着被称为日月山的海拔为3520米的垭口。在这个日月山的垭口上，向着通往拉萨的"唐蕃古道"，立有文成公主的塑像。

◎出土的一百三十余种丝织品

西域南道的支路——青海之道，是随着作为游牧民族的吐谷浑，于公元6世纪中叶在此地区势力的不断扩张而兴起的。在

都兰对兽纹锦

当时，中国北方鲜卑拓跋部建立的北魏政权（386—534），分裂成为东魏与西魏两个政权；不久后，高氏的北齐（550—577）与宇文氏的北周（557—581）相继建立，但之后都被杨氏所建立的隋朝（581—619）逐一消灭。

盘踞于青海地方的吐谷浑与占据黄河中下游流域的北魏展开了积极的贸易。夸吕可汗与西魏逐渐进行公开贸易，同时也在边境地区反复掠夺。

《北周书》卷五〇"吐谷浑"条中有载，西魏废帝二年（553），夸吕一方面向西魏派遣使者进贡宝物；另一方面，又向黄

河下游取代东魏政权的北齐派遣使者。西魏凉州刺史史宁在知晓此情状后，向吐谷浑的使者发动了袭击，缴获了夸吕的仆射（大臣）乞伏触状与胡商二百四十人、骆驼骡马六百头，以及数以万计的各样丝织品。胡商是指粟特商人。

话题飞跃到现代。在20世纪80年代，可能是《北周书·吐谷浑传》所记的那些丝织品与锦缎，在遭盗掘、走私后，被欧美古董商大量购得。这些丝织品都是从青海湖西南方都兰县的古墓中出土的，并未正式发掘。

在都兰县郊外，据称有3000座古墓。考古学成果，在文物出版社每年刊行的《中国考古学年鉴》中可以得到确认。以此说来，在青海湖西约300公里、柴达木盆地东南部丝路城市都兰县郊外的热水乡古墓群，从1982年开始一直持续进行调查发掘，发掘调查单位从青海省文物考古队，升格到了文物考古研究所。尤其引起学界关注的，是1996年从热水大墓中出土的350

唐代红地瓣窠对鸟纹锦

件金银器等和130余种精美丝织品。其中有18种来自中亚与西亚地区，粟特锦数量最多，此外为从中原（黄河中游流域）进口的物品。

热水乡古墓群是唐代吐蕃统治下的吐谷浑人的遗迹，被列为"1996年全国十大考古新发现"之一。很期待今后能在大部分未发掘的古墓群中，发现更多丝路织物。

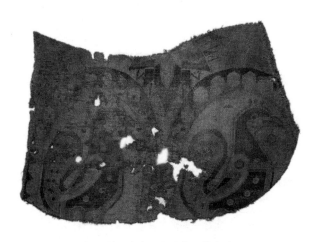

都兰出土连珠团窠瑞鸟纹锦残片

4. 唐玄宗的时代——唐的全盛时期：开元、天宝年间的光与影

日本十数次派遣使者到唐王朝（618—907），将唐朝作为法令整备的模范国家，对其有着无限的憧憬，并将唐太宗李世民与唐玄宗李隆基二人，作为理想中的君主。

唐玄宗是唐高祖李渊（618—626年在位）后的唐朝第六位皇帝，是第五位皇帝唐睿宗（662—716；684—690、710—712

年在位）的第三子。唐高祖、唐睿宗、唐玄宗的卒年，都与其在位的最终年份不一致，这三人都是在让位后以太上皇身份驾崩的，揭示了非同以往的帝位传承。

◎唐玄宗所憧憬的太宗治世

唐朝皇位继承令人注目之处，在于高祖与玄宗的晚年都爆发了相似的政变。唐高祖次子秦王李世民，在宫城北门玄武门将身为皇太子的唐高祖长子用弓箭射杀，史称"玄武门之变"。两个月后，唐高祖将帝位让给了李世民（即太宗）。唐玄宗因在安史之乱勃发之际逃亡蜀地（今四川省），另行北上的皇太子在临近万里长城的灵武（今宁夏回族自治区灵武市）登基，即为唐肃宗（756—762年在位）。此时的玄宗迫不得已被奉为太上皇。

在28岁继承帝位、有着强烈改革意念的年轻唐玄宗，心中憧憬崇拜着唐太宗。太宗治世之时的年号为贞观，玄宗治世的前半部分为开元，后半部分为天宝。太宗时期的治理被称为"贞观之治"，玄宗时期的治理被称为"开元之治"。从儒家的道德政治方面来看，都属于理想的时代。

论及唐代名相，要以太宗朝的房玄龄（579—648）与杜如晦（585—630），以及玄宗朝的姚崇（650—721）与宋璟（663—737）为代表。但是，与贞观年间不止在中国，甚至在日本都有和刻本[1]为当政者广泛阅读，由太宗与魏徵、房玄龄、杜如晦等群臣交流答问编撰而成的《贞观政要》（吴兢撰）相对；玄宗朝并没有这样彰显开元之治的书籍出现。但是，开

---

[1] 日本刻本。

元、天宝年间的宫闱秘事、风俗习惯，玄宗与杨贵妃，还有王侯贵族间的奢靡之风，被加以民间传闻，于五代十国时期撰写而成了《开元天宝遗事》（王仁裕撰）一书，也有和刻本为小说家们广泛阅读。

◎ "令僧尼（道士女冠）拜父母"敕令

在唐朝第三位皇帝高宗的皇后武氏（则天武后）与第四位皇帝中宗的皇后韦氏职掌权力的公元700年前后时期，以女性扰乱政治的女祸[①]观点，将此时期谴责为"武韦之祸"。在武韦时期，自隋以后律令体制的矛盾冲突开始显露。可实际上，在武韦时期可以看到新兴地主阶层与商人阶层，以经济实力作为依靠进入政界，社会充满了活力。

武后在编制以外设置官职，这些职位是对抗贵族阶层的新兴地主阶层与商人阶层通过买取获得的。滥官政策的推进，以韦后的卖官制为始。有很多商人与地主，花金钱购买官吏职务、买取僧侣的身份证明"度牒"来称自己为僧人，进而逃避国家兵役与赋役。由此造成的伪滥僧达数十万人。在这种社会变动时期，从原籍地逃离的"逃户"大量滋生，造成了社会差异，形成了新的社会矛盾。

为了将这样的混乱政治拨乱反正、再现贞观之治，发动政变的玄宗，以睿宗禅让的方式得到了帝位，并乘机对纲纪进行了肃正。在此过程中，唐玄宗最为信赖的是姚崇和宋璟。作为宰相的姚崇，从开元二年（714）开始逐步施行纲纪肃正策略。

---

① 旧称君主宠信女子或女主执政而使国事败坏为"女祸"。《新唐书·睿宗玄宗纪赞》："自高祖至于中宗，数十年间，再罹女祸，唐祚既绝而复续。"

对伪滥僧的还俗与豪奢的造寺造佛进行规制，对佛教教团进行抑制是其中的重要条目。

特别值得关注的是在当年闰二月所出台的道士、女冠（女道士）与僧、尼拜父母敕令。道士、女冠从一开始，就没有要拜皇帝与父母的问题。出家僧尼不拜皇帝与父母是传统。在此之前，唐太宗朝和高宗朝两次颁布拜父母诏，不久后都被迫撤销。但是，这次作为一系列肃正佛、道两大教团的一环，而发表的敕令，使得佛教教团也不得不在无法抵抗的情况下使其通过。

连续不断发出的诏敕，使得武韦时期就已出现的伪滥僧泛滥与毫无节度的造寺造佛问题受到了严格的限制。但是，由于未带废佛色彩，所以对自唐朝初期以来发展迅速的佛教教团的基础并没有造成威胁，只是对佛教与左道（如道教咒术）的结合进行了戒备。

◎儒、道、佛的三教调合

开元九年（721）九月，姚崇在逝世之际给家人留下遗令[①]。在告诫子女不要过度致力于写经和造像而破产的同时，特别在道士之上强调了僧侣的事情，记载了绝对不能将其引入家中。是年，玄宗将天台山上的道士司马承祯迎入宫中，此后心理上逐渐倾向于道教。翌年，玄宗开始在长安与洛阳两京及诸州，设立老子庙在内的玄元皇帝庙。此外，设立研究道教经典的崇玄学，学习《老子》《庄子》。三年后，玄宗前往道教圣地泰山祭祀昊天上帝（天神）。

---

① 即《遗令诫子孙文》。

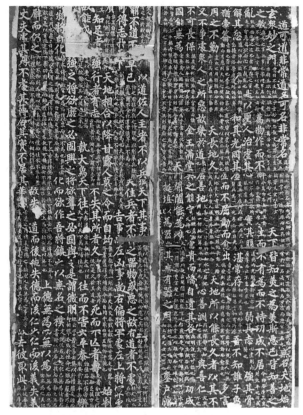

苏灵芝书《唐玄宗御注道德经》拓本

　　开元二十年（732）玄宗自注的《御注道德经》完成，并于翌年正月命令全国各家都要收藏《老子道德经》，以《老子策》顶替《尚书策》《论语策》，作为科举考试的科目。

　　玄宗（唐王室）愈发向道教倾斜。于开元二十一年（733）十月，命令僧尼拜君王，并发诏再次强调拜父母。自东晋慧远（334—416）的《沙门不敬王者论》以来，接连不断有佛教教团与国家争夺佛教主导权。这种佛法与土法的优先权之争，在玄宗的开元年间，以王法取得胜利、佛法被迫屈服的结果得以解决。

但是，玄宗在对道教尊崇的同时，对佛教并未采取特别激烈的压制。开元二十年（732）开始，他展示出了调合儒教、佛教、道教的热情。

开元二十三年（735）十月五日，唐玄宗在自己的生日——千秋节[1]当日，命令诸位学士与道僧，议论三教异同。与在此前颁布的《御注孝经》与《御注道德经》相对应，对《金刚经》的御注，在此前的九月已经颁示。在这本《御注金刚经》完成之际，对于宰相张九龄上言的"三教并列，万姓知归"[2]，玄宗的御批是"与夫《孝经》《道经》，三教无阙"[3]。顺带一说，在中国为祝天子诞辰[如唐玄宗在开元十七年（729）将八月五日命名为千秋节]的起

《真言八祖图》之不空大师像

---

① 天宝年间改为"天长节"。

② 张九龄《贺御注金刚经状》。

③ 《答张九龄贺御注金刚经批》。

《贵妃上马图卷》（元·钱选）

源，可以追溯到北魏太武帝始光二年（425）。

唐玄宗对于《孝经》《道德经》《金刚经》三经施以亲注，以期调合儒道佛三教，推行"三教并列""三教无阙"，实际上育成了镇护国家的佛教。在开元二十六年（738）六月，与今上（当时的皇帝）等身的天尊像与佛像，被奉祀于开元观与开元寺中。对于镇护国家色彩强烈的佛教教团，事到如今也没有再进行弹压的理由，佛教教团以长安贵族阶层为中心，逐渐兴荣了起来。在公元746年，唐玄宗接受了密教僧人不空的灌顶。

◎律令体制的崩坏

律令体制中的一环，是征兵制中的府兵义务，通过设立折冲府，将州民征召入内。因此，从设立了军府的州，逃亡到没有设立军府州的人数，达到了空前绝后的地步。为了应对这种情况，从开元九年（721）正月开始，宇文融颁行了括户政

策[①]：将没能送返回本籍的逃户，充为"客户"容许其在现住地耕种。就这样，因征兵制受挫而采用了募兵制，作为军团的最高指挥官的节度使，因此坐拥庞大的兵力镇守十处边境要地。

掌握了边境大军的节度使的出现，对于中央政府产生了很大影响。少数民族出身、精通六种语言的安禄山（705左右—757），于天宝元年（742）出任平卢节度使，天宝十载（751）兼任平卢、范阳、河东三地节度使。天宝十四载（755）十一月，安禄山以诛除杨贵妃与其兄杨国忠为名，反乱叛上。

在叛乱后，安禄山以一举拿下洛阳与长安为目标，大举南

① 《旧唐书·宇文融传》曰："融，开元初累转富平主簿，明辩有吏干，源乾曜、孟温相次为京兆尹，皆厚礼之，俄拜监察御史。时天下户口逃亡，免役多伪滥，朝廷深以为患。融乃陈便宜，奏请检察伪滥，搜括逃户。玄宗纳其言，因令融充使推勾。"

下，其部下多为西方中亚系与北方游牧民族出身之人。转眼间就占领了洛阳的安禄山，自称大燕皇帝，建元圣武。因叛军迫近长安而逃往蜀地的玄宗，在逃亡途中不得不应士兵的要求，杀死了自己宠爱的杨贵妃与杨国忠。

安禄山死后，其部下史思明继续为乱，故称为"安史之乱"。以此为契机，律令体制彻底崩坏，由节度使所据、被称为"藩镇"的军阀割据体制，就此成立了。时为皇太子的肃宗在即位后，将玄宗奉为太上皇。回到长安后，无法介入国事的玄宗，于公元762年驾崩；翌年春天，安史之乱终于平息了。

社会的安定程度，可以通过户籍人口的多少展现出来。玄宗所憧憬的太宗年间，户籍人口满300万；玄宗治世末年的公元754年，户籍人口达907万户、5288万人。但是，安史之乱将盛唐的繁荣一举夺去。在反乱平息后的翌年，户籍人口只有293万户、1692万人，仅为战前的三分之一。

5. 后汉光武帝的时代——汉王朝的复兴统一中国，以洛阳为都城的儒教国家

◎短期瓦解的王莽新政权

在汉高祖刘邦所建立的西汉王朝末年，汉平帝于元始二年（2）进行了中国历史上首次户口（户数及人口）调查。《汉书·地理志》中有"民户千二百二十三万三千六十二，口五千九百五十九万四千九百七十八。汉极盛矣"[1]这样的记录。

在此六年后，作为汉王室外戚的王莽（前45—23），以实

---

[1] 《汉书·地理志下》。

现古代儒教的政治理想，作为夺取政权的口号，并反复发表言论，借以篡汉即位，取国号为新（9—23）。因王莽推行了过于超越时代的革新政策，各地农民与豪族争相反乱。新朝仅维持了15年，王莽就被诛杀，新朝也随之迎来终结。

新莽嘉量

取代王莽新朝统一全国的，是在今河南省西南部南阳起兵的、汉王朝末裔刘秀（前6—57）。作为东汉王朝的首位皇帝——光武帝（25—57年在位），刘秀正是授予前往朝贡的倭奴国使者，以印绶（汉委奴国王金印）之人。

◎过于先进的王莽新政

意图恢复儒家理想中周公旦政治的王莽，在革新开始时，改任大臣、官僚职名，以整肃官制：在三公之下设九卿，每位九卿之下设所属大夫三人、元士九人。在地方制度上，在改名为常安的长安郊外设立六乡，在其外侧设三辅，分为六尉郡。此外，将天下分为九州、125个郡、2203个县制进行治理。这样的举措，虽然使得政体显得整齐有序，但因过于脱离现实，导致行政机构陷入混乱。

新莽铜诏版

　　王莽还采取了大胆的货币政策。首先，严禁黄金私有，由
政府管控；其次，废除汉武帝所铸五铢钱，发行"大泉五十"
与"小泉直一"两种货币，并在翌年制定了五物、六名、

新莽"大泉五十"

新莽铜方斗

二十八品等多种新货币。不久后，又废除了大钱、小钱，铸造新的货布、货泉。进行如此瞬息万变的改革，加之惩罚了诸多的盗铸新钱之人，使得王莽人心尽失。

王莽施行了始于汉武帝的盐、铁、酒等物品专卖，及在均输平准法体系①内的物价安定政策，用以抑制大商人的活动。此外，为了防止豪族兼并土地，将天下土地尽称为王田，奴婢私属，禁止买卖；并宣布恢复了围绕土地公有而形成的井田制。

王莽推行这样的新政策，宗旨是在推行进步的社会政策。但单以儒教的复古主义思想为基础，在半途中随心所欲地改革，不仅受到了大商人与豪族的抵抗，也受到了官僚与民间双方的大力抵制，最终瓦解得于后世毫无痕迹可寻。

◎山东的赤眉集团与南阳的豪族刘氏

在王莽新王朝的末期各地爆发的诸多反乱中，代表着农民反乱的，是由山东琅琊郡起兵的赤眉集团；代表着豪族反乱的，是在河南南阳郡举兵的刘氏宗族集团。

赤眉集团以樊崇作为领袖，因汉王朝国色为赤，而将眉目染为红色。赤眉集团因受同为琅琊郡的吕母起事的诱发，在王莽派遣讨伐军与其作战之际，广泛吸收穷苦人民入伙，从一个百人规模的小集团，迅速膨胀为数万人规模的大型集团。与此相同，与南阳当地豪族纠集一处的汉王室宗族，刘演（？—23）、刘秀兄弟与其族兄刘玄（？—25），在宛地与春陵举兵起事。因受占据南阳南部绿林山的农民起义的诱发，在转战各地之际拥有了庞大的势力。

---

① 即汉武帝时期所制定的均输法与平准法。

在这些各地蜂起的群雄之中，最早攻入关中长安将王莽军击破、杀死王莽的刘玄，称更始帝（23—25年在位），定都长安。刘演因为比刘秀更早投入更始帝麾下，积累了太多的威名，受到更始帝的忌惮而被杀。一方面，在山东坐大势力后向西发展迫近洛阳的赤眉集团，一开始是以打倒王莽为共同目的，与更始帝集团合作的。后来，因更始帝进攻长安而与其决裂的赤眉集团，推戴汉王室后裔刘盆子为天子。

赤眉集团在不久后，以长安为目标进发，兵不血刃地进入了长安城内。但是，赤眉军只懂破坏劫掠，并没有统治广大国土的能力。刘秀在最初也如其兄刘演一样，投入更始帝麾下。但不久后就自立出来，于建武元年（25）六月之时被推戴为皇帝。这位后汉的光武帝，在同年十月攻占了洛阳，并以此为国都，于洛阳城内设立了国都所需各项机构。此后，刘盆子与刘秀同时称帝。建武三年（27）正月，居于长安拥戴刘盆子的赤眉集团，被刘秀降服兼并。

◎光武帝对于全国的再度统一

因有位于洛阳正南方的南阳豪族势力的大力支持，再兴汉王朝的刘秀，以东周的王城之地——中原洛阳为国都，以期政治基本盘的长期安定。与位于西方、作为武力政权之地的关中长安相对；处于"中原"的洛阳，长期维持着中国文化传统，拥有黄河中流流域中心城市的地位。在全灭了拥立刘盆子的赤眉集团后，各地还处于群雄割据的状态，光武帝的地位相对而言并不稳定。如被更始帝封为梁王的汉室宗族刘永，在更始帝死后称帝，将地盘扩张到了山东至江苏北部一带。

在光武帝将群雄陆续击破后，最后的抵抗势力有：占据近丝路东端天水郡（今属甘肃省）的隗嚣、以陇山以西河西四郡为势力范围的窦融、在蜀地称帝的公孙述等。其中，窦融在不久后归顺光武帝，仅剩隗嚣与公孙述负隅顽抗。汉光武帝在进攻隗嚣后，留给岑彭的敕书中写道："两城若下，便可将兵南击蜀虏。人若不知足，既平陇，复望蜀。每一发兵，头须为白。"[①]其中"得陇望蜀"又为"望蜀之言"的出典而得名。陇为隗嚣、蜀为公孙述的根据地。

建武十二年（36），光武帝平定了蜀地公孙述政权，实现了全国的再度统一。与周王朝在公元前770年，从长安西郊迁入洛邑的轨迹一致，汉王朝也从长安转移到了洛阳，所以将前汉称为西汉，后汉称为东汉。

光武帝的远祖、西汉的景帝，在永光四年（前40）曾居于南阳郡，相当于当地的地主。此地的刘氏宗亲与很多当地土著豪族，都多多少少有着亲缘关系。景帝的妻子樊氏，就是当地豪族出身。光武帝在青年时期，与很多豪族青年一样，到长安学习学问，但因王莽末年政治动荡，无法埋头于学，从而组织地方豪强平定群雄，以洛阳为都，达成了称霸全国的伟业。

◎初次赐予倭国使者印绶

光武帝将王莽的新政全部废止，恢复了西汉时期的政治制度。他解放了王莽时代因触犯法律而被迫成为奴隶的庶民，减轻土地课税，使生产力得以恢复，并安定了民心。当时，因为地方豪族势力抬头，地方自治的风气高涨。

为了应对这样的事态，光武帝试图强化中央政府机构。废

---

① 《后汉书·岑彭传》。

除了针对一般农民的征兵制，组建了与此前需归乡里参与农耕的兵士相比，更为专业的职业军人作为近卫军团，进一步加强了中央政府的军事力量。

光武帝虽然以全面否定王莽政治为口号，但对于儒学的尊重，却沿袭了梦想成为儒教国家的王莽政治。他在国都洛阳设立的最高学府太学，培育了大量的儒生；在官吏的任用上，也重视为儒教理论实践家所推荐的孝廉制。在光武帝后即位的东汉第二位皇帝明帝（57—75年在位），也继承了这样尊重儒教的方针。

光武帝全神贯注地充实内政，在国内驱驰武力花费了相当长的时间，因此对外采取了消极政策，也就是说并没有为经略西域而向丝路沿线诸国派遣使者。东汉对外政策的转变，在汉明帝治世的末年。东汉于永平十七年（74），设置了西域都护与戊己校尉，以期恢复对西域的支配。

倭国在中国史书上的登场，最早是在王莽时期，倭国使者持贡物至乐浪郡。在《后汉书·东夷传》中有载，建武中元二年（57）因倭奴国进贡，汉光武帝赐予其印绶。赐予印绶的光武帝在位33年，于当年二月驾崩，终年62岁。

东汉王朝迎来一定程度上的太平盛世，是在汉明帝治世之时。永平十年（67），奖励儒学并以尊重名节确立了礼教主义的汉明帝，在梦中见到了金人，

东汉汉倭奴国王金印

知其是佛，于是向西域寻求佛教之法。佛教经朝鲜半岛传入日本，是在公元538年或552年，已是距明帝时期之后约500年的事情了。

6. 安史之乱前后的唐朝——令外官使职的设置，贿赂横行的财政国家出现

◎ 安史之乱以前的律令体制

从公元6世纪末到10世纪初的隋唐社会，以公元8世纪中期爆发的安禄山与史思明所引发的安史之乱为契机，发生了很大转变。安史之乱以前是延续隋朝的律令体制。以律、令、格、式作为法律体系的基础，均田制为土地制度、租庸调制为课税制度、府兵制为军事制度、乡—里与乡—村两个系统组成的村

唐开元四年《柳中县高宁乡户籍簿卷》

落制度等四个方面，构成了掌控与支配民众的体制。

这种体制的基盘，政治权力集中在中央。地方以"州—县"为行政制度，中央政府以三省六部制为核心。行政机构的最末端是县，"乡—里"与"乡—村"属于自治机构。人民以居住地登录户籍，称为本贯或本籍地。律令体制的前提，就是贯彻落实本籍地政策。国家统治的基本底账，是由本籍地做成的户籍，县里每三年会进行一次统计。律令体制的特点在于注重社会治安，延续了南北朝以来的贵族社会、身份社会的社会结构。

安史之乱以后，随着律令体制的崩坏、身份社会的消亡，由重视治安的社会结构，转向重视财政的社会结构，出现了财政国家体制。

◎律令体制与令外官

唐前期的律令体制官僚机构——中央官厅与地方官制，都是在唐玄宗治世中的开元二十六年（738）完成的，并以《大唐六典》全30卷颁示天下。

《朱巨川告身卷》局部（唐·徐浩）

中央官厅以中书省、门下省、尚书省三省为核心。中书省为天子策划立案、制定政策；门下省将内外百官上奏的文书选取上呈给天子；中书省对起草的诏敕进行慎重的审议，对于认为不当的诏敕，行使称为"封驳"的拒绝权；尚书省作为行政官厅，是确保门下省准许通过的政令得以顺利实施的机构。

尚书省统管该下六部。六部由统管百官人事的吏部、负担财政行事的户部、管理祭祀仪礼的礼部、负责国防军事的兵部、司理刑事司法的刑部、运行土木工事的工部等六个部门组成。六部之下分别设有四曹。以担当财政行事的户部为例，由户部（负责总管全体）、度支（负责财政收入支出的会计事务）、金部（负责国帑的出纳、物资财产的管理）、仓部（负责仓储与税租的管理）等四曹组成。顺带一说，仓库一词，"仓"是指搬入了谷物的设施，"库"是指收纳金银与宝物的设施。

不过，尚书省作为行政文书的总管，负责实际业务，源于秦汉以来的九寺（寺即为役所）、五监等官厅制度。譬如，负

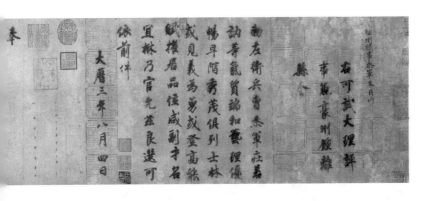

责实际财政事务的司农寺与太府寺，可以与户部的仓部曹与金部曹对应。

在地方制度上，采取了州县制，州有时又被称为郡，一州统管数县。全国共划为350个州、1150个县。特别的州制有三府与都督府。三府是以国都与陪都为基准设立的，如分别在长安、洛阳、太原，设有京兆府、河南府、太原府。都督府是在战略要地设置的，比州更大的行政区域。此外，还在全国设置了10至15个大行政区域——道。为了治理周边附属地区，唐朝在丝路沿线的安西等地设置了六都护府、羁縻州，作为行政中心以统筹军事。

律令体制在进入公元8世纪前期的唐玄宗朝时，因为从本籍地逃亡农民的增加与府兵制开始崩坏引发了社会动荡，到了必须全面改革的关头。中央官厅与地方制度也不例外，在天子直属的大量职役中，出现了在律令制下规定的正规官职以外的令外官。在迫于需要而新设的官职中，长官将选任僚属作为自己的责任，私自选择有官僚经验的人作为部下来任用，即为辟召政策。辟召政策为有能力的人才安排职位，与既有的律令官制并行。此后，令外官不断掌握实权，成了官员更为重视的任用方法，最终使得律令官制有名无实。

值得关注的是，这种职役的出现，对既存官厅造成了影响。在公元8世纪前半叶的玄宗朝，特别是在安史之乱后，变得尤为重要。复杂的财政事务由转运使、盐铁使、度支使等所辟召的诸使，活跃其间；以节度使、观察使等辟召之职为代表，跋扈于藩镇之中。作为令外官的军事负责人，节度使与观察使设立使院，在使院中自行对下属进行裁量辟召。在玄宗朝以后的各个地方中，律令官制内的州院，与令外官设立的使院并存。

◎从租庸调制到专卖制、两税法

在律令体制下，唐前期的一般民众有纳税义务，在《大唐六典》卷三户部条中可以得见。在此条中有载，赋役由租、调、役、杂徭四方面组成。课税以丁男（21—59岁的男子）为单位，一岁交租粟二石；调，交绢、绸二丈或绵三两；役，原则上为一年二十日；如因正役不能服行的情况下，以每日缴绢或绸等三尺为庸。杂徭，是对地方官厅管辖的多种繁复轻役的统称。因唐朝的租庸调制，内附于丝路沿线与长城地带的胡人，故也可以将其折算成银钱纳税。

唐代"浙安庸调"银饼

唐代开元通宝

在这样的律令体制下，被称为租庸税制的直接税课体系，以安史之乱为契机出现了破绽。为镇压安史之乱，唐朝向回鹘求以援军，夺回了长安与洛阳。为了给予回鹘回报，也为了维护战时体制下的国家财政，朝廷冥思苦想出了在原价上，增收数十倍税的盐专卖制。第五琦（生卒年不详）与刘晏（715—780）两人，完成了这个方案。这个超大型的间接税，充实了国家财政，其专卖的收益占到了政府财政总收入的一半。

关于直接税，建中元年（780），杨炎（727—781）提出了废止租庸调制，开始进行夏、秋两次收纳铜钱入税的两税法。这种方式就算不在本籍地居住也不会变。它是以公认在实际耕作中的农民土地所有权，对土地面积与生产力换算后，加以征收的税法。在安史之乱后，租庸调制向两税法转变，由原籍地主义向现住地主义，进行了计划性的政策转换，间接税的专卖收益金导入财政体系，在宋以后的中国社会课税体系里得到继承。

◎名为"进奉"的贿赂横行

在中国的正史中，王朝的财政经济史都被记述在《食货志》中。在记载唐代财政经济史的《旧唐书·食货志》的总序中，对财政行政使职的出现与财务官的活动有如下记述。

唐代杨国忠进奉银铤

唐高祖在太原起事时，包括在占领长安时，天下并不富有，在实施轻税役的情况下，唐帝国才得以建立。在玄宗朝开元以前，财政事务由尚书省担当；在开元以后，实权转移到了其他部门官职。这些部门官职有转运使、租庸使、盐铁使、度支盐铁转运使、常平主钱盐铁使等。对于新官职的设立与官僚的任命，《旧唐书·食货志》总序有载："得其人则有益于国家，非其才则贻祸于黎庶。"[1]其中裴耀

---

[1] 《旧唐书·食货志》。

卿、刘晏、李巽等，皆为富国安民、世之楷模的人才。

与此相对，在开元年间，通过括户政策获得数百万贯钱的宇文融，与通过对江南租米进行转运来充实国库的韦坚等，皆被玄宗认为是有能之人，但实际上是很缺德的人物。特别是杨国忠（？—756），因为杨贵妃的原因受到了玄宗的宠信，其连带40余名使职，谋划阴谋诡计，厉行无道盘剥之事。

在安禄山发动叛乱的时候，整个社会较景气，有些不合理的收入也没什么问题。在当时，买卖官职形成了一种风潮。杨国忠以不能消耗国库物资为由，命崔众在河东地方收取钱财，给予僧尼道士得度资格，十日之间便获得了一百万贯钱。[①]玄宗在逃往四川之际，赞成从江陵收取盐与麻税，以确保财政收入。

兴元元年（784），德宗遭兵士反叛，逃出长安。因中央国库几近空荡，作为地方军阀的节度使与观察使，以"进奉"为名贿赂中央。在叛乱平定后，为了确保皇帝的恩泽，进奉行为并没有消失。不止节度使进奉，作为州长官的刺史等也有这样的

唐"乾符六年"铭文银铤

---

① 《旧唐书·食货志》："杨国忠设计，称不可耗正库之物，乃使御史崔众于河东纳钱度僧、尼、道士，旬日间行钱百万。玄宗幸巴蜀，郑昉使剑南，请于江陵税盐麻以资国，官置吏以督之。"

习惯。以州刺史进行的进贡，最早是从裴肃①开始的。裴肃在担任常州刺史时，设立了消费税这样的新名目，以确保进奉的财源，不多时就被提拔为浙东观察使。

如此"进奉"贿赂之事，《旧唐书·食货志》将玄宗朝的杨国忠与德宗朝的裴肃作为需要注意的人物，特地进行了记载。

◎ 包含着史实的出土物

在《旧唐书·食货志》的总序中，大致介绍了于安史之乱后唐代社会中，财务官僚十分活跃的状况。与这些史实相对应的，是安史之乱前后节度使们进奉时所用银铤②与金银器的陆续出土。

出任浙江西道观察使的崔慎，向唐宣宗进奉的银铤，在1929年被北平（即北京）琉璃厂的尊古斋卖出，翌年由日本的三井家所藏，其出土状态不明。然而，从1956年西安大明宫遗址中出土的进奉银四笏开始，有相当数量的带有铭文的银铤不断出土了。铤（锭）作为金银的计重单位，一铤（锭）重50两、一两超过40克，银铤一笏有着2千克之重。

在唐大明宫遗址出土的进奉银铤四笏中，载有天宝十载（751）正月纪年的、信安郡税山银的背面，刻有"专知诸道铸钱使、兵部侍郎、兼御史中丞、知度支事、臣杨国忠进"；在纪年为同年五月的宣城郡进奉的、两笏和市银银铤的背面，也

---

① 《旧唐书·食货志》："其后裴肃为常州刺史，乃鬻货薪炭案牍，百贾之上，皆规利焉。岁余又进奉。无几，迁浙东观察使。天下刺史进奉，自肃始也。"《册府元龟》卷169："其后裴肃为常州刺史，乃鬻薪炭货案牍口价之上，皆规利焉岁余进奉无几，迁浙东观察使。天下刺史进奉，自裴肃始。"
② 即银锭。

刻有"专知诸道铸钱使、兵部侍郎、兼御史中丞、知度支事、臣杨国忠进"。信安郡（衢州）与宣城郡（宣州），都为江南道所属，从此二郡的税收中送往中央的银铤，皆为兼任专治诸道铸钱使使职的杨国忠进奉给唐玄宗的。这也是稳固恩宠的一种便捷方式。

唐镇海军节度、浙江西道观察处置等使裴璩贺冬进奉银铤

1970年在西安南郊的何家村、1987年在距西安以西120公里的法门寺塔下地宫中，出土了大量的唐代金银器。这些金银器展示了在安史之乱前后的中国文化中，工艺品制作工艺的高超水准。在中国各地所出土的金银器中，有很多都刻有铭文。如从1962年唐大明宫遗址中，出土的镀金双凤文银盘，由其里侧所刻铭文可以判明，是由浙东观察使裴肃进奉的。顺便一提，裴肃是中唐的知名文人政治家裴休（791—864）的父亲。

在1979年，山西省北端的平鲁县，因出土了193件金制品而引人注目。这些金制品的总重量有34.81千克、合纯金有33千克。在此之中，刻有铭文的金铤5件，没有铭文的金铤77件。在带有铭文的金铤中，引人注目的是"乾元元年岁僧钱两贰拾两"与"柱国魏国公臣张通儒进"的铭文。乾元元年（758）还处于安史之乱中，张通儒属于安禄山亲信中的亲信。史书有载，回鹘在派遣援军帮助唐朝平定叛乱的胜利曙光中，想要请

唐代何家村窖藏舞马衔杯壶　　唐柱国魏国公臣张通儒进奉金铤

求将金帛褒奖给部下。因此，这些金铤的出现是与史实相符的。此外，"岁僧钱两"与《旧唐书·食货志》总序中"杨国忠……乃使御史崔众于河东纳钱度僧、尼、道士"的记载相符。玄宗朝的杨国忠与德宗朝的裴肃进奉的银铤等，作为考古发掘品，使得后世之人可以目睹。

7. 遣唐使的时代——遣唐使所带回的国家制度与文物

◎大化改新与归国留学生

"大化改新"，是指在日本大化元年（645）的六月，中大兄皇子①通过贵族中臣镰足②消灭了苏我虾夷③、入鹿④父子后，

---

① 即天智天皇（626—672），日本第38代天皇，公元661年开始摄政，668年即位。
② 即藤原镰足（614—669），字仲郎，飞鸟时代政治家。
③ 即丰浦大臣（586—645），飞鸟时代政治家、权臣。
④ 即苏我入鹿（610—645），飞鸟时代政治家，苏我虾夷之子，逼迫圣德太子之子山背大兄王及上宫王族集体自杀。

直至公元701年制定《大宝律令》①为止，用了大概半个世纪，完成了中央集权性的国政改革。

在2005年1月，NHK电视台的电视节目"古代史特别篇"中放映了以"大化改新"（前后编）为名的电视节目。

中臣镰足与苏我入鹿，是在培养遣唐使的私塾中的至交好友。下野后的镰足，醉心于和从唐朝归国的留学僧南渊请安②会面，与进行救济活动的中大兄因此结识。

在《隋书·倭国传》中，有倭王的使者于开皇二十年（600），到访了再度统一中国的隋文帝（581—604年在位）治下的长安宫廷的记录。但是，日本方面并没有与之相对应的史料。

在大业三年（607）七月，推古朝的圣德太子以小野妹子为大使，第二次派出遣隋使出访隋朝。这位遣隋使在翌年的三月十九日，谒见了当时正在洛阳的隋炀帝。

大业四年（608），小野妹子与隋朝使臣裴世清③及随员12人，一起回到了筑紫④。裴氏一行停留在修筑于难波津⑤的迎

---

① 即《大宝令》，藤原不比等编的基本法典，含律6卷、令11卷。

② 生卒年不详，日本飞鸟时代留学僧。

③ 裴世清，河东闻喜人。仕隋为文林郎、鸿胪卿掌客；入唐为驾部郎中、江州刺史。

④ 即筑紫国，其领地于现福冈县一部。公元7世纪末，日本从中国引入律令制后，筑紫国被分为筑前国、筑后国两个令制国。两国统称为筑州或二筑、两筑。

⑤ 古代日本重要的通商口岸。《日本书纪》推古天皇二十一年（613）十一月条记载，修建自难波到都城的大道"二十一年冬十一月，作掖上池、亩傍池、和珥池。又自难波至京，置大道"。

宾馆中，后沿淀川与旧大和川溯流而上，谒见了飞鸟王朝的倭王。

同年九月，在裴氏归国时，日本再度以小野妹子为大使出使隋朝。作为学生的福因、高向玄理等四人，作为学问僧的日文、南渊请安等四人，为小野妹子的随行人员。他们都是从中国或朝鲜半岛到日本的渡来人①。

小野妹子在翌年九月归国时，与其一起入隋的留学生与留学僧，滞留在中国阅读典籍与佛典。公元618年，唐王朝代隋王朝而立。自此，遣隋的留学生，自动转换为了遣唐的留学生。其中，日文在中国滞留了24年，于贞观六年（632）随第一次遣唐使船归国；高向玄理与南渊请安滞留了32年，于贞观十四年（640）经新罗回国。他们在归国后，向中大兄与镰足传授了唐朝政治体制等相关知识。中大兄等人在发动政变以及大化改新后建立新政府之际，这些归国的留学生扮演了指导性角色。

◎去往"宝之国"的遣唐使

隋炀帝在成为皇太子之前，作为统治江南地方的负责人，从天台宗的开山始祖智顗②处受了菩萨戒。因此，采用了其父隋文帝那样适当偏重佛教的宗教政策。为指导教授从朝鲜三国与倭国来的留学僧，他特别敕命任用高僧，在鸿胪馆外开设了外国僧教习所。

将小野妹子等送出国门的圣德太子，在推古天皇三十年

---

① 古代日本对于来自中国、朝鲜等地移民的统称。

② 智顗（538—597），天台宗四祖，俗姓陈，字德安。隋代荆州华容（今湖北公安县）人，祖籍颍川（河南禹州）。

日本最古老的寺院向原寺难波池

（622）二月逝世，终年49岁。翌年七月，新罗向飞鸟王朝派遣了大使，带来了一具佛像与金塔、舍利、灌顶幡进行供奉。其中的佛像被安置在了葛野的秦寺①，金塔、舍利、灌顶幡，被收入在了难波的四天王寺中②。时至今日，在太秦的广隆寺仍安置着弥勒菩萨半跏像。此时，在唐朝留学的学问僧惠齐、惠光与

---

① 即京都广隆寺。因是渡来人秦氏一族建立的氏寺（即家庙），故又称秦寺。

② 即今大阪天王寺。《日本书纪》载，信奉佛教的圣德太子与反佛教的物部守屋一派开战前，形势不利的圣德太子曾向法神四天王像许愿，打败物部派后将为四天王建立寺院。公元593年，战胜的圣德太子在大阪建立了四天王寺，是日本佛教最早的寺院，也是日本最古老的官方寺院。

医者惠日、福因等人，也跟着新罗的大使们一起回到了日本。

药师惠日等异口同声地上奏称："留于唐国学者，皆学以成业，应唤。大唐国者法式备定之珍国也，常须达。"①珍国者，是为珍宝之国，又有"宝之国"的意思。

◎陆续派遣的遣唐使

公元653年派遣的第二次遣唐使，以大使吉士长

太秦广隆寺弥勒菩萨半跏思惟像

丹、福使吉士驹为首，包含弁正、定慧（镰足的长子）等学问僧，一行121人为第一船；以大使高田根麻吕、副使扫守小麻吕为首，含学问僧120人为第二船。

其中的第二船，在入唐的途中，于萨摩国的竹岛附近遭海难，只有五人得救；第一船平安无事地抵达唐土，并于翌年七月回到了筑紫。

如此任命大使与副使，以及同时派遣两个遣唐使团的情况，只有在当时才有。从遭遇海难，只有一团平安抵达唐土可以看出，当时的遣唐使，是抱有必死觉悟的。而在第一船归国

---

① 《日本书纪》推古三十一年（623）秋七月条。

前的白雉五年（654）二月（一说是五月）①，日本又派遣了第三批遣唐使。这次的押使，是高向玄理、大使河边麻吕、副使药师惠日。

在唐朝的第三位皇帝高宗（649—683年在位）的永徽五年（654），《唐会要》卷九十九"倭国"条记有："永徽五年十二月，遣使献琥珀玛瑙。琥珀大如斗，玛瑙大如五升器。高宗降书慰抚之，仍云。王国与新罗接近。新罗素为高丽百济所侵。若有危急。王宜遣兵救之。"

第三次遣唐使中，押使高向玄理死在了唐土；大使河边麻吕在永徽六年（655）八月，随入唐僧道昭回国。此年正月，齐明天皇没在难波，而是于飞鸟即位（皇极天皇重祚），并且在公元667年将国都迁往了近江。此时，围绕着朝鲜半岛的国际关系十分紧张。在白村江之战中，倭国与百济的联军被唐朝与新

---

① 《日本书纪》载，孝德天皇白雉四年（653年）夏五月，辛亥朔，壬戌（十二日），发遣大唐大使小山上吉士长丹、副使小乙上吉士驹、学问僧道严、道通、道光、惠施、觉胜、弃正、惠照、僧忍、知聪、道昭、定惠（内大臣中臣镰足长子）、安达（中臣渠每连之子）、道观（春日粟田臣百济之子）、学生巨势臣药（丰足臣之子）、冰连老人（真玉之子）。《书纪》或本增有学问僧知辨、义德、学生坂合部连盘积），并一百二十一人，俱乘一船，以室原首御田为送使；又大使大山下高田首根麻吕。副使小乙上扫守连小麻吕、学问僧道福、义向，并一百二十人，俱乘一船，以土师连八手为送使。秋七月，被遣大唐使人高田根麻吕等于萨麻之曲，竹岛之间，合船没死。唯有五人，系胸一板，流遇竹岛，不知所计，五人之中，门部金采竹为筏，泊于神岛。凡此五人，经六日六夜，而全不食饭，于是，褒美金，进位给禄。（白雉五年）秋七月，甲戌朔，丁酉（二十四日），西海使吉士长丹等，共百济、新罗送使，泊于筑紫。是月，褒美西海使奉对唐国天子，多得文书宝物。授小山上大使吉士长丹以小华下，赐封二百户，赐姓为吴氏。授小乙上副使吉士驹以小山上。

罗的联军打败，灭亡后的百济人向倭国蜂拥而来。因此，倭国政府一直紧绷着神经。

◎多达二十次的遣唐使派遣

遣唐使的派遣到公元838年为止，大概有二十次之多。从以倭国的名义派遣两艘使船，取道"北路"（新罗道）的第一次（630）到第七次（669）为前期遣唐使。此后，间隔了32年的空白期。于日本大宝二年（702）开始的第八次，到公元838年的第二十次遣唐的后期遣唐使，都是以日本国的名义，以四艘使船取道"南路"（大洋路）。前后两者之间的目的、航路，都大相径庭。转向危险的航路的原因，比之航海技术的进步而言，更重要的是受半岛形势变化的影响，倭国跟新罗关系的恶化。

前期遣唐使有着很强的政治交涉性质。与此相对，制定《大宝律令》、施行律令国家体制的日本所派遣的第八次遣唐使，在抵达唐朝之时，正是武则天君临天下的周王朝（690—705）时期。于此时，日本国名由"倭国"改为"日本国"的主张，得到了中国方面的认可。

此后，日本以一代天皇献上一次朝贡品的频率，派遣的后期遣唐使，并没有很强烈的政治交涉性质，而是以运送法典与文物为主要目的。

◎遣唐使所运送的典籍与文物

最初的后期遣唐使，是由粟田真人为执节使、山上忆良为少禄，于公元702年派遣的遣唐使团。粟田真人因可以流利地阅读与书写中国典籍，被评价为容姿温雅，在武则天召开的宫廷宴会上，被授予了名誉官职。

作为万叶歌人①的忆良，在此次出使中，带回了张文成②所著艳情小说《游仙窟》。这部小说从《万叶集》开始，就对日本文学产生了长远影响。这种近于猥亵的性描写作品，不知不觉在中国消失了。

在日本养老元年（717）入唐的，第九次遣唐使一行中，有作为留学生的22岁的吉备真备与19岁的阿倍仲麻吕。在2004年，于唐朝故都长安东郊出土的墓志中可见：其墓主井真成，在19岁时也随此次遣唐使同行，年仅36岁就客死于他乡。在此墓志上，明确地标注了"日本"国名。

当时的唐朝，正处于唐玄宗的开元之治。在吉备真备与阿倍仲麻吕没有主动要求的情况下，鸿胪寺特别指派了四门助教赵玄默③教导他们儒学，并在日本留学生归国时赠予了满船的书籍。他们在唐朝学习期间受到了好评。

仲麻吕甚至成为唐玄宗所信赖的大臣，而失去了归国的希望，在唐朝五十几年，最终埋骨于异国他乡。而真备在唐朝滞留了19年后，带着大量的典籍和文物回到了日本。

波士顿美术馆所藏《吉备大臣入唐绘卷》④，其实是异想天开的绘卷。这个充满了幽默感的绘卷，说到底是对故事的绘编，并非史实。真备所带回的物品，作为史证，被罗列于皇圆

①　指作品被收入《万叶集》的和歌创作者。
②　即张鷟，《唐书·张荐传》记载："新罗日本使至，必出金宝购其文。"
③　赵玄默，时任国子监四门助教。《旧唐书》卷149："开元初，又遣使来朝，因请儒士授经。诏四门助教赵玄默就鸿胪寺教之。"
④　《吉备大臣入唐绘卷》，绘制于12世纪平安时代，全长约24.521米，是现存最长的绘卷。

平安时代《吉备大臣入唐绘卷》卷一

编著的《扶桑略记》[①]中：有《唐礼》130卷，以及历学书籍、乐器、弓矢与"各种书迹"等，共计14种物品。

◎在此后并未断绝的唐、日交流

在1970年，西安南郊的何家村出土的金银器中，同时发现了开元通宝金钱30枚、银钱420枚；日本的和同开珎银钱5枚；拜占庭银币一枚；东罗马帝国的金币一枚。再次证明了，当时的唐朝首都长安，是东至奈良的国际交流中心。

在正仓院[②]的宝物中，有极多的经过丝绸之路舶来的文物。这些文物，与于日本延历二十三年（804）入唐的第十八次遣唐使中，短期留学的还学僧最澄与长期留学的留学僧空海，共同乘船抵日。相关种种，在平安佛教的天台宗与真言宗的开创中，还有机会讲到，在此不多赘述。

----

① 全书共30卷，现存卷2—6、卷20—30（共16卷），以及卷1、7—14的抄本。

② 即奈良东大寺正仓院，藏有唐朝传入日本的文物和日本同时期的文物。

《真言八祖图》之
空海大师像

最澄《久隔帖》

菅原道真以唐僧中瓘①所提供的情报为基础，以唐朝处于内乱，民生凋敝，以及以前所派遣的使节多是在途中遭劫难才艰难抵达唐朝为由，提出了需判断是否能派遣遣唐使的提议。于是，日本于公元894年停止了派遣遣唐使。

不过，这种国家规模的事业，并没有随着遣唐使的停止而废弃。在此后唐、日之间的交流，始终没有中断，至今还有唐朝商人海外渡航兴盛景象的记录残留下来。

二、丝绸之路的人物

1. 斯坦因——最早进入莫高窟的西方人

斯坦因长眠在了阿富汗喀布尔郊外，外国人墓地的十字架

---

① 菅原道真根据中瓘公元893年三月委托唐商送来《录记》（亦称"表"或"消息"），呈报唐时局已定、温州刺史朱褒控制了所辖区域等有关唐朝的消息。朝廷经朝议决定派遣遣唐使，但是以准备需要时日为由，做出了或许延期的答复。

下。大理石上刻下墓志铭：

斯坦因肖像

马尔克·奥莱尔·斯坦因。印度学者、探险作家。通过去印度、中国、波斯、伊拉克等地艰难探险，开拓了知识的领域。1862年11月26日出生于布达佩斯。1904年成为英国公民。1943年10月26日死于喀布尔。成为人们衷心爱戴的人。

斯坦因在和田、于阗、敦煌等地进行了探险活动，并在此后对珍贵的考古文物和庞大的古代文献，发表了缜密细致的报告书。他的探险领域如墓志铭所记，并非只限于中国西北地区，还涉及中亚、印度、伊朗与伊拉克等地区。

◎三次跨越亚洲腹地的探险

斯坦因出生于匈牙利的布达佩斯，父亲纳坦与母亲安娜都是犹太人，斯坦因是他们的第二个儿子。马尔克·奥莱尔，是他受洗基督教后的教名。他在德累斯顿①接受中等教育时，对亚历山大大帝远征东方的故事抱有极大兴趣。在维也纳大学等学习伊朗学与印度学期间，斯坦因知道了精美的敦煌壁画与塑像。之后，他在英国牛津大学、伦敦大学、大英博物馆学习考古学与东方语言学时，有幸结识了以研究马可·波罗闻名的历

———————

① Dresden，德国萨克森州首府和第一大城市。

斯坦因的探险队穿越塔克拉玛干沙漠

史地理学者亨利·玉尔（Henry Yule，1820—1889）。

在1887年，斯坦因担任英属印度的拉合尔东方语言学校的校长，初次前往印度赴任。在十年公务员生活的闲暇之余，他对克什米尔地区的斯利那加山（Srinagar）上的资料进行了整理与书写。

斯坦因进行了三次跨越亚洲腹地的探险。1900年5月到翌年7月，他进行了第一次新疆探险，对和田等地的西域南道废墟进行调查，出版了个人体验记《沙埋和阗废墟记》和正式报告书《古代和田》。

第二次探险于1906年4月开始，从和田经米兰①、楼兰②，

① 即米兰古城，位于今新疆维吾尔自治区若羌县城东40公里处。是位于丝绸之路上罗布泊与阿尔金山脉交会处的绿洲城市，为古丝绸之路南道上的贸易中心。

② 此处特指楼兰古城，位于今新疆维吾尔自治区若羌县北，罗布泊的西北角、孔雀河道南岸7公里处。其遗址于1900年3月被斯文·赫定探险队发现。

于翌年2月到达了长城西端玉门关遗址，并在3月抵达了敦煌县城。在他抵达敦煌县城后，从商人处听闻，在数年前偶然发现的莫高窟千佛洞中藏有大量古文献。不通汉文的斯坦因带着中国人秘书蒋四爷一同前往，但因住持王道士（王圆箓）外出化缘没能如愿见到古文书。

斯坦因带走的敦煌卷子

斯坦因返回敦煌附近的汉代长城时，在其望楼附近发现了705枚记有公元前后日期的与边境守备有关的汉代木简。这些敦煌汉简，斯坦因委托给了法国汉学家沙畹进行释读，其研究成果由牛津大学进行出版。

◎敦煌学的缘起

斯坦因在1907年5月，再度到访莫高窟千佛洞，与王道士相会。斯坦因向王道士倾诉了自己对玄奘的仰慕，通过秘书蒋四爷的绝妙翻译，最终成功地让王道士从藏有数万件佛典与文书

斯坦因及其向导在新疆

的洞窟中，运出数千件经卷与画卷、刺绣等并卖给了他，这些文物此后被送到了大英博物馆。得知斯坦因成功得到敦煌文书的法国人伯希和到敦煌洞窟调查，又将数千件古文献带到了国外。这就是世界范围内"敦煌学"的起源。斯坦因将其至1908年2月为止的探险经历编写成个人体验记——《契丹沙漠废址记》与正式报告书《西域考古记》进行出版。

他的第三次探险是从1913年8月开始的，与前次一样从天山南路东进，经米兰、楼兰，于翌年3月24日抵达敦煌。斯坦因再次到莫高窟千佛洞，从王道士处得到了典籍文书，后对临近敦煌的汉代长城进行了再度调查，并从驻屯地废物中发掘出了大量木简。在第一次世界大战爆发时，斯坦因途经西夏的都城黑水城，于10月抵达了吐鲁番。斯坦因对吐鲁番周边的各遗址进行了调查，并于1915年1月发掘了阿斯塔那的公元7—8世纪古墓，从中得到了大量的古文书与绢画等。斯坦因于1916年取道帕米尔，回到了克什米尔的斯利那加。

这次探险所获敦煌汉简与阿斯塔那出土文书的释读工作，斯坦因委托给了法国东方学者马伯乐，后由大英博物馆出版。第三次探险的正式报告书《亚洲腹地》，由牛津大学进行出版。

大英图书馆藏斯坦因在敦煌以西烽火台发现的粟特文书信

◎访问日本的斯坦因

斯坦因为了筹措第四次西域探险的费用而远赴美国。在哈佛大学做了报告演讲后，大学附属的福格美术馆①向其提供了资金支持。斯坦因于1930年春，由美国经日本前往中国时，在日

① 即福格艺术博物馆（Harvard Art Museums），与牛津大学的阿什莫里博物馆、剑桥大学的非茨威廉博物馆，堪称世界上三大最有影响力的大学艺术博物馆。

斯坦因在和田发现的北方毗湿奴天
王木版画

本走访了奈良、京都等地。在京都大学,他与当时日本唯一的考古学讲席的主宰者滨田耕作等人畅谈,并参加了由京都大学本部新城新藏总长所主持召开的欢迎午餐会,对京都学派的东洋学献上了极大的称赞与寄予。斯坦因由神户去往上海,在南京对赴新疆探险进行了交涉。但是,当时的中国民族意识高涨,斯坦因又不同意进行共同调查,最终没能实现探险愿望。

斯坦因的西域探险,在其将三次西域探险旅行总结成《沿着古代中亚的道路》后打上了休止符。自此以后,70多岁的斯坦因将其热情投注于对伊朗的四次考古调查旅行上。

2. 寺本婉雅——推动日本藏学的探险家、佛教学者

◎进入青藏高原东部

很多日本人最初将西藏地区作为探险目的地,是因为河口慧海(1866—1945)的《西藏旅行记》一书。但是,比河口更早两年、于1899年初次踏足西藏的日本人,是东本愿寺的两位学僧——能海宽(1866—1901)与寺本婉雅(1872—1940)。

不过，与能海和寺本只到达了青藏高原东部不同，河口于1901年到访了拉萨，是深入西藏中心的首位日本人。

关于寺本他们此次的探险，在能海宽的自编集《能海宽遗稿》（1917）出版后，时隔半个多世纪后刊行的《藏蒙旅日记》（芙蓉书房，1974）中，将其全貌反映了出来。

寺本1872年3月21日出生于日本爱知县。他在京都府立中学毕业不久后，进入真宗大学（大谷大学的前身）第二部学习，在1898年6月临近毕业时退学了。为了自费到西藏探险，他从京都出发，于神户乘船前往北京。寺本将西藏探险立为志向，无疑是受到了日本藏学最早的著作——小栗栖香顶（1831—1905）的《藏传

寺本婉雅像

寺本婉雅《藏蒙旅日记》书影

佛教沿革》（1877）影响。寺本用了半年时间，在北京最大的藏传佛教寺院雍和宫中，跟从两位僧人学习蒙古语和藏语，同时他也学习了中文和易学。

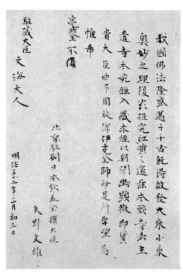

日本公使矢野文雄为寺本婉雅开具的介绍信

寺本于1899年3月从上海沿长江上溯，经重庆、成都，于6月末抵达打箭炉（现康定）。寺本与东本愿寺的留学僧能海，于此初次相会，二人经理塘于8月11日抵达巴塘。

但是，寺本与能海并没有获得从巴塘到昌都的旅行许可。两人在被拒50日后，从巴塘出发回到了打箭炉。寺本留下了企图再次尝试的能海，向东回到重庆，并于翌年4月回到日本神户。这是在《藏蒙旅日记》第一回《东藏编》中所记载的旅行。而能海宽再次尝试，从德格与甘肃西宁（现青海省西宁市）入藏失败后，从云南大理前往丽江，便失去了音信。

◎得到《西藏大藏经》

寺本沿长江上溯时，正好爆发了义和团运动。义和团包围了北京使馆地区。因此，包括日本在内的八国联军占领了北京，光绪帝与西太后逃往西安。

归国后的寺本在1900年8月，从军做了义和团运动中的日本陆军翻译。寺本作为进驻军的翻译僧，取得了雍和宫僧人们的信赖，并在此后与清皇室的醇亲王^①、庆亲王^②相交深厚。寺本在此后与主持西太后佛堂的僧人们一起出入皇宫，为宦官等所信赖。他为了劝说光绪帝与西太后御返北京，而赶赴西安等事，展现了其八面玲珑的手段。

义和团运动后，寺本在硝烟未尽的北京北郊、安定门外的黄寺与资福院参拜时，发现了因怕义和团破坏而被放置于此的两部北京版《西藏大藏经》。通过与其私交甚笃的庆亲王购入（实际是因为清朝认为他对清室有功劳而受到"恩赏"），将贵重的藏语文献首次带到了日本。此时的寺本，时年29岁。

他从黄寺得到的《西藏大藏经》为明末版本，进献给了日本皇室，之后由东京帝国大学图书馆保存。但遗憾的是，此版在关东大地震时被烧毁。而在资福院得到的是清康熙帝敕版《甘珠尔》（藏语翻译的经典、佛典），与雍正帝敕版《丹珠尔》（藏语翻译的经典、佛典注释），加上《宗喀巴全集》与《章嘉全集》，全部加起来共有358册，单页八行朱字印刷，装订华美。这套大藏经被寄送给了真宗大学图书馆，由在其任职的铃木大拙（1870—1966，佛教学者）发愿，于1955年起历经7年刊印发行。全168卷、题名为《影印北京版西藏大藏经》的洋装本受到了全世界藏学学者的重视。监修的代表，是跟随寺本学习藏语的佛教学者山口益（1895—1976）。

---

① 指和硕醇亲王，爱新觉罗·载沣（1883—1951），宣统年间任监国摄政王。

② 指和硕庆亲王，爱新觉罗·载振（1876—1947），1903年赴日本考察第5届劝业博览会。

得到了两部北京版《西藏大藏经》后的寺本，调配木材、指挥工匠修造经箱，用军用运输船将其送到了日本。之后，他以雍和宫的五世阿嘉呼图克图一行赴日观光为由，与其同行回到了日本。

◎日本最早的藏语讲义

1901年11月，寺本受外务省派遣，作为北京公使馆的"西藏蒙古研究生"，到北京雍和宫跨年，以寻求西藏之行。1903年2月，寺本进入西宁西郊的塔尔寺，在此待满两年后，于1905年2月出发前往拉萨。塔尔寺的执事因担心他，还派遣了一位叫甲木松（音）的仆从陪同他。

1905年5月，寺本终于到达了他心心念念的拉萨。初到拉萨，寺本便向释迦本堂行叩首三拜礼，感谢作为他八年来心灵支撑的故乡父母。在拉萨的三周时间里，寺本历访了色拉寺、哲蚌寺等大寺，后经今西藏自治区第二大城市——日喀则前往印度，从加尔各答①乘船回到日本。

为了更好地研究藏传佛教，1906年4月寺本再度踏上旅程，于9月抵

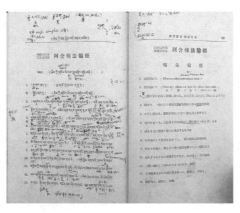

寺本婉雅《西藏文典》内页书影

① 加尔各答是印度西孟加拉邦首府，印度的第三大城市。

达了西宁塔尔寺。滞留在此的一年两个月时间里，寺本埋首研究，并与十三世达赖喇嘛会晤。

1908年5月末，寺本从塔尔寺出发，前往山西五台山与十三世达赖喇嘛会面。寺本转交了东本愿寺法主大谷光莹（1852—1923）所献的书简等赠物，并传达了西本愿寺的大谷尊由（1886—1939）的会见意愿。因听闻宫中事情，得知了光绪帝死去前后的状况，寺本于1909年1月回到了神户，时年38岁。

回到日本的寺本，进入到了对其带回的西藏文献进行解读的研究生活中。从1915年开始到1940年去世为止，他作为大谷大学教授进行着教育活动。日本学界最早教授藏语课程的，是大谷大学与京都大学，这两所大学的藏语讲义都是寺本开设的。京都的藏语学，是由寺本运到日本的北京版《西藏大藏经》培育出来的。

3. 唐玄宗与杨贵妃——唐代文艺的主题爱情故事

◎描绘了日本的《长恨歌》

日本沐浴在圣武天皇（701—756；724—749年在位）与光明皇后（701—760）所统治的天平文化时，统治中国的是唐朝的玄宗。提起玄宗，总令人联想到年轻的杨贵妃（719—756）。中唐诗人白居易（字乐天，772—846）以歌颂玄宗与杨贵妃的悲恋故事，创作了120句七言长篇叙事诗——《长恨歌》。在《长恨歌》中，描写了两人的相逢、幸福的时光、安禄山之乱、杨贵妃之死，以及此后玄宗的心境。这篇大体遵照史实，以叙事诗形式描写的华美名作，自古以来就受到日本人民的喜爱。

日本狩野山雪《长恨歌图卷》上卷（局部）

　　此首《长恨歌》所描写的完整场面，由江户初期的狩野山雪（1590—1651）用厚重精致的笔触，描绘成上下两卷的着色绢本画卷。此画现藏于爱尔兰都柏林的切斯特·比替图书馆（Chester Beatty Library）[①]，在1978年川口久雄曾前往确认。该画卷上下总高33厘米，上卷描绘有17个场景，下卷描绘有18个场景。各场景以树木、岩石或云形为界限，幅宽60多厘米。川口在其编集的《长恨歌绘卷》（大修馆书店，1982年）中解说，此画中彩色图版不超过4个场景。明治大学文学部教授神鹰德治解说的《长恨歌画卷》（勉诚出版，2006年），令人欣喜地再现了全卷的精美彩色图版。

　　此外，以《长恨歌》作为题材的散文《长恨歌传》，被创作成三卷画卷《白乐天长恨歌诗卷》（江户时代），藏于新善光寺。1994年秋，此画在京都文化博物馆召开的平安建都1200

---

① 　狩野山雪的《长恨歌图卷》大约在1926年进入该馆收藏。

年纪念"大唐长安展"的"喜爱唐风"环节中，进行了展示。在此展览上，还有描绘玄宗与杨贵妃酒宴兴余，将宫女分为两阵，每人各持鲜花相争的花之战场景。宝严寺所藏狩野派绘《风流阵图屏风》，也一同被展出。狩野派因学习中国画技法并将其日本化，而为人熟知。

松花堂昭乘书白居易《长恨歌》（局部）

说起唐玄宗，很多人都会联想到，在丰盈的杨贵妃面前垂头丧气的还历[①]皇帝，其实这已经是到了玄宗晚年了。玄宗初登历史舞台时，燃烧着革新的雄心壮志，是英姿飒爽的皇太子形象。玄宗作为唐朝第五代皇帝睿宗的第三子，能够超越长兄居于太子之位，是依靠其背着父亲发动政变，消灭了妄图成为"武则天第二"的韦后及其一党的武功。

在睿宗让位后，玄宗28岁继承帝位，于先天二年（713）十二月改元开元，开创了开元盛世。他于开元十三年（725）十一月，在泰山举行了封禅之礼，昭告天下太平。玄宗在开元五年（717）正月以后，常常带着文武百官和军队，为了"就食"，临幸距国都长安380公里的东都洛阳，到开元二十四年（736）十月为止，整整滞留了九年多。这是因为从中国东南部运送来的粮食，在长安与洛阳之间转运极为困难。但是，开元二十四年（736）以后，玄宗就没有再频繁地临幸洛阳了，因为宰相裴耀卿成功改革了漕运[②]，从中国东南有陆续不断的物资运抵长安。同时，也是因为玄宗厌倦了政治，懒得临幸洛阳了。

唐玄宗对政治的倦怠，因受到他宠爱的武惠妃于开元二十四年病逝一事很大的影响。唐朝的后宫制度规定，立皇后一人，作为妃子的贵妃、惠妃、丽妃、华妃四人，除此外被称

---

① 即花甲。
② 节级转运。

为六仪、美人、才人的女性住在掖庭宫[①]，被很多宦官围绕着。玄宗即位后的皇后，是其皇子时代的妃子王氏，但她却不知不觉地失去了恩宠。在众多妃子中，武惠妃尤为夺目。武惠妃是则天武后的远亲，寿王李瑁的生母。武惠妃死后，被任命寻访代替武惠妃之人的宦官高力士，向玄宗推荐了杨玉环，即杨贵妃。

◎作为儿子妃子的杨贵妃

白居易在《长恨歌》的开篇写道：

> 汉皇重色思倾国，御宇多年求不得。
> 杨家有女初长成，养在深闺人未识。
> 天生丽质难自弃，一朝选在君王侧。

但其实，杨玉环并非锁在深闺之中的待嫁少女，而是武惠妃的儿子寿王李瑁的妃子。开元二十八年（740），玄宗在杨玉环22岁时令其搬出寿王府邸，作为女道士赐号太真。在四年后的天宝三载（744）命其入宫，于翌年封为贵妃，杨玉环时年27岁。在杨太真成为杨贵妃后，玄宗给予了其族人高官显爵。她的三个姐姐皆才色双全，被玄宗封为"国夫人"，又将杨国忠破格拔擢直升宰相。

杨贵妃十分聪慧，能迅速读懂玄宗的心意，但没有显示

---

① 掖庭宫，掖庭宫大致分三个区域，中部为宫女居住区，其中也包括犯罪官僚家属没入宫劳动。掖庭宫的北部为太仓，西南部为内侍省所在地。1978年5月，曾在西安城内西五台以西，距今西安西城墙240米处发现了唐"光化二年（899）岁次己未六月癸亥朔二十七日己丑建"的《大唐重修内侍省之碑》。

北宋赵佶《摹张萱虢国夫人游春图》

出过分的才智。她擅长音乐，是弹琵琶的名手。玄宗在每年十月，都会出宫到长安东面骊山北麓所设的离宫——华清宫中盘桓到年末。在这种游幸中，杨贵妃让杨家众人一同前往，彰显一门的繁荣富贵。①

　　两位盛唐诗人李白（701—762）与杜甫（712—770）作为同时代的人，都留下了以杨氏一门为题材的诗篇。李白的《清

① 《旧唐书·杨贵妃传》载："玄宗每年十月，幸华清宫，国忠姊妹五家扈从。每家为一队，着一色衣；五家合队，照映如百花之焕发。而遗钿坠舄，瑟瑟珠翠，璨瓓芳馥于路。而国忠私于虢国，而不避雄狐之刺；每入朝，或联镳方驾，不施帷幔。每三朝庆贺，五鼓待漏，靓妆盈巷，蜡炬如昼。"

平调三首》，被《唐诗选》卷七收录。此诗是玄宗与杨贵妃在长安兴庆宫赏牡丹花游宴之际，唤来李白所作的，歌颂如牡丹花般美艳的杨贵妃。

杜甫的《丽人行》，是描写杨氏一门的豪奢之诗，歌咏了在长安城东南的曲江边丽人春游的景象，其中丽人是指杨贵妃的三个姐姐。这首《丽人行》是在天宝十二载（753）三月三日所作。诗的最后描述了一行人具备丞相的权势，所以有言曰"慎莫近前丞相嗔"。这里的丞相特指杨国忠。

天宝十四载（755）十一月，有着粟特血脉的安禄山，以剪除杨国忠为口号犯上叛乱。翌年，玄宗在逃往蜀地途中的马

北宋李公麟《丽人行图卷》

嵬驿（今陕西省兴平市），迫于兵士的要求，将杨贵妃用绢缢死，并诛杀了宰相杨国忠。

4. 武则天——功罪并持的中国历史上唯一的女帝

◎从太宗的后宫到皇后

作为山西省文水县富裕木材商人家庭的女儿，武曌（武则天、则天武后，624—705，690—705年在位）生于今四川省广元市皇泽寺。14岁被选入唐朝第二位皇帝太宗的后宫，在649年太宗驾崩后，被发配感业寺为尼。后与继承了帝位的唐高宗（628—683；649—683年在位），即太宗的第九子李治，相遇于寺内，得以再度被高宗迎入宫中。

　　这种破坏儒教道德廉耻观的行为，是在北方民族间普遍流行的风俗。作为北魏六镇之一的武川镇军阀系统所属的唐王室李氏一族，多有着鲜卑等北方民族的生活习惯。将父亲的爱妾收为自己侧室的行为，也是司空见惯的。高宗的皇后王氏与萧淑妃因争宠反目成仇，王皇后为了维持高宗的宠爱，将武氏提为昭仪（比淑妃次一位）以对抗淑妃。武氏却独占了高宗的恩宠，使得王皇后与萧淑妃失势。高宗在再度远征高句丽的永徽六年（655）十月，将王皇后与萧淑妃废为庶人，并下诏册立武昭仪为皇后，这就是则天武后。以当时的社会共识来看，正位皇后是要册立北周、隋以来的军阀或名门贵族之女的。在655年册立武氏为皇后时，导致了宫廷与政界人物格局的迅猛更替。

翌年正月，高宗废了皇太子，立武后所生的时年4岁的李弘为皇太子。长孙无忌和表示反对的官僚们皆遭贬或被杀。

◎自称天后所拥有的权威

唐初，自南北朝以来的传统贵族占据了社会上层结构。唐太宗在贞观十二年（638）颁布了贵族家系的传承表——《贞观氏族志》①，其中并没有载录武后家族。在成为皇后以后，武后下令改编《氏族志》，完成了将皇后一族定为第一等、以唐朝出仕官品（官职的等级）的高下为基准，将姓氏依次分为九等的《姓氏录》，但却被当时的人们蔑称为"勋格"②。在完成《姓氏录》后，当时拥有最高社会声望的七姓十家③贵族间，被禁止相互通婚。《姓氏录》的编纂与出台顶级贵族的通婚规则，对门阀贵族社会声望的削减，取得了立竿见影的效果。

患有癫痫病的唐高宗，在癫痫发作时将政事交由武后裁决。所以，显庆五年（660）年末以后，武后开始了事实上的执政。武后喜欢对事情做出改变，将官厅与官职的名称都改了。

武后一方面排挤想要与高宗联系的官僚，一方面巩固自

---

① 即贞观年间所勘正的《氏族志》，记载宗族谱系的著作。

② 《旧唐书·李义府传》："贞观中，唐太宗令高士廉等修《氏族志》，时称允当。及高宗时，李义府耻其家无名，乃上奏朝廷，改修此书，专委孔志约等重修。志约等遂立格云皇朝得五品官者，皆升士流。于是兵卒以军功达五品者，尽入书限，更名为《姓氏录》。当时缙绅士大夫多耻被甄叙，讥之为勋格。"

③ 即高宗禁婚诏中所列，四十四人。《全唐文·唐赠太子少师崔公神道碑》："神龙中，申明旧诏，著之甲令，以五姓婚媾，冠冕天下，物要大盛，禁相为姻。陇西李宝之六子，太原王琼之四子，荥阳郑温之三子，范阳卢子迁之四子，卢辅之六子，公之八代祖元孙之二子，博陵崔懿之八子，赵郡李楷之四子，士望四十四人之后，同降明诏，斯可谓美宗族人物而表冠冕矣！"

身的政治基础。在她成为皇后第20个年头的咸亨五年（674）八月，宣布称皇帝为"天皇"、皇后为"天后"，改元"上元"；并在年末发布了十二条政治方针，除减轻赋役、禁止奢侈等政策外，还有诸如在父亲即使活着但母亲亡故的情况下也该服丧三年等政策。对母亲怀有与父亲同样的敬意，不得不说是一种男女平权的主张，同时也使武后在被称为史无前例的"天后"时，具备了一种正当性。

此时，武后召集具有才能的文士，不仅让他们编集《烈女传》《臣轨》等书，还让他们参谋政治。武后作为书法家也很优秀，如《升仙太子碑》^①碑额的飞白书体就极为有名。

◎开创武周王朝的女帝

武后对自己的政敌会毫不留情地加以迫害，即便是自己的亲生儿子也不例外。公元683年高宗病逝后，武则天作为皇太后时，将东都洛阳改称"神都"，作为实际上的首都，先后拥立了其子中宗与睿宗即位，后又将他们废掉。

猜忌心很强的武太后，为了体察知晓民间舆情，于垂拱二年（686）设置了以铜制成的投诉箱。这种对情报提供者加以优待的政策，发挥了令人恐惧的效果。除此之外，武太后还让有能力的告密者当官，以图强化秘密警察，并陆续将反对分子逮捕起来处刑。

武后在天授元年（690），以再现周代的上古理想之世为目标，以周代唐，自称圣神皇帝。作为开辟王朝的先导，她利用情人薛怀义制造出了革命的氛围。中国在此前并没有女性皇帝

---

① 位于洛阳市东南约35公里，偃师市府店镇缑山之巅。碑文创作于699年。

的先例，薛怀义与洛阳的僧人法明等九人一起，附会佛典创作了《大云经》，宣传弥勒下凡的太后即位是与佛的意志相合，会带来太平盛世等。

　　武则天采用了以此前的十一月作为正月的周历。以所谓"武周革命"成立的周王朝，制定了则天文字。最初有武则天自己的讳——照，与天、地、日、月、星、君、臣、初、载、年、正等十二个字；后来追加到17—18字。水户光圀①的圀字就是则天文字之一。

---

① 德川光圀（とくがわみつくに，1628—1701），日本江户时代的大名、学者、历史学家，水户藩第二代藩主，初代将军德川家康之孙、水户藩主德川赖房之子。

大英图书馆藏敦煌藏经洞《大云经神皇授记义疏》

　　武后在长安与洛阳两京及全国诸州建大云寺，释讲《大云经》。将佛教置于道教之上，即使是在正式席位上，僧侣也会得到比道士靠前的座位顺序。日本在741年（天平十三年）建国分寺是以大云寺为模板的。

　　武周王朝在神龙元年（705）瓦解。是年一月，以太子即位的中宗，将武则天关了起来，二月将国号改回唐，百官名称等也恢复旧制。全国范围的大云寺被改为大唐中兴寺，后又改称龙兴寺。中宗册封妃子韦氏为皇后。此年十一月，武则天在幽禁中去世，自高宗册立武则天为皇后至此50年，作为武周的皇帝君临天下了15年，武周政权经她一代即闭幕，唐王朝再度复活。

5. 鉴真——被招请的戒律之师、中日文化交流史的象征

◎井上靖的《天平之甍》与《东征传》

在入唐僧荣叡等人的恳请下，不屈于暴风、失明等苦难，赴日传法的学僧鉴真，主要是通过1957年出版的井上靖小说《天平之甍》与1980年上映的依田义贤编剧、熊井启导演的同名电影，而在日本广为人知的。从井上的随笔集《历史小说的周围》中可以看到，劝说井上创作鉴真传的，是埋头于鉴真研究的安藤更生[1]。

鉴真大师像

在井上对鉴真来日的经过进行小说化的过程中，据说是因为受到鉴真唯一传记、由奈良时代著名文人——淡海三船[2]创作的《唐大和上东征传》影响。《东征传》令井上感受到了巨大魅力。在小说《天平之甍》的主要人物中，除鉴真以外的荣叡、普照、玄朗、戒融、业行五人，只有荣叡与普照二人是忠实于《东征传》的人物，其余三人及其言行都为井上虚构。

首先，我们根据《东征传》来追溯一下鉴真的生平。鉴

① 日本现代鉴真研究权威安藤更生博士，著有《鉴真和上》等。
② 淡海三船（722—785）是大友皇子的曾孙，学者。初称三船王，出家后改称元开，还俗后为臣籍，改姓淡海。历任文章博士、大学头，与石上宅嗣并称当时文人之首。曾为历代天皇撰选汉式谥号。

真俗姓淳于，其父于扬州大云寺智满禅师处受戒，学习禅门佛法。鉴真14岁时跟随父亲到大云寺中见到佛像深受感动，立志出家。时逢推崇佛教的女帝武则天，于长安元年（701）下诏天下诸州广度僧众。因此，鉴真在智满禅师座下出家成了沙弥；在唐朝复兴后的中宗神龙元年（705），从道岸律师处受菩萨戒，经东都洛阳入西京长安；于景龙二年（708）在实际寺弘景律师处受具足戒。不久后，他在长安与洛阳巡游中完成了经律论的三藏。之后，鉴真回到淮南教授戒律，被视为江淮地区教化第一高僧。鉴真下决心前往日本是因与入唐僧荣叡、普照的恳求，产生共鸣之故。

◎以传律授戒为目标赴日

日本在天平五年（733），派遣了以多治比广成为大使、中臣名代为副使的遣唐使，兴福寺的荣叡与普照二人作为留学僧随行。当时距佛教传入日本已有近二百年了，但日本还没有正确的戒律可以遵行。荣叡等人肩负征招传戒之师、赴日传法的重任。大使以下总人数594人的使团，乘船于四月三日从难波津扬帆出发。在《册府元龟》中载，玄宗收到日本朝贺使广成与从者590人遭台风漂至苏州的报告，派遣特使前去慰劳。①

公元734年四月，大使在东都洛阳向玄宗献上美浓绝等贡物。这年正月，玄宗从长安临幸洛阳，自此长期滞留。荣叡与

① 《册府元龟·朝贡四》记载，开元二十一年"八月，日本国朝贺使真人广成与傔从五百九十，舟行遇风，漂至苏州。刺史钱惟正以闻。诏通书舍人韦景先往苏州宣慰焉"。同卷又记：开元二十二年使团抵达长安，并"献美浓绝二百匹、水织绝二百匹"，二十三年三月日本国又"遣使献方物"。

普照于洛阳大福先寺的高僧定宾律师①处授戒。定宾门下的僧人道璿受荣叡等人请求，承诺到日本传律授戒。

同年十月，大使、副使以下的使团在从苏州归国途中遭遇了暴风雨，致使四船离散。大使在公元735年归京时，学问僧玄昉与吉备真备随行归国，携带了大量的佛典与其他典籍。公元736年，遣唐副使中臣名代与道璿和婆罗门僧菩提仟那②相伴回京。道璿等人入住大安寺的西唐院，并在公元751年成为东大寺的大佛开眼的导师。

在荣叡等人到处寻求戒师时，由长安大安国寺的道抗推荐，于公元742年到扬州大明寺寻访鉴真，请求他东渡日本传律授戒。弟子们因担心渡海的危险而阻拦，鉴真却为了弘扬佛法，"是为法事也，何惜身命"，以表自己东渡的意志，并希望弟子同行。鉴真时年55岁。

关于鉴真东渡的《东征传绘卷》（局部）

---

① 四分律东都西塔宗祖师。
② 菩提仟那，天竺菩提僧止（菩提仟那，又名婆罗门僧正）。

在此后的12年间，鉴真不畏遭难、失明等苦难，六次东渡赴日。于日本天平胜宝六年（754）的二月四日，入日本平城京，拜东大寺大佛，入客堂。三月五日，道璿与菩提仟那前往慰问鉴真；四月鉴真在东大寺大佛殿前建造戒坛，为沙弥440多人授戒；公元755年在东大寺修建戒坛院。

◎日中双方对鉴真的彰显

鉴真东渡的过程极为艰难。因遇到恶劣天气，漂流到海南岛时，延请他赴日的日僧荣叡丢了性命[①]，鉴真自己也失明了。鉴真经历了五次失败仍不放弃，乘坐归国遣唐使的船只到达日本，为以光明皇后为首的众多僧俗授戒，发挥了戒师的职能。他还带来了除以道宣为祖师的南山律宗以外，很多法砺的相部宗与定宾[②]等律宗谱系中的典籍。

不久后，新田部亲王的旧宅被赐给鉴真，鉴真将此园地与

① 于端州（今广东高要）。
② 唐代四分律宗分为南山宗道宣、相部宗法砺、东塔宗怀素、西塔宗定宾等四大宗派。

建筑物归入伽蓝，成唐律招提寺院（唐招提寺前身），并与弟子思托和如宝一起搬到这里居住。日本天平宝字七年（763）五月六日，鉴真在此寺中结束了76岁的人生。其弟子忍基，为其建造了现存日本最早的肖像雕刻——干漆鉴真和上坐像。

由忍性（1217—1303）策划制作、进入唐招提寺的《东征传绘卷》，是将《鉴真传》视觉化的唯一现存作品。原色版《东征传绘卷》（日本绘卷，大成十六年，1978年）公布时，小松茂美、菊竹淳一、小野胜年三人对其进行了精彩纷呈的解说。

作为日本与中国文化交流史上的象征人物，为了彰显鉴真的事迹，日中双方于1963年举行了鉴真逝世1200周年的纪念活动。日本方面，在唐招提寺中，为从兴福寺移建来的旧一乘院宸殿制作了御影堂；并将安置在狭长逼仄的开山堂中的鉴真和上坐像，移请到了宽敞的、面对"宸殿之间"的"松之间"的橱柜之中。不久后，东山魁夷[①]完成了障壁画[②]的绘制，于6月6日的鉴真忌日前公开。

中国方面，出版了《鉴真纪念集》，在附录中有以唐招提寺金堂为模型的扬州鉴真纪念堂

唐招提寺金龟舍利塔

---

① 日本现代著名风景画家、散文家。

② 《山云》《涛声》等。

设计图。在20世纪60年代末70年代初中，被迫中断建设的纪念堂最终得以完成，以及鉴真和上坐像回归中国故里，都是由时任中国佛教协会会长的赵朴初（1907—2000）以狮子奋迅之势所努力实现的。此中详情，在周加才的《赵朴初与江苏宗教》（2003）一书有详细记述。在唐招提寺的鉴真和上御庙前，立有赵朴初挥毫的石刻。

6. 最澄与空海——日本佛教界的两个潮流

◎加入延历遣唐使的二人

代表平安时代僧宝双璧的是最澄（767—822）与空海（774—835）。二人活跃的延历时代，是由45岁时继承皇位的桓武天皇（781—806年在位）所制定的方针，给后世带来很大影响的时代。桓武天皇为了打开因权力斗争和过度崇佛等造成的政治混乱局面，从平城京迁都到长冈京，后延历十三年（794）又迁都到了山城平安京。

迁都时盘踞在平城京的大寺院，不被允许一同移建。这并非代表桓武天皇对佛教加以否定，其目的是抑制对政治介入过多的都市寺院；他对山林佛教施以援

最澄大师像

助，期待能有替代南都佛教的新佛教出现。

生母为渡来人（特指公元4—7世纪渡洋到日本的中国人或朝鲜人）的桓武天皇，醉心于中国文化。在迁都平安京事业告一段落的延历二十年（801）八月，时隔二十多年后，日本派遣了以藤原葛野麻吕为大使、石川道益为副使的遣唐使。

公元802年九月，最澄上表请求派遣留学僧与还学僧前往天台宗学习，最终选任了圆基与妙澄为留学僧，最澄为还学僧①。翌年三月末，桓武天皇为遣唐大使与副使召开了饯别宴会。但是，此时的遣唐使船却在海上遭遇暴风发生了破损，致使不能渡海，被迫延期。

日本延历二十三年（804）七月六日，延历的四艘遣唐使船终于从肥前国田浦出航，翌日却因暴风导致四艘船失散。大使所乘坐的第一艘船上有31岁的留学僧空海，在副使所乘坐的第二艘船上有38岁的还学僧最澄。但是，最澄与空海虽然同样是加入延历遣唐使共同出航，但因乘坐不同的船，此时的二人没有发生交集的迹象。

◎最澄开创比叡山天台宗

最澄，公元766年生于琵琶湖西面比叡山东麓的近江国滋贺郡古市乡（现滋贺县大津市坂本），幼名广野。他的父亲据传是三津首百枝，三津首家是从中国赴日的渡来人。广野在13岁成为近江国分寺的僧人行表的弟子，15岁得度，获得了沙弥的资格，改名最澄。行表是东大寺大佛开眼导师道璿的弟子，最澄跟随行表学习了华严宗、三论宗的禅学。

----

① 随遣唐使往返的学问僧。

在当时能够受具足戒成为正式僧，必须在东大寺或下野（栃木县）的药师寺、筑紫（福冈县）太宰府的观音寺等三戒坛中的一个受戒才行。最澄在其19岁的延历四年（785）四月，于东大寺的戒坛受戒。同年七月，登上故里近侧的比叡山，在山上搭建草庐，开始了山林修行生活。最澄创建了一乘止观院（根本中堂的前身），修建经藏备一切经，直到延历十八年（799）左右都待在比叡山，埋头诵读章疏。

在延历遣唐使的第二艘船平安抵达扬子江口附近的明州后，最澄告别了前往长安的遣唐使一行，南下前往台州的天台山。此后，最澄作为天台学僧道邃的弟子，受梵网经菩萨戒；除学习天台教法外，又在天台山诸寺中，向行满与惟象学习达摩禅与密教；之后于越州（今绍兴）龙兴寺的顺晓处得到传承，被授予了与密教相关的典籍和法具。所以，最澄接受了中国江南地区的圆（天台）、密、禅、戒四宗的教法。

最澄于延历二十四年（805）五月十八日，搭乘遣唐使船归国，到达对马的阿礼港，将所带回的经论与密教法具等记为《请来目录》上表朝廷。桓武天皇见到表文后大喜，表现出对密教新知识的极大兴趣。翌年正月二十六日，天皇将天台法华宗与南部诸宗并列，每年授予两名度僧名额。这是公开承认了天台法华宗的地位。同年三月十七日，最澄的外部支持者桓武天皇驾崩。

最澄因是在东大寺等三戒坛受的小乘戒，所以想在比叡山寺中设置大乘戒坛，编写《山家》与《显戒论》，但嵯峨天皇考虑到南都佛教，并没有批准。日本弘仁十三年（822）六月四日，最澄逝世，终年56岁。一周后，嵯峨天皇下敕许可了比叡山寺的大乘戒坛，并于翌年二月赐下寺额，改名比叡山延历寺。这是最早用年号命名的寺名。

◎空海所传密教与开创真言宗

另一方的空海，宝龟五年（774）生于讃岐国多度郡屏风浦（今善通寺市）。其父为佐伯氏，母亲为阿刀氏。阿刀氏是渡来人的后裔。空海于延历十年（791）进入京城的大学（官吏养成的机关）时，从一位沙门那里学习到了《虚空藏求闻持法》[1]，因此于大学中途退学，专心到阿波国大泷岳等地进行山林修行。延历十六年（797），24岁的空海写下了《聋瞽指归》，论述了儒教、道教、佛教的优劣，并认为佛教更为优秀。

作为山林修行者的空海属于私度僧，在入唐前的延历二十三年（804）四月九日，他赶到东大寺受戒。

随延历遣唐使第一船到达福州的空海，随后前往了长安，在长安西明寺滞留了四个月。在此期间，空海于醴泉寺向两位印度僧人——

《真言八祖像》之惠果大师像

---

[1] 即《虚空藏菩萨能满诸愿最胜心陀罗尼求闻持法》，善无畏（637—735）译。

牟尼室利三藏与般若三藏学习哲学；又为学习到密教本意，前往拜访了印度僧人不空的高弟——僧人惠果（746—805）。

见到空海的天才资质，惠果用了三个月的时间向空海传授了胎藏界灌顶、金刚界灌顶、传法灌顶等三大法门。

在得到了印度传来的正统密教教法后，空海比预定提前了20年，于赴唐两年多后的延历二十五年（806）十月，与留学生橘逸势一同回到了九州。但是平成天皇朝廷不许其入京，直到三年后嵯峨天皇即位，才准其上洛①，入驻洛西的高雄山寺（神护寺）。

宗教立场上，最澄远居上位；然而对于密教学识，掌握了最新教学的空海更占上风。最澄对年少的空海执弟子之礼，向其借阅经书典籍时，本以为会得到好消息，结果却被拒绝了。最澄派遣爱徒泰范去空海处却没回来，导致了二人的决裂。在教义上，最澄认为天台与密教之间并没有优劣之分，空海所诠释的密教最高之言，不过是踏上了另外一条道路。

空海书《金刚经开题残卷》

---

① 上洛，进京。日本旧称京都为洛阳，上洛即为进京的意思。

空海在对密教进行重构与体系化后，开创了真言宗。真言宗开宗于公元812年到813年之间。作为支持者的嵯峨天皇，在公元816年将高野山（金刚峰寺）下赐给真言宗，作为其门人弟子的修行之地；并于公元833年，下赐洛南的东寺改名为教王护国寺，作为密教的根本道场，积极开展布教活动。承和二年（835）三月二十一日，空海于高野山入定（逝世），终年62岁。如今，在东寺境内，每月逢空海逝世的命日二十一日都会举行弘法市，是京都有名的胜景之一。

三、民族与宗教

1. 佛教——从印度传到日本约五百年间的轨迹

释迦是位于今印度与尼泊尔国境交界的迦毗罗卫的释迦族国王首图驮那（净饭王）与摩耶夫人的长子。姓乔达摩（Gotama），名悉达多（Siddhāttha）。

释迦为了摆脱人在世上所不可避免的生、老、病、死四种苦难，在29岁时走出城门，到森林中苦行，35岁时在菩提迦耶

南宋陆信忠《佛涅槃图》

（Bodhgaya）的菩提树下开悟成道，此后在祇园精舍等地说法传道，于80岁时入灭。

与基督教、伊斯兰教并称为世界三大宗教的佛教，是被称为佛陀的释迦在公元前500年左右所创立的宗教。经过丝绸之路，佛教传播到东方的中国，与儒教、道教合称为"三教"。此后，丝绸之路也是从中国到印度寻求佛典、到各地佛迹巡礼的求法巡礼僧们的必经之路。佛教教团由出家的男女，即僧、尼以及在家的信徒优婆塞与优婆夷等四众组成。在释迦入灭后的100年间左右，教团始终保持着统一。在孔雀（Maurya）王朝的阿育王皈依后，佛教开始在印度广泛传播。在阿育王治世下，各教团对佛教教义的解释开始产生对立，上座部与大众部之间产生了分裂，进而从这两派中分出了诸多部派。

从公元前开始，佛教界兴起了以救济全人类为标榜的革新运动。革新派的人们自称大乘佛教，将在来部佛教贬称为小乘佛教，不断编纂新的佛典。同时期，印度次大陆西北的犍陀罗（Gandhara）受到希腊文化影响，制作了作为礼拜对象的佛像。随着宗教礼仪与宣教方式发生变化，大乘与小乘佛教各自的教学传播体系逐步大成，宣教地域不断扩大。向北传播的是为北传佛教，向南传播的是为南传佛教。

北传佛教从西北向阿富汗等地区传播，又通过丝绸之路向西域的城市国家传播。在库车与焉耆等地的西域北道（天山南路），主要流行的是小乘系佛教；和田（于阗）等地的西域南道，主要流行的是大乘系佛教，并经由敦煌传到中国内陆。南传佛教从印度与斯里兰卡出发，通过海上丝绸之路传到了中国南方。

公元2世纪中叶，西域僧人与印度僧人开始将佛典带到中原，并进行汉译。不久后出现了鸠摩罗什与玄奘等被称为三藏法师①的译经家，完成了汉译的佛典总集——《大藏经》。佛教的经典分为经藏、律藏、论藏三类。经藏是佛陀的言行说教集；律藏作为教团的规定集，其内容含有很多禁止事项；论藏是对经藏与律藏进行解释的文献集。网罗此三藏的一切经书，被称为《大藏经》。扎根于中国的佛教，此后东渐到朝鲜、日本。朝鲜半岛的佛教，是在公元372年从高句丽传入的；日本的佛教，是在公元538年由百济的圣明王献上的释迦佛像、佛典及其他物品开启的。

朝鲜半岛与日本直到近代，都是以汉译大藏经的发音，来诵读佛典的。

2. 摩尼教——消失在历史彼岸的世界宗教

摩尼教在公元3世纪由波斯人摩尼（216—276或277）创立，是将世间万物分为光与暗、善与恶、精神与物质等的二元论宗教。它以古代波斯的琐罗亚斯德教（Zoroastrianism）的教义为母体，吸收了基督教、诺斯替主义（Gnosticism，与基督教同时期地中海沿岸盛行的宗教思想）及佛教的教义，融合后构筑成的宗教体系。

摩尼教在组织结构上像是学习了佛教，由僧官与被称为听

---

① 三藏法师是对精通佛教圣典中之经、律、论三藏者的尊称。又称三藏比丘、三藏圣师，或略称三藏。在中国，对来自印度、西域的佛典进行汉译的僧侣，常尊为译经三藏或三藏法师。

闻众的一般信徒构成。僧官禁止饮酒、杀生、奸淫，并且每周需断食两次，在庇麻节（Festival of Bema）前的一个月被要求断食。对于一般信徒，该教也传播偶像崇拜，杀人、奸淫等是邪恶的观念，要求他们每周日为断食日，施行禁欲主义的戒律。

摩尼在波斯萨珊王朝（Sassanid Empire）的沙卜尔一世的庇护下，传道活动远播印度。但是，继任的帝王巴赫拉姆一世却转变了宗教政策，摩尼被处以剥皮之刑殉教。摩尼被处刑后，摩尼教在波斯萨珊王朝被禁止，但在国外仍保持着长久的宗教势力。在罗马帝国最为兴盛的公元4世纪，对基督教徒造成了强烈影响。随着罗马帝国对摩尼教的禁止，摩尼教开始向东扩张。在此后对摩尼教向东方传道起到重要作用的，是信仰摩尼教的粟特商人。

在公元7世纪末的唐代，沿着丝绸之路，东渐传入中国的摩尼教，还有着以音读所称的"末尼教"和阐释其教义的"明教"之称。被称为白衣白冠之徒的摩尼教，与景教和祆教一起，被视为从西方传来的代表性宗教，这些宗教的寺院被称为"三夷寺"。特别是在回鹘王国的牟羽可汗统治下，摩尼教成为国教。

唐玄宗禁止汉人信仰摩尼教，但并不禁止在住的西域人信奉。在安史之乱后，应回鹘请求，长安与洛阳等地建立起了被称为大云光明寺的摩尼教寺院。在唐武宗施行"会昌废佛"时，摩尼教与景教、祆教一并遭封禁。如入唐僧圆仁的《入唐求法巡礼记》所述，摩尼教宣教师们的头发被剃、披上袈裟，充作佛僧被杀害。

日本虽没有摩尼教义传入的确凿证据，但在《御堂关白

抄本《摩尼光佛教法仪略》（局部）

记》（藤原道长）等具注历中，将周日以粟特语中的"Milu"音译"蜜"为标注。这是摩尼教信徒将周日作为休日进行禁食的历法，东传至日本的明证。

自20世纪初以来，敦煌陆续发现了与摩尼教相关的文献。在吐鲁番的柏孜克里克千佛洞中，有描述摩尼教的庇麻节场景与白衣白冠的摩尼教僧众的壁画。关于丝绸之路上的摩尼教，森安孝夫著有《回鹘摩尼教史研究》一书，可供参考。

3. 西藏佛教——因明清王朝的信仰与统治，在北京"出版"的《西藏大藏经》

西藏佛教以前又被称为"喇嘛教"，喇嘛是师傅的意思。西藏佛教融合了西藏古象雄王国的本教［雍仲本教（Bonismo）］，所以在其最大宗派格鲁派中，包含了大乘与小乘、显教与密教的特点。中国的藏传佛教的流布，从西藏、内蒙古至全国各地，远播尼泊尔、锡金、不丹等地。

藏族实现最早的政治统一，是在公元7世纪初。拉萨东南地区出现英雄松赞干布（？—649），征服了西藏全域的农耕与游牧诸部族，开创了吐蕃王朝。

松赞干布迎娶了唐朝的文成公主与泥波罗国①的尺尊公主②为王妃，从两妃的母国迎来了佛像入藏。松赞干布又派遣吞弥·桑布扎出使印度，学习印度的风土文化，同时以印度的文字为模板创作了藏族文字，并开始将佛典翻译成藏文。

公元8世纪后期，第五代赞布赤松德赞（754—797年在位）从印度和唐朝招揽高僧，开始将用藏语翻译佛典作为一项大事进行。但是，第八代赞布牟汝赞普（841—842年在位）被排佛主义者暗杀，吐蕃随之崩坏。古代西藏的吐蕃时代到牟汝赞普驾崩为止，属于佛教传播的前弘期。

随着吐蕃的分裂、崩坏，佛教也陷入了衰退。约一个半世纪后，佛教再次被引入西藏，从10世纪开始进入佛教传播的后弘期。后弘期延续了前弘期翻译佛典的事业，其中的集大成者，即为14世纪初西藏大藏经的完成。

佛典是由记录佛陀的言行说教集——"经"、作为教团规定集的——"律"、对于经藏与律藏进行了解释的文献集——"论"为三藏，进行分类的。而网罗此三藏的西藏大藏经，与巴利语三藏和汉译大藏经，作为三个分类体系。但是西藏大藏经并不是以经、律、论分类为划分的，而是分为了甘珠尔、丹珠尔两部分。

---

① 古泥波罗国，即今尼泊尔。
② 鸯输伐摩国王之女。

值得注意的是，西藏大藏经最早的木版印刷并不是在西藏，而是在明清时代的北京，被题名为《西藏大藏经》以敕命出版的。重视西藏写本的传统，不只存在于由蒙古人建立的元朝，明清的王室与政府从信仰与统治两方面考虑，都对藏传佛教采取了具有倾向性的重视。

清代藏文满文《大藏经》

在藏传佛教发展的后期，诞生了一些佛教流派，如萨迦派（sa-skya）、宁玛派（rnying-ma-ba）、格鲁派（dge-lugs-pa）等。在元朝，由作为忽必烈汗帝师的八思巴（1235—1280）所属的萨迦派占据了优先地位。

藏传佛教最大的学僧宗喀巴（1357—1419）所开创的格鲁派，因为戴黄色的帽子而被称为黄帽派（黄教），与之前的红帽派（红教）相区别。

从格鲁派中诞生了达赖喇嘛与班禅喇嘛两个系统。在宗喀巴诞生地青海省西宁所建立的塔尔寺，作为格鲁派的大寺院，学僧辈出。

4. 中国的粟特人——近年发掘所见活跃于中国社会的粟特人

伊朗系的粟特人在亚洲内陆从事国际商贸，信仰琐罗亚斯德教（Zoroastrianism，拜火教、祆教）。他们在中国社会的活动，很早就能从文献中得以论证了。琐罗亚斯德教在北魏中期传入中国，经北周、北齐逐渐推广开来，于宫廷之中都可以见到信奉者。在隋唐时期，往来入境的粟特人大多数都是琐罗亚斯德教的信奉者，由被称为"萨保"或"萨宝"①的官员管辖。

在唐代社会，到远离本籍地的地区，进行商旅等出行时，需要携带称为"公验"的证明书，特别是在通过关所时，必须携带"过所"。1973年在吐鲁番阿斯塔那古墓群的509号墓出土的"过所"，是唐玄宗时期的开元二十年（732）三月，由瓜州都督府发给一位名叫石染典的人的。被许可的是四个人与十头驴马从西北边境的铁门关等地通行的申请书。此"过所"记述了石染典与庄稼人康禄山、石怒忿、家生奴移多地一起，带着十头驴马向西，到达沙州敦煌，于集市完成了交易。用汉字记述的石染典与石怒忿出身于石国②、康禄山出身于康国③，都是粟特人。

从20世纪末至21世纪初，山西省太原市与陕西省西安市等地所持续发掘出的画像石，作为中国粟特人活跃的旁证，给予了研究者很多惊喜。

从1979年到1981年，在太原市的南郊，考古人员对北齐

---

① 现行研究普遍认为，隋名多用"萨保"，唐名多用"萨宝"。

② 即填石国，西域古国，昭武九国之一。

③ 即康居国。

娄睿墓壁画

娄睿壁画墓进行了发掘。在作为北魏宗室外戚的鲜卑人娄睿墓中，除墓志与金银珠宝饰品外，墓道与墓室的四壁还残留了全面的庞大壁画。其中的骑马人物出行图自不必说，在因皈依僧人灵裕而与佛教渊源颇深的娄睿墓中，自然还能看到佛教图像。在两匹骆驼间所绘的人物形象，被认为是西亚地区的人物，表现了东西方的文化交流。

1995年7月，于娄睿墓东北600米的太原市晋源区王郭村，考古人员发掘了隋代的虞弘墓，这给予了学界很大冲击。从墓室发现的殿堂型石椁的内外壁面的浮雕与壁画中，有好几面都绘有珍贵的彩色画像，其中还绘有拜火坛。从墓志中可以得

隋代虞弘墓石椁

知，虞弘是鱼国[1]出身的粟特人，在北周时期统领并、代、介三州的乡团，检校萨保府[2]。在隋朝的开皇十二年（592），59岁的虞弘逝于其并州的府第中。

在2000年夏天，于西安市北郊的大明宫遗址的北侧，考古人员又发掘了北周的安伽墓。安伽是姑臧（今武威）人。除出土了记述安伽在同州担任萨保的墓志外，还出土了描绘着粟特

---

[1]　鱼国见于其墓志中的"鱼国尉纥□城人也"。

[2]　萨保府，掌管入华外国人事务的机构。

安伽墓画像石榻

安伽墓画像石榻（局部）

史君石椁

人生活场景的石棺床屏风。作为姑臧人，其故乡应在安国。

2003年夏天，距安伽墓东北2.2公里处，考古人员又发掘了史君石椁墓。在替代了墓志铭的石椁上，有用粟特文与汉文并写的题记。史君是临近撒马尔罕西南的史国①人，原本生活在西域，先祖时移居长安。题记还记载了史君被授予凉州萨保，与安伽同样逝于大象元年（579），享年86岁。

北周时代，安伽于同州、史君于凉州、虞弘于并州等地都被任命为萨保，意味着这些州都有着粟特人大部落的存在。

5. 景教——在唐代由西方传来、于明代灭亡的基督教聂斯脱利派教义

景教又被称为大秦景教，是基督教聂斯脱利派在中国的名字。出生于叙利亚的聂斯托利（？—451），主张重视基督教的人性，相对来说弱化神性。在公元431年的以弗所会议上，他这一派被认定为异端教派。教团在波斯寻求到了繁荣发展后，沿着丝绸之路穿越中亚向中国东渐。

在唐朝的贞观九年（635），以阿罗本（Olopen）为团长的传教团正式抵达长安。唐太宗与宰相房玄龄等人在宫内迎接了阿罗本，允许其翻译经典进行传教；并准其在长安义宁坊建立一座寺庙，21名僧侣在此出家。此后的唐高宗也保护景教，于天下诸州设置景教寺院。在倾向佛教的武则天治世时期，景教的发展稍有衰减，在玄宗朝又得到了保护，教线进一步扩张。

起初，因为是波斯人传来的宗教，从而将景教称为波斯教，将其寺院称为波斯寺；在得知其发源地不是波斯而是大秦国（罗马帝国）后，天宝十三载（754）将波斯寺改称大秦寺，

---

① 史国（Kess），又名羯石国、坚沙、奇沙、羯霜那国（梵文 Kusana），西域古国，昭武九姓之一。

此后继续受到朝廷的优待，并于唐德宗朝的建中二年（781）树立了"大秦景教流行中国碑"①。从此碑中可以探知景教从最初传入中国以来的盛衰过程。

《大秦景教流行中国碑》拓本

唐武宗朝的会昌五年（845）废佛运动，禁废了一切外来宗教，景教也因此受到迫害，急速衰败了下去。至宋初，在中国本土已见不到景教教徒的身影了。但在西北边境与西域，景教信仰一直还在维持着，成吉思汗家族中就出现了多位景教信仰者。

蒙古人为了建立横跨欧亚大陆的世界帝国，采取了对所有宗教都宽容的态度。景教再现于中国，被称为"也里可温"（erkegun）或"达娑""迭屑"（tarsa），都是波斯语中的塔尔萨，即怕神的人的意思。元朝在1289年（至元二十六年）以后，设立了崇

① 大秦景教流行中国碑，现存陕西西安碑林博物馆。

福司以管理景教事务。但到了明朝，由于朝廷封禁，聂斯脱利教派也于中国绝迹了。

大秦景教流行中国碑，是在明朝的1625年偶然从地下发现的。此碑引起了国内外广泛关注。1907年，丹麦人何乐模（Frits V. Holm）赶赴西安，购买此碑失败后，仿制了一块碑带出，最终安置在梵蒂冈。原碑收藏于西安碑林博物馆。

在1908年，伯希和于敦煌石窟王道士处购入，并带到巴黎的古文献中，第3847号有题名为《景教三威蒙度赞》与《尊经》的景教经典。在及时地向东西方学者进行介绍后，经研究被认定为真迹。但是，在古文书与美术品中也存在着赝品。称作来自敦煌的数件景教经典，在1920年后由古董商人带到日本。学者佐伯好郎与羽田亨将这些赝品当作真迹，用这些伪景教经典为材料写论文，并发表在了学术杂志上。

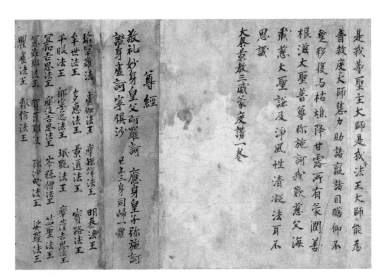

法国国家图书馆藏景教文献《尊经》

6. 天台山与五台山——被国内外求法巡礼者当作目标的佛教圣地

古时，世界各地的人们因把山岳视为精灵或祖灵、神明或恶魔居住地而加以崇拜，将其作为了巡礼的对象。在佛教的起源地印度，以喜马拉雅山脉为意象的须弥山是宇宙的中心；在中国，则是因天台山有国清寺、五台山有清凉寺等所在，而示以"山号"。这些都显示了山岳与佛教间的深刻关联。

在中国，与佛教相比道教和山岳间有着更为密切的联系。名山的代表，是在五行思想影响下确立的，由东岳泰山（山东省）、南岳衡山（湖南省）、中岳嵩山（河南省）、西岳华山（陕西省）、北岳恒山（山西省）构成了"五岳"。这些山川作为神秘的地图，"五岳神形图"成为道教的护符，道士们认为随身携带此种护符，山川的精灵们会前来迎接并照顾他们。

宗教氛围浓郁的五岳，并不只是道教的灵山，儒教与佛教也同样重视。在《唐六典》卷四"礼部祠部"条中载：每年的立春在东岳泰山、立夏在南岳衡山、六月土王日在中岳嵩山、立秋在西岳华山、立冬在北岳恒山举行祭祀仪式。隋文帝杨坚即位后，下诏撤回了北周武帝对佛教与道教的弹压命令，在五岳各置僧寺一所。

在中国因佛教广泛传播，而有巡礼海内灵山的风气。因此，从日本来的遣唐使和留学僧与还学僧等，也希望能去求法巡礼。日本天台宗的开山祖师最澄，于公元804年九月携带从明州颁发的牒，辞别遣唐使一行，前往天台山国清寺。最澄所持的明州牒中，有记载为："日本国求法僧最澄，欲前往天台山巡礼。"

天台山国清寺

天台山原本作为道教的仙乡为世人所知，在三国时期吴国的赤乌年间（238—251）于山上创立了佛寺并传沿下来。在东晋时期，僧人支遁（314—366）居住于此。特别是在迎来依附尚为太子的隋炀帝的智𫖮（538—597）后，天台山确立为天台宗的总本山（总部）。自此以后，圆珍与成寻等日本天台宗的僧人，还有荣西与重源等入宋僧，都到访过天台山，对日本佛教界产生了巨大的影响。

虽然并未入得最澄眼中，但比江南天台山更有名的，是坐落于中国北方山西省境内的五台山。在《华严经》中作为文殊菩萨驻地的五台山，又称清凉山，从公元5世纪开始即有佛教信仰的出现。在唐代，五台山作为佛教界第一灵地，不止在中

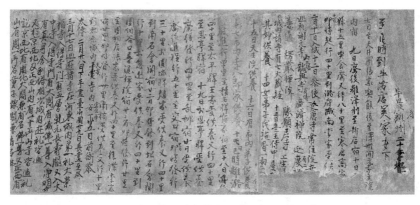

法国国家图书馆藏敦煌文献《五台山巡礼记》

国，在东亚及丝绸之路沿途诸国中也十分知名。对鼎盛期的五台山佛教最为详细的记录，是圆仁的《入唐求法巡礼记》。

在敦煌莫高窟第61窟中，现存有高3.42米，幅宽13.45米的《五台山大壁画》，依稀可以看到当时巡礼者的身姿。此外，在第17窟的藏经洞中发现，斯坦因本的397号与伯希和本的4648号古文书里，都有着称为《五台山巡礼记》的日记风格的记录。此外，日本入宋僧成寻的《参天台五台山记》，也是极为重要的文献。

7. 天台宗与真言宗——最早登陆日本的佛教两大宗派

佛教在飞鸟时代从朝鲜半岛传入日本时，并没有宗派的概念。在从藤原京迁都到平城京时，药师寺与大官大寺（大安寺）一同移建了过去。在中国所形成的三论、成实、法相、俱舍、华严、律等六大宗派，由留学僧传入日本，被称为"南都六宗"，在东大寺等官方大寺中形成了六宗兼学的风气。

奈良时期的佛教，由国家设立了国分寺与国分尼寺，具有很强的国家佛教性质。在桓武天皇平安迁都之际，没有移建南都的大寺院，这给平安佛教的两个新宗派——最澄的天台宗与空海的真言宗的出现提供了契机。

最澄所创的天台宗，与中国在隋初由天台大师智顗在浙江省天台山所开创的天台宗相区别，被称为"日本天台宗"。祖师传教大师最澄在入唐时，不止在天台山等地学习了天台的教法，也学习了戒律与律及密宗的教法。日本天台宗并非只是对以《法华经》为开宗的中国天台宗的照搬继承，它标榜自己兼学法华、戒律、禅、密教等四教的教法。在最澄归国后的公元806年，得到了天台法华宗承认的最澄的天台宗，在比叡山延历寺开宗立派。

后来，在最澄门下的圆仁与圆珍（814—891）入唐后，尽己所能地学习密教教法，最终天台密教（台密）得以大成。但圆仁的门下与圆珍的门下之间却起了纷争。在10世纪末，圆珍门下被逐出比叡山延历寺，转移到了由圆珍复兴的作为延历

延历寺大讲堂

西教寺

寺别院的圆城寺。此后延历寺被称为"山门"，圆城寺被称为"寺门"。

在日本佛教史中，比叡山延历寺作为学问寺，取得了很大的成果。在后来的末法时期出现的镰仓新佛教，是由年轻时在延历寺学习的五人所开创的：法然和亲鸾推广了净土教；后来入宋的荣西和道元，从宋朝输入了禅宗；之后的日莲又开创了法华宗。在15世纪后半期，真盛（1443—1495）合并净土教戒称"二门"，在比叡山东麓的西教寺创立了天台真盛宗。平安时代以后，京都的政界给延历寺带来了很大影响，在1571年织田信长烧毁了延历寺诸堂后，政治介入逐渐减小。

真言宗又被称为"真言陀罗尼宗"，因东寺的密教被称为"东密"。祖师弘法大师空海所依经典为《大日经》《金刚顶经》等。公元804年，作为入唐留学僧的空海，从长安青龙寺的惠果处传习了密教的奥义，两年后携带胎藏界与金刚界的两界曼荼罗与密教经典、法具回到了日本。

日本大同四年（809）四月，平城天皇让位于嵯峨天皇。空海与深谙唐风诗文与书法的嵯峨天皇意气相投，嵯峨天皇就成为真言密教的外护者。空海精力充沛地进行了布教活动，公元816年在纪伊国（今和歌山县）的高野山金刚峰寺开辟了修禅的道场；公元823年得赐京都的东寺，作为一宗的根本道场。

真言宗的法脉流派，分为以仁和寺为据点的广泽流和以山科小野的曼荼罗寺为据点的小野流，在此二流下又各分为六个流派，被称为"野泽十二流"。此外，与以东寺、金刚峰寺为

金刚峰寺

京都东寺塔

中心的真言宗（"古义真言宗"）相对，以创建大传法寺（根来寺）的觉鑁（1095—1143）为祖师的一派，被称为"新义真言宗"。

（《周刊丝绸之路纪行》No1、2、39、43、44、45、50，朝日新闻社，2005年10月—2006年10月。）

第二章　大谷的响流

笔者2001年于京都大学退职后，受聘就职于大谷大学。恰逢大谷大学的真宗综合研究学术中心竣工，取用《无量寿经》中的"正觉大音，响流十方"，命名为"响流馆"。它是由图书馆、真宗综合研究所、多媒体大厅等构成的教育学术研究机构。本书将笔者于该校在职期间，发表的广报、通信与《书香》寄稿等文章收录于此。

第一节　隋唐佛教史研究

我出生于大阪府真宗大谷派的一末寺，之所以得名为护，是从松冈让的小说《守护法城的人》中所广为人知的"护法城"这个佛语而来的，并不是护国的意思。我在八尾高中一年级得度时的法名，是为"法城"。

我原本是理科系的学生，考大学的时候之所以选择文学部，是因为父亲的推荐。同时，我被同为京都大学文学部毕业、负责日本史和世界史的两位老师的课程所吸引。在大学二年级的秋季学期，我打算报考史学科的东洋史。作为学校社团活动地理同好会的顾问，并一直关注着我的藤冈谦二郎先生，推荐我学习中国地理学，建议我去和人文科学研究所的森鹿三先生商量。我拜访了在北白川小仓町的修道院风格建筑①内的森老师研究室。见我对中国佛教史十分感兴趣，森老师称赞了同事塚本善隆教授的研究成绩，并推荐我最好是选择东洋史进行学习。

我在进入东洋史学习后，在学习汉文的讲读、演习以及西洋史、考古学等史学科等共通课程的间隙，初步学习了梵语和藏

---

① 即现京都大学人文研究所东亚人文情报学研究中心。建筑主体始建于1930年。

语。同时，我还听讲了佛教学序说，开始准备专攻佛教史。另一方面，通过该年度主任教授宫崎市定先生所初次讲授的隋唐史课程，我开始关注到了唐宋变革期的唐代中国各种面貌。

在我大学四年级时，为了决定毕业论文的题目，我去宫崎老师的研究室咨询，说到想研究唐代的净土教史。老师说："佛教史好像很有意思，但现在就先别提了。因为一开始就研究的话，就会觉得周围的东西很无聊。"当时的我稀里糊涂地想要在毕业后当高中社会科的老师，但是宫崎老师却期待我能进入大学院继续研究。

我大学时的毕业论文，以唐宋时代财政机构的变迁为焦点，与当时的时代区分争论有着很深的关联，属于制度史和政治史的领域。接着发表的以硕士论文为首的各种论考，都是以隋唐时代的政治和社会为对象的制度史的研究方法。

在成为研究生后，我参加了在人文科学研究所举行的几个研究会。除了兼任授课的两个研究会外，每周一下午还要出席藤枝晃老师主持的敦煌佛典抄本的研究班，以及周三下午塚本老师主持的中国中世儒佛道三教交涉史的相关文献、南朝梁僧祐编《弘明集》的共同研究班等。

在我开始于研究所工作时，出席了由大谷大学等关西大学参加的《弘明集》研究会，并提交了译文原稿，在经讨论后得到了修改意见。通过研究会，让我感到最惊讶的是，字典里找不到的词句频频出现在佛教、道教文章中，其难解程度往往能引发激烈争论。

在结束博士课程后，我被录用为人文科学研究所文学研究室的助手。除参与平冈武夫先生主持的《白氏文集》会读班和唐代史料稿的编辑外，我还继续参加了敦煌与儒佛道三教交涉史的研究班。

研究唐代国家对佛教教团规则的《唐朝中期佛教和国家》，与整理唐代围绕王法与佛法争论的《唐代僧尼拜君亲的断行和撤回》两篇论文，发表于我大学毕业二十多年后。在此十年后，我还运用了《唐护法沙门法琳别传》撰写了《唐初的佛教、道教和国家》一文。这三篇论文都被收录在了中公文库的《隋唐佛教与国家》一书中。

此外，因荣幸地得到了参与平凡社《大百科事典》项目选定的机会，我撰写了其中与中国净土教相关的《净土》《净土教》《慧远》《昙鸾》《道绰》《善导》《法照》《末法思想》等项目。在中央公论新社刊行的杂文集《京洛的学风》里，是将这些文章命名为《佛语散策》后再度收录的。

（《大谷大学广报》150，2002年7月）

第二节 冬扇

我因为在教养部的学生时代，从属于地理同好会，所以即使后来专攻东洋史研究，也并非只喜欢历史类的地图，对于国土地理院的现代地形图等也特别喜欢。数年来，我与地理同好会的亲友担任了历史地图展览会策划的图录解说，参加了"15—17世纪成立的绘图、地图与世界观"研究会。在参观各地博物馆、美术馆所举办的关于探险与地图的特别展览时，我感觉很幸福。

最近，我对芦屋市立美术博物馆举办的"二乐庄与大谷探险队Ⅱ"展览中所展示的，与六甲山东南面山麓的大谷光瑞所建别邸"二乐庄"的相关绘页书及大谷探险队员的旅程图，产生了很大兴趣。此外，东京国立博物馆举办的纪念江户开府400周年特别展——"伊能忠敬与日本图"中，所收入的三幅《日本沿海舆地图》也很吸引我。在得知此伊能图的基准经度——"中度"，并不是以江户而是以山城京都为基准时，我十分惊讶。

伊能图小图的比例尺为432000：1。从比例尺来说，国土地理院的地形图为有名的"五万分之一"，而我喜欢"两万五千分之一"与"二十万分之一"。这个"两万五千分之一"的规

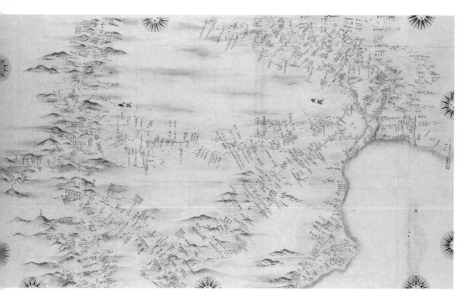

伊能忠敬所绘《日本沿海舆地图》第九十图

格，经过38年的变更，可以用文字将其表示为"博物馆·美术馆"与"图书馆"所新设的地图记号。前者以希腊神殿为基础，后者以翻开的书页为基础，进行记号化。这是与本校博物馆的开馆时期大致相吻合的。

（《大谷大学广报》156，2004年1月）

第三节 "世界人"大拙的英文墨迹

大谷大学博物馆在2006年度，举办了纪念铃木大拙逝世40周年纪念展——"大拙、其人与学问"。铃木本名贞太郎，大拙作为其居士号，为人所广知。他1870年出生于金泽，经过在镰仓的参禅期与长达十二年的欧美旅居后，成为向世界传播大乘佛教的佛教学者。

大拙于1921年辞去了学习院大学的教授职务，与比亚利斯夫人一起到大谷大学赴任。此后，在直到他90岁的40年间，一直担任大谷大学的教授。当时的第二任校长南条文雄是世界性的佛教学者，他将汉译大藏经的目录，用便于欧美人理解的英文进行了解说，并于1883年在牛津进行了出版，即所谓的《南条目录》（*Nanjio Catalogue*）。同时，他也是日本最早的文学博士。破格进入本校的大拙，在就任后的第二个月创刊了英文佛教杂志《东方佛教徒》（*Eastern Buddhist*），并在每一期都亲笔撰写了英文文章。大拙于1966年7月12日在东京的圣路加国际医院去世。

我最初知晓大拙的名字，是在高中时期。当论及英语授课的话题时，在1923年进入大谷大学预科学习的父亲，总是自豪于从两位很棒的老师那里学习英语的经历。父亲从其中一位矢野峰人老师那里，学习到了史蒂文森的小说《金银岛》；另一位大拙老师因为夫人是美国人，所以是"英语达人"，听说甚至连做梦都能用英语沟通，令人十分钦佩。

久松真一、山口益、古田绍钦编的《铃木大拙——人与思想》（岩波书店，1971）一书中，所收录的矢野，应该是当时与大拙同为大谷大学教授的矢野峰人。此后，他参与了"台北帝国大学"的建设，二战战败后回到京都，成为同志社大学的教授，担任非常勤（兼职）讲师教授英语。矢野受到了同志社大学的学生委托，说因为有出资人想出版以国际间思想交流为目的的杂志，希望可以和大拙一起成为杂志的顾问。

铃木大拙（左）和海德格尔（右）合影

听了矢野的话后，大拙得意地说："杂志名为《世界人》吧！"矢野问此题名用英语要如何表示，译作*The Cityzen of the World*实在太长了。大拙回答道："用*World-Citizen*就好了。"矢野问："有那样的英语吗？"大拙回复："什么？如果没有的话可以造出来嘛，就这样办吧。"杂志《世界人》于1948年2月创刊，创刊辞由矢野撰写，大拙执笔撰写了开篇论文。可以说《世界人》（*World-Citizen*）的名字，是真正适合大拙自己的。

翻阅由古田绍钦所编的《铃木大拙遗墨》（读卖新闻社，1973）一书可以看到，大拙的墨迹不仅是个性丰富的汉字汉文，还有用毛笔写的英文文章，能使人深思。"Todo good is my religion. The world is my home（善是我的宗教，世界是我的家）"等语句，使"世界人"大拙的面貌鲜活地呈现了出来。

我只在1961年，在作为亲鸾圣人700周年御远祭的纪念活动之一的、在京都会馆召开的演讲会上听过大拙演讲。当时协助90岁高龄的大拙的是秘书冈村美穗子小姐。在这次的本校巡回展上，冈村所藏的大拙遗物，陈列在图书馆的入口旁。首先是用墨笔写的书法挂轴——"O wonderful，wonderful，and most wonderful…"这段文章是莎士比亚《皆大欢喜》第3幕第2场的台词。此句相当于晚年大拙表现出的东方文化精髓的汉字"妙"。同时，此展还展示了大拙挥毫而成的汉字"纱用"匾额。

博物馆里还陈列着在与大拙相遇那年，比亚利斯夫人手写的情书信封。开头为"Dearest dearest Tei（最爱的最爱的贞德）"。顺便说一下，贞和元放在一起，很容易被认为贞是长子，但实际上根据《易经》开篇"元亨利贞"进行命名，长子是元，贞是第四子。

大拙最后的遗言似乎是"No nothing，Thank you"。没有忘记加上"Thank you"，是与做梦都能梦到英语的大拙的人设相一致的。

（《大谷大学广报》169，2006年11月）

第四节　主上臣下的背法违义——《我与亲鸾》

对于出生在大谷派末寺家族里的次子的我来说，恐怕许多寺族之人都和我一样，"我与亲鸾"是一个令人困扰的问题。小时候背过的"归命无量寿如来……"被称为"正信谒"，即使知道这是"御开山"的著作，但在几年后才知道这是亲鸾主著的《教行信证》的一部分。由自己查阅上下文以确定出《教行信证》中"正信谒"的位置，更是很久之后的事情了。但在自坊的报恩讲的第一天晚上，与身为住持的父亲拜读《御传抄》的开篇，朗声诵读"本愿寺圣人　亲鸾　传绘上"的"亲鸾"这句文言时，鲜活的记忆便被激活了。

在大学专攻东洋史的我，毕业论文题目原先是想选择唐代的净土教史。宫崎市定先生建议我将佛教史作为未来的课题，先对唐宋变革期中财政诸使的成立过程进行研究。在1960年春成为大学院生时于京大人文科学研究所，我参加了由藤枝晃先生主持的敦煌将来佛典写本研究会，与塚本善隆主持的关于中国中世儒佛道三教交涉史文献的研究会，致力于加深佛教汉文读解力的培养，为将来做准备。

在1961年4月，因亲鸾圣人700周年御远祭的法会，去往本

奈良国立博物馆藏《亲鸾圣人像》

山之时，父亲晋升为了大阪教务所长、难波别院轮番。因为南御堂的重建落成法事迫在眉睫，所以父亲周围总是很热闹。在我的记忆中，我旁听过在京都会馆召开的大演讲会上铃木大拙、曾我量深、金子大荣三位老师对亲鸾热情洋溢的赞誉。在坂东本《教行信证》中收入的六卷本复制品，由赤松俊秀老师加以解说并出版，我拜读了从本山的赐下书，亲鸾的笔法和推敲痕迹历历在目。最重要的是，赤松老师为了700周年忌日而执笔的《亲鸾》（吉川弘文馆），是我的座右之书。

在赤松老师的《亲鸾》一书中，我最受启发的是详细论述了"承元法难"前后史实的"五专修念佛的停止和流放"一章。老师在本章中，将著名的在坂东本《教行信证》后序"主上臣下，违背法理，含恨成仇"部分，以图片版的形式刊登了出来。特旨禁止专修念佛，并将法然和亲鸾流放至边远之地的，是后鸟羽上皇①君臣："后鸟羽上皇当然会受到这样的非

① 即后鸟羽大皇（1180—1239），日本第82代天皇，讳尊成。

难。亲鸾在这次事件中切身体会到了掌权者的任性。"于此20年后，我发表了关于隋唐国家与佛教的论考，在平凡社《世界大百科全书》与《岩波佛教辞典》中承担了"三武一宗法难""法难"等项目，似乎是在那个时期所打下的基础。

《教行信证》中的"主上臣下，违背法义"云云，被引用于《御传钞》开篇的第一段中。在第二次世界大战前夕，由兴教书院出版的《真宗圣教全书》的"二宗祖部"中收录了《教行信证》、"三列祖部"中收录了《御传钞》；但在两书中都删除了"主上"二字，变成了空白。鉴于当时政府对出版界施加的压力、禁止发行的书籍不断涌现，也许这种情况已无法避免。但是，1966年出版的《亲鸾圣人著作用语索引·教行信证部》以《真宗圣教全书》为底本，因此没有"主上"的条款，却在"臣下"项的用例栏中记有："'臣下'背法违义，成忿结怨。"后鸟羽上皇施行禁止专修念佛的史实却被抹杀了，这一点是不能忽视的。如果亲鸾在世的话，一定会感到惊愕和叹息。顺便说一下，在从兴教书院继承下来的大八木兴文堂《真宗圣教全书》中，已将两书中"主上"二字都恢复了。

（《大谷大学通信》57，2003年7月）

第五节　大谷莹诚与神田喜一郎等

《敦煌出土十诵比丘尼波罗提木叉戒本》大谷莹诚跋文（局部）

关于大谷大学图书馆所藏资料与我的研究之间的关系，草成此文以作说明。我在坚持研究中国两晋到隋唐五代的政治社会史与宗教史的同时，还对近年来日本明治以后东洋学的成立和发展过程十分关注。对我来说，在本所收藏的资料中，有着大谷莹诚（1878—1948）收藏藏书、中国古印、古砚的"秃庵文库"（特别是《宋拓墨宝两种》），与神田喜一郎（1897—1984）收藏和、汉、洋善本的"神田鬯盦博士捐赠图书"与"神田收藏"之类，是我特别感兴趣的。

从20多岁到50多岁的前后25年间，我都工作于京都大学人文科学研究所。这里的汉籍藏书在日本是首屈一指的，研究所内的《汉籍分类目录》与《汉籍目录》对于从事中国学的研究者和学生来说，都是非常有益的工具书。然而，该研究所收藏的贵重书与善本的目录及附图并没有出版发行。从其前身东方文化学院京都研究所创立之初开始，京都大学人文科学研究所的集书方针，就是尽可能地完善对学术性实证研究有益的书籍，而古版本与稀见本一直都被当作次要收集目标来看待，所以作为贵重书籍和善本的汉籍相对很少。

然而，大谷大学图书馆却有很多有缘人，陆续捐赠了收藏品进来，因此馆内收藏着数量庞大的珍贵书籍和善本，并因而得以编辑发行了好几种珍贵书籍善本图录。例如作为亲鸾圣人700周年御远祭纪念活动之一，图书馆大楼（最近改装命名为"至诚馆"的旧图书馆）竣工仪式之日的1961年10月13日，恰逢大谷大学近代化60周年纪念日，就发行了《大谷大学图书馆善本聚英》；莲如上人500周年忌辰之际的1998年春，出版了《大谷大学图书馆所藏贵重书善本图录——佛书篇》等。

我到本校上任后，在教室的讲义和演习中收录了18世纪前半期，在京都出版的近卫家熙审订本《大唐六典》全30卷和伊藤东涯所撰《制度通》全13卷。同时，我在讲义与演习中，灵活利用拓本的照片，研读唐代宗教的石刻史料。此外，在校外的学术杂志上，编辑与撰写了不少论文。

现将我在2002年中，所公开刊登的文章逐月列举出来。1月，我与藤井让治共编了《魏徵撰的李密墓志铭》（《东方学》103）；3月，发表《内藤湖南的欧洲纪行》（内藤湖南显彰会编《湖南》22）；5月，在《京大东洋学的百年》（京都大学学术出版会，2002）中负责"内藤湖南"和"宫崎市定的一生"两章；9月，执笔《中国的天神、雷神和日本的天神信仰》（《日本历史》652），同时编辑了独家版《平冈武夫遗文集》（中央公论事业出版）；12月，出版《罗振玉、王国维的东渡和敦煌学的创始》（高田时雄编《草创期的敦煌学》，知泉图书馆）。另外，作为口头发表，我于11月23日在史迹足利学校，以"唐代的释奠"为名进行了演讲。在这些执笔和演讲的准备阶段，我也对亲近内藤湖南的大谷与神田的旧藏产生了兴趣。

大谷莹诚是在1944年到1948年的动荡时期里，担任本校校长的。1964年，在大学礼堂举办第17届忌日法事时，神田喜一郎以"大谷莹诚先生与东洋学"为题进行了纪念演讲，并在增订版《敦煌学五十年》（筑摩丛书，1970）中收录了演讲记录（当然，在1960年的二玄社初版中是没有的）。

神田很早就受到了大谷的盛情邀请，是因为他的恩师内藤湖南、狩野君山（狩野直喜，1868—1947）与大谷之间的关系而向大谷进言的。从明治末年到大正初年，处于中国学在京都非常兴盛的时代。因辛亥革命爆发，罗振玉和王国维等著名学者为躲避动乱，从中国移居到了京都。内藤和狩野原本就和这些学者是旧相识，所以彼此相互提携共同提倡新的中国学。作为其中被提倡的新兴学问之一，关于敦煌学有着如下的记述：

　　大谷老师对敦煌学是相当感兴趣的。今天，我有幸见到了向大谷大学捐赠的、以"秃庵文库"为名保存的老师遗留下来的书籍，其中关于敦煌学的书籍非常多。其中，关于敦煌学兴起初期的书籍，我觉得几乎都已尽收其中了。

神田在罗振玉、王国维、内藤湖南处，重点致力于金石学的学习，大谷对这门学问也颇有兴趣。所以在秃庵文库中，关于金石学的书籍格外引人注目。中国的金石学（也包含碑铭学）与西洋的箴言学稍有不同。对金石上所写的铭文内容的研究自不必说；此外，还需从美术学观点出发，发展到书法学之中去。神田指出，大谷在金石学研究中，特别注重对于书法研究的逐渐深入：

今天，在老师遗留的藏书中，有中国书法史上很有名的唐朝欧阳询的《化度寺塔铭》，还有唐代集王羲之字刻印的《大唐三藏圣教序》的古拓本。这些拓本都是宋代拓本，在中国也很少见。除此之外，还有一件是唐代薛稷的《信行禅师碑》的宋拓本。这不仅是今天残存的、天下唯一的拓本，而且信行禅师作为在隋代开创三阶教一宗的人，作为中国佛教史的资料也具有重要的文献价值。

大谷莹诚不仅有着这样国宝级的拓本，还收集有数量庞大的中国古印。他的这些中国古印藏品在世界范围内都屈指可数，主要是以罗振玉带到日本的古印为中心的。在这些古印之中，有很多都是刻有当时官职名称的官印，是官制等研究的学术资料，而罗振玉正是这方面研究的权威。

本校从赠予了这些书籍和文物的秃庵文库中，选出了珍贵的善本和珍品，依次出版问世了《中国古印录》《宋拓墨宝两种》《秃庵文库本选舍本愿佛集》《中国古砚图录》等带有华丽解说的图录。其中1967年出版的《宋拓墨宝两种》一书，我

信行禅师《兴教碑》拓本书影

的上司平冈武夫在《大谷学报》中有所说明：

> 在这本细致入微的书中，所收藏的是宋拓的二碑。其中，《信行禅师兴教碑》是仅存的天下孤本，《化度寺舍利塔碑》是唐楷最高级的神品。顶级的印刷，使得纸张和墨水都发挥出了最大的效果。没想到九百年前的格调和墨光，竟然能用机械印刷再现到这种程度。
>
> 对于护持这件墨宝的秃庵上人，我从心底表示敬意。对即刻将其复印的大谷大学不吝感激。实际上，对于这样的书籍，我们入手是很困难的。所以，寄希望于建立起一个体制，不让大谷大学亏待了自己，同时也可以让我们更加容易地求得这种书籍。

因为采用的是多色彩版印刷，所以本书的售价高达23000日元，就连平冈教授购买起来也很困难。对于当时还作为助手，月薪3万多日元的我来说，当然是可望而不可即的。在35年后，我在本校图书馆得知还有剩余的库存，就以原来的价格购买了下来，实现了多年来的渴望。

关于神田喜一郎遗赠的"神田鬯盦博士捐赠图书"，于1988年秋天同时发行了《善本书影》和《目录》。我执笔撰写了《善本书影》中两本西洋书的解说。这让我想起了拉丁语版纽霍夫（Jean Nieuhoff）的《东印度公司使节团访华纪实》和基歇尔（Athanasius Kircher）的《中国图说》，联想到了当时参考法语版辛苦笔耕时的心情。

在1994年10月，新图书馆发行了《神田的收藏世界》，并收录了彩色图版。这次到足利学校进行"唐代的释奠"演讲时，我阅览到了德川家康于庆长五年（1600）作为足利学校养主时，圆光寺的闲事元佶所开版的木活字印本，即伏见版《贞观政要》神田本的实物。

翘首以盼着与《贵重书善本图录——佛书篇》相对的佛书以外的图录。

（《书香》20，2003年2月）

第六节　北京版《西藏大藏经》运抵日本的经过

　　寺本婉雅捐赠给本校的清朝"敕版"，即北京版《西藏大藏经》在影印发行后，闻名于全世界的东洋学界。

　　《大藏经》的开版刊刻，无论是汉文还是藏文，都需要诸多的经论翻译、抄本集成、分类目录等编纂过程，经过漫长的岁月后才最终得以实现。

　　从经、律、论三藏到汉文大藏经，汉译经卷的事业从公元2世纪后半期开始，目录的编纂于公元4世纪末由道安开始，直到唐朝开元十八年（730）的智升《开元释教录》，应编入《大藏经》的佛典总数为5048卷。《大藏经》最初是在北宋太祖开宝年间，于蜀地开版刊刻，由开封的宫中建造的印经院所印刷的敕版被称为《开宝藏》。因为是宋朝进行正法流布的功德事业，所以被赠送给了西夏、高丽、日本等近邻诸国。

　　汉文大藏经的版本，有南宋的《思溪藏》和《碛砂藏》、元代的《普宁藏》、明代的万历版《方册藏经》等，但并不都是敕版。敕版的汉文大藏经，有永乐帝敕编的《大明北藏》和清朝从雍正帝开始、于乾隆三年（1739）完成的精校《大清龙藏》7938卷。

　　关于《藏文大藏经》的编集与开版，在御木克己的《藏语佛教概观》（《西藏的语言与文化》，冬树社，1987）与金枝由郎的《西藏大藏经的编集与开版》（岩波讲座《东洋思想》第11卷《西藏佛教》，1989），还有白馆戒云《西藏大藏经及其影响》（成田山新胜寺《法谈》47，2002）中，都有着详细的研究。

西藏在佛教前弘期的吐蕃时代中，于公元8世纪用藏语翻译佛典，并作为重大事务编纂了《丹迦目录》；9世纪中叶，随着吐蕃的分裂崩坏，佛教也衰退了。但是，从后弘期的10世纪中叶开始，佛典翻译事业持续发展了下去。作为集大成者，于14世纪初现存《西藏大藏经》的原型——《旧纳塘大藏经》编著完成。

《西藏大藏经》不是按"经""律""论"三藏分类，而是被分为了《甘珠尔》（佛经的翻译）和《丹珠尔》（注释书的翻译）两部分。与汉文的《大正新修大藏经》相比，《甘珠尔》从第一卷到第二十四卷是汉文中的"经""律"的内容，《丹珠尔》则从第二十五卷到第三十二卷是"论"的内容。作为印度撰述的部分，第三十三卷以下的论文和注释，都是藏外的文献。在纳塘寺编撰、分类了《旧纳塘大藏经》后，托顿在夏尔寺完善了《目录》。明永乐帝于永乐八年在北京开版刊刻了首版《甘珠尔》，《丹珠尔》首版在清雍正二年开版刊刻，它们都是敕版。

元世祖忽必烈于至元二十二年（1285）向庆吉祥等下诏："以西蕃大教目录，与东土经对勘。"在与《西藏大藏经》和《汉文大藏经》对勘基础上，编纂了《至元法宝直觉同总录》十卷。

时任中国社会科学院民族研究所藏族史研究组组长黄颢，在《在北京的藏族文物》（民族出版社，1993）的第25章"《至元法宝直觉同总录》和北京版大藏经"中指出，《至元法宝直觉同总录》是奉诏在元大都，由汉、藏、维吾尔等多民族的僧侣一起勘同完成的，有6名藏人参加。这样的勘同是奉了元朝天子的诏书，所召开的是用汉文与西藏文两种文字确定大藏经经目的学术会议。

在藏僧活跃的元代北京，《西藏大藏经》的经目虽得到研究，但还没有开版刊印。此时西藏也没有《旧纳塘大藏经》，无法确认所使用的《西藏大藏经》属于一个怎样的系统。该勘同总录，在《大正新修大藏经》第五十五卷的目录部中未有收录，在《昭和法宝总目录》第二卷中有收录。

《西藏大藏经》最初是在明清时期的北京开版的。这是因为不仅在元朝，明清政权也从信仰和统治政策两方面出发，极为重视藏传佛教。关于明清宫室是如何倾倒于藏传佛教的，在佐藤长的《关于明廷的喇嘛教崇拜》（《鹰陵史学》8，1982）与故宫博物院主编的《清宫藏传佛教文物》（紫禁城出版社、两者木出版社，1992）等论文中，都有着很详细的记述。

接下来，我叙述一下本校藏寺本婉雅所得到北京版《西藏大藏经》的经过。在1900年，寺本于义和团运动中，作为日本陆军翻译从军赴中国。在运动的余烬硝烟所笼罩的北京北郊，他参拜了安定门外的黄寺和资福寺。两寺在遭到了义和团的掠夺破坏后，欧美士兵除了酒色和财宝外，对放置于寺内的两套《西藏大藏经》完全不感兴趣。横地祥原所编的寺本《藏蒙旅行日记》（芙蓉书房，1974）记载，"这两套《大藏经》，是遵从与其亲密无间的清朝庆亲王的好意，而购买的（实为清朝皇室对其工作的恩赏而'受赠'）"，后经山口素臣的协助运送到了日本。横地在附录中收录了寺本的《西藏一切经总目录序》，同时在《跋》中摘录了未定稿的《西藏大藏经将来的始末》一文。

江本嘉伸的《能海宽：在西藏消失的旅人》（求龙堂，1999）中第13章"义和团事件与《西藏大藏经》"，与奥山直司《河口慧海评传》（中央公论新社，2003年）都参考了《藏蒙旅行日记》。

在以江本为代表的"日本人西藏行100年纪念论坛"实行委员会编的《西藏和日本的百年》（新宿书房，2003）一书中，对于江本所提出的明治时期佛教徒突然在西藏活动的背景问题，山口瑞凤认为是受到了东本愿寺的小栗栖香顶《藏传佛教沿革》这本书的影响。

小栗栖香顶（1831—1905），作为丰后妙正寺的住持，在明治初年于北海道开拓建白，此后成为到中国布教的先锋人物。在北京雍和宫向藏僧东科尔呼图克图[①]学习后，他在1877年出版的《藏传佛教沿革》，是为日本最早的藏学著作成果。此书的刊本由京都鸠居堂印刷，序文由小栗的同志石川舜台（1842—1931）书写。大谷派的僧侣能海宽与寺本，计划经由陆路进入西藏，并非单纯是偶然。

寺本与能海两人，在青藏高原东部的巴塘西行受阻滞留了

---

① 即东科活佛，为青海东科尔寺的寺主佛，同时也是塔尔寺活佛，为清代七大驻京呼图克图之一。

五十日，于1899年10月1日放弃原计划。寺本与期待再次西行的能海在打箭炉分别后，在重庆度过了新年，于翌年4月回到神户。不久，义和团运动扩大，包围了北京使馆区。1899年8月中旬，包括日本在内的八国联军占领了北京，光绪帝和西太后西逃西安。此时，回国不久的寺本，经东本愿寺投票，作为广岛第五师团的翻译官随军前往中国。寺本因与雍和宫有过交集，作为进驻军的翻译僧而被清皇室信赖，与庆亲王等关系亲密。他与藏传佛教僧侣一起出入西太后的持佛堂，与掌握宫中机要的宦官来往。寺本又为了让光绪帝和西太后返回北京，而前往西安。如此一来，他发挥出了八面六臂的斡旋作用。由寺本婉雅的严父调整抄录后的"西藏探见来文轴"，被收录在了《藏蒙旅行日记》中。在其中的"五师团司令部证书"里有：

> 右文是在翻译服务的余暇，受东本愿寺西藏经典研究有之候者的委托，所调整的西藏经典的目录。加之本人应各队关于军队精神教育的法话等之请求，一并提交申请。
>
> ——明治三十三年九月十九日

寺本在《西藏一切经总目录序》等中，凭借这张证书获得了研究藏语的特权。他还特地撰写了一篇文章，说是因为一种缘分，能够拜领运送这些无上大宝之圣典。

寺本于黄寺到手的《西藏大藏经》，是永乐版《甘珠尔》部在万历时的复刻版。在献给日本皇室后，由东京帝国大学图书馆①保管，但很遗憾的是在关东大地震时遭到焚毁。

寄存在真宗大学（今大谷大学）图书馆的《西藏大藏经》，是由资福院到手的《甘珠尔》部106筴、《甘珠尔》部的藏文汉文目录一筴、《丹珠尔》部252筴（含《宗喀巴全集》20筴与《章嘉全集》7筴）所组成。此外，还有20枚以藏语、蒙古语雕刻的方形与圆形木质刻版。此版的《甘珠尔》部附有康熙二十三年（1684）八月二十三日的《御制番藏经序》在康熙三十一年完成敕版，于康熙五十六年（1717）到五十九年复刻。《丹珠尔》部附有雍正二年（1724）闰四月二十四日的敕版《御制续番藏经序》，其中增补编入了以前的其他《丹珠尔》部经典所没有收录的《宗喀巴法语集》与《章嘉法语集》。这部分佛寺的集大成之书，是显密的遗珠，在纳塘版与德格版②中都没有这些增补。全书采用了单页8行排版，朱字印刷，装订也十分豪华精美。

据《宸垣识略》③记载，资福院是康熙六十年为祝福康熙帝万寿所建立的，由皇帝命名。据《北京的藏族文物》的第32章"清净化城塔与资福院"中载，资福院作为蒙古喇嘛僧驻锡的藏传佛教寺院，位于北京北郊德胜门外黄寺大街西黄寺西侧，为黄教的布教点。

寺本从发现《西藏大藏经》到其入手之间，让作为清国慰问使前来的大谷莹相、南条文雄、白尾义夫等人亲眼见到了全

---

① 现东京大学图书馆。
② 即德格版《大藏经》。
③ 清吴长元撰。现有版本为同治二年文英堂刻本十六卷，北京古籍出版社1982年版。

藏。在《大藏经》到手后，他筹措木材、监督工匠制作经箱，委托军队的运输船发往日本。由于乡间没有保存这么多圣典的书库，而寺本本人也有再次入藏的想法，所以回国时他拜托浅草别院的大草惠实①轮番保管。大草与刚在东京巢鸭建校的真宗大学图书馆馆长月见觉了交涉后，将《大藏经》保存于该图书馆，寺本归国后将其捐赠给了图书馆。

从1955年到1961年间，由铃木大拙发愿的《影印北京版西藏大藏经》全168卷，以近代出版物的体裁顺利刊行。监修代表是跟寺本学习藏语的山口益（1895—1976），他也是大谷大学时任校长。

在《藏蒙旅行日记》序文中，山口记载日本学界首次将藏语加入学科科目的，是在1929年的大谷大学与京都大学文学部。所以，在这两所大学开授藏语讲义的正是寺本，而将其迎入教坛的是南条文雄与榊亮三郎。换句话说，京都的藏语学是由寺本运回的北京版《西藏大藏经》培育的。寺本的后半生，都用在了与学生一起研究《西藏大藏经》上。

（《书香》21，2003年11月）

---

① 日本寺庙中，按顺序轮流处理寺务的僧人。

第七节　赵朴初的墨迹

2005年夏天，我在参与编辑了的《中国的历史》全12卷（讲谈社）的最后一卷的第6章中，写到了"对于日本来说中国是什么"。我在此之中认为，在日本的江户时代之前，日本与中国之间的佛教交流占了相当大的比例；但全然没有触及昭和中期以后的日中佛教交流。

关于了解这一时期的日中佛教交流，额贺章友的《日中佛教交流：战后五十年史》（里文出版，2003）一书是可以带来帮助的。其书由"第1章　寻求友好与和平（1925—1966）""第2章　跨越考验（1967—1977）""第3章　友好交流　年年发展（1978—1986）""第4章　以金钱的羁绊为目标（1987—2002）"组成。其中，特别值得一提的是，从1978年4月10日开始为期的三周中，中国佛教协会访日友好代表团来日，访问了关东和关西的各个宗派，所带来的影响。代表团的团长是赵朴初，塚本善隆是关西欢迎委员会的顾问，道端良秀任委员长，我忝列委员之中。

古稀之岁的赵朴初，作为中国首屈一指的书法家而闻名，其墨迹在日本唐招提寺开基鉴真墓所石刻、横滨中华街和神户南京街门牌上也都能见其鳞爪。赵氏愿应我所请，在彩纸上挥毫书以文言，真是难得的幸事。我立即请求他能写上亲鸾《正言偈》中的"大悲无厌倦常照我"，也就是《高僧和赞》中的"大悲不喜，常常将自己置身于此"一句。在书后添上"属"字，是表示应砺波恳请所书的意思。代表团回国后，我在日中佛教友好协会的《日中佛教》第10号的欢迎纪念报告特集上，写了一篇题为"佛教友谊"的文章，并收到刊登在该号上的赵先生所挥毫的彩纸作为感谢，其内容为《阿弥佛经》中的一节："诸上善人俱会一处。"如果要策划赵朴初墨迹展的话，展出的作品应该是整齐严谨的后者，但我所留恋的却是前者。

中国佛教协会的机关杂志《法音》是由赵朴初主导于1981年创刊的，以纪念佛灭之年的佛历为编号。从佛历2550年、西历2006年的正月到春季，东京国立博物馆与上海博物馆以"名笔、超越时空的聚会"为名，举行了"书法至宝——日本与中国"展。大谷大学所藏的唐欧阳询所书楷书神品、重要文化财产《化度寺舍利塔铭》的宋拓，由此在东国博参展。在借出展品的当日，我作为响流馆博物馆馆长，亲眼见到了东国博的工作人员谨慎地将展品捆装保护，深受感动。

（《书香》23，2006年3月）

第八节　最初的汉俳

汉俳是在中国开始的、模仿日本俳句形式的一种新文学形式，由五—七—五个字节组成，包含季语，在各句末押韵。虽然很难确定这种文学形式是什么时候由谁开始的，但是我与汉俳的相遇是在1980年4月21日，与赵朴初在北京开始的。

为日中佛教交流倾尽全力的赵朴初，于2000年5月逝世，享年92岁。在《赵朴初纪念文集》（开明出版社，2001）中，刊载了时任中国国家宗教局局长叶小文的悼文，文中介绍了他在1999年春访问日本时的逸事。叶氏访问文部省，与作为名俳人的文部省大臣有马郎人会面时，在车中即作汉俳"樱绽江户川　法脉传承两千年　佛缘一线牵"，并说明了汉俳的创作者为赵朴初，又背诵了在1980年鉴真和尚像回归中国故里的宴会席间，赵朴初所作的汉俳。

在《赵朴初韵文集》（上海古籍出版社，2003）卷五中，收录了赠予唐招提寺的森本孝顺长老的"汉俳五首"。原注说是与东大寺的清水公照长老在宴会席间朗诵的，于扬州所作的俳句，翻译将其意口译后，依照俳句的格律改为了汉文，"遍地菜花黄　盲目圣人归故里　春意万年长"。这是我所见最早的被称为汉俳的俳句。

参加了清水作为团长的访中团的大安寺河野清晃，在日志（《日中佛教》15，1980）中记载了4月21日于北京烤鸭店的欢迎宴上，清水发表了于扬州所作俳句，赵氏当场和了一首回赠的场景。

在2007年2月，东京银座松阪屋举行的古书画拍卖会上，我惊喜地见到了清水公照所作的俳句与赵氏所添汉俳书轴的彩色照片。我在确认了此作是在清水逝后，其家属转让给京都桂的美术商村山宅的作品后，随即买了下来。作为纪念汉俳最初的合笔，我将其视为无价之宝。

在近年出版的《日中文化交流》中，陆续出现了关于汉俳的记载。2005年3月下旬，时逢汉俳诞生25周年，北京召开了汉俳学会成立大会，现代俳句协会派了代表团参加。2007年4月中国总理温家宝时隔7年访日，在由5个经济团体主办的午餐会上，也发表了自作的汉俳。

（《书香》25，2008年3月）

第九节　唐代长安的景教碑与洛阳的景教经幢

2008年3月5日，在响流馆媒体大厅，我发表了题为"释迢空《死者之书》的周边——景教碑的两个模造石碑"的演讲，谈及了在安藤礼二所编的《初稿·死者之书》（国书发行会，2004），以及安藤解说的《光之曼荼罗》中提及的，于唐代长安树立的"大秦景教流行中国碑"的原碑所模造的两个石碑。此后，在葛承雍主编的《景教遗珍——洛阳新出唐代景教经幢研究》（文物出版社，2009）中，刊载了大量有关洛阳新出土的景教经幢的信息。我立刻在2009年后期的研究生院课程"中国中世的宗教文物"中，进行了详细的解读。幸运的是，博物馆使用本年度的经费，购买了这本景教经幢——《大秦景教宣元至本经期及书》的拓本，我随即写了一篇小论文，作为新收藏品的介绍。

◎释迢空《死者之书》的相关

我曾经在最终版《折口信夫全集》第13卷（中央公论社，1996）的月报上，写下了"《死者之书》与《身毒丸》"的文章。我从学生时期就爱读折口信夫（1887—1953）的作品《死者之书》，以及高安的长者俊德丸的传说为题材的短篇《身毒丸》这两篇文章。要说为什么喜欢《身毒丸》，是因为我出生在与谣曲《弱法师》的志泰俊德丸有渊源的、距河内的俊德道很近的地方。在1974年，中公文库的《死者之书》中，以"极乐之东门，向难波之西海，更有入日之影，翩然舞于空"（極樂の東門に　向ふ難波の西の海　入り日の影も　舞ふとかや）为开头，附上了刊载四天王寺的日想观往生这一风俗的"山越阿弥陀佛像的画因"，使我详细了解了折口著《死者之书》的背景。借此机会，我重读了《死者之书》，吃惊地发现与学生时代的印象已完全不同了。

在读到最初几节中，于二上山附近的岩洞中长眠的死者，是以大津皇子为榜样的滋贺津彦作为主人公时，我没有再像以前那样感动。但是，在读到第6节中，藤原南家的郎女从春分的中日开始，花费一年时间手写了一卷玄奘新译的《称讚净土佛摄受经》时，我有种不可思议的心悸之感，一下子就被吸引住了。我并没有对写经的行为产生共鸣，而是对在公元760年左右在日本首都奈良，开始了解学问和艺术之道的人士们，为了得到从唐朝传来的书籍，需要去到太宰府这样的设定感到钦佩。

中公文库版的《死者之书》以铅字放大改版时，我作为月报的执笔人而被征求了意见。我提出了加上《身毒丸》，以及将封面埃及王家山谷中墓穴壁画的摹本，替换为入江泰吉于夕阳燃烧的二上山所摄的漂亮照片——《大津皇子沉睡的二上》的提案，受到了采纳，并最终照此出版了《死者之书·身毒丸》（1999）。

在执笔月报后，我发现了两本关于折口《死者之书》的突破性著作，即富冈多惠子的《释迢空的笔记》（岩波书店，2000）和前文所提到的安藤礼二编的《初稿·死者之书》。富冈利用与折口同样的"大阪人"的地缘视角，提出了好几个新的见解。首先，富冈在折口的《释迢空的笔记》"笔记1：法名"一章中，发现他作为明治四十四年9月25日明信片的寄件人时，署名为"迢空沙弥"。这与他作为学者时所发论文，是用折口信夫的本名所写相比，将"释迢空"理解为其和歌人（文学者）的笔名（雅号），对此是应抱有疑问的。此外，富冈以冈野弘彦出席的在折口家的菩提寺、大阪木津净土真宗的愿泉寺所举办的折口13周年忌时，所见牌位的戒名（净土真宗法名）"释迢空"为旁证，断定"释迢空"为其法名。

富冈还推测，正是由于取了僧人法名，折口才在《自选年谱》上称其18岁进京时，与他同住的是"新佛教家"藤无染。藤无染（1878—1909）出生于西本愿寺的末寺西宝寺中，当时他以佛教清徒结成的佛教清徒同志会为主，发行《新佛教》等杂志的主张，与折口产生了共鸣。

安藤礼二在编辑《初稿·死者之书》时，将以释迢空的名义在《日本评论》上分三次连载的《死者之书》以当初的构成形式进行了编辑，其中收录了"死者之书·续篇"的（第一稿）、（第二稿）、（口笛）等。以青瓷社版（1943）为始的单行本《死者之书》分为20节，初稿《死者之书》的第一回"死者之书"的四节内容，对应了单行本的第6—7—3—4节的顺序。也就是说，与初稿相对比而言，我在阅读中公文库版《死者之书》时，是从第6节开始读的。关于这个改动，在最终版《折口信夫全集》第27卷卷末的改题中已经被指出，但是被我忽略掉了。

安藤在《初稿·死者之书》的卷末，继承了富冈多惠子的新说，加上其在早稻田大学所修考古学的经历，以"光之曼荼罗"为题，发表了解说。不久后，安藤发行了包括《光之曼荼罗》在内的庞大评论集——《光之曼荼罗——日本文学论》（讲谈社，2008），并在《灵兽——〈死者书〉完结篇》（新潮社，2009）中展开了充满魅力的构思。

安藤认为在"死者之书·续篇"（第二稿）中，大臣所参读的《西观堂纪》，应是折口创作的虚构作品，其原型是唐代长安建造的巨大石碑大秦景教流行中国碑，简称"景教碑"。景教就是基督教聂斯脱里派，意为"光辉宗教"，所以他以"光之曼荼罗"为题，探讨了《死者之书》的构思。比安藤更加确信这个景教碑的，为1910年在空海沉睡的高野山树立复制品的英国女性E.A.戈登夫人。

她认为佛教和基督教根本上是相同的，并且在杂志《新佛教》第10卷第8号上，以高楠顺次郎译文的形式投稿了《物言之石，所教之石》一文。因其备受瞩目，而让她与"新佛教家"藤无染的关系浮出水面，进而阐明了撰写《死者之书》和《死者之书·续篇》的动机。另外，这篇论文后被重编入E.A.戈登原著、高楠顺次郎译《弘法大师与景教》（丙午出版社，1909）单行本中出版，内容相同。

◎长安景教碑原碑与两个模造石碑

安藤礼二关注的石碑大秦景教流行中国碑，是记录基督教聂斯脱里派在唐代中国流行情况的纪念碑，现存于西安碑林博物馆。此碑在公元781年，立于唐代国都长安义宁坊的大秦寺；在明代末年的1625年，从该寺后建的金胜寺境内被发掘出土了。该碑的碑文由汉文和叙利亚文组成，所立的供养人是中亚出身的伊斯，汉文由大秦寺的僧侣景净所作。在碑文上记载了景教的简单教义，与公元635年阿罗本所传在长安第一次建造寺院后的变迁之事。此碑作为基督教向东方传道的最古老史料，很早就受到西方学者的关注。在此之后不久，景教的壁画和经卷也从各地遗迹中不断涌现出来，引起了西方人的关注。关于是否将景教碑移到基督教国家的讨论，也变得活跃了起来。

1907年，丹麦记者F. 霍尔姆（何乐模）在赴西安意欲收购原碑失败后，旋即邀请石匠在金胜寺境内建造了与原碑同等质量、重达两吨的仿造石碑。霍尔姆很自豪地说，自己花了三个月的时间才完成的仿造石碑，与原碑相较乍看之下简直是难以区分的杰作。因此，清朝政府对此有了警戒之心，将原碑移入碑林。仿造的石碑之后被放在特制的马车上运往郑州，通过京汉铁路运到汉口，在汉口税务关一度被扣押，不久便从上海运往了美国，最终作为附赠品，陈列在纽约大都会博物馆里。在霍尔姆的回忆录My Nestorian Adventure in China（1923）中，刊登了到达汉口站的两吨重仿造石碑被当地人围观的照片。在1917年以后，这个仿造石碑被安放在了罗马教皇厅所属的博物馆里。

霍尔姆仿造了缺少龟趺的等比例石碑石膏模型，按需求将其寄了出去。其中，所造的十几个模型于1913年赠予了日本京都大学。在纪念这些仿造碑抵达时，桑原骘藏做了题为"关于大秦景教流行中国碑"的演讲。桑原1907年在西安一带旅行，经历了中国官员把原碑上的龟趺迁往碑林和霍尔姆将仿造石碑从西安运到郑州之事。在此文中，参考了桑原骘藏《关于大秦景教流行中国碑》（《东洋史讲苑》，弘文堂书房，

1927）和桑原《考古游记》（岩波文库，2001）。

在赠予京都大学石膏模型之前，1911年9月21日在高野山奥之院树立有景教碑的模造碑。发起并出资模造石碑的，是在卸任维多利亚女皇的女官后，于牛津大学师从马克斯·穆勒①学习比较宗教学的E. A. 戈登夫人（1815—1925）。关于夫人一生的概况，中村悦子的《E. A. 戈登夫人的一生》（《早稻田大学图书馆纪要》30，1989）提供了相关信息。夫人在马克斯·穆勒处，与同门的日本留学生高楠顺次郎等人相识，这决定了她此后的生活。她在1907年8月以后经常来日本，并把被称为"日英文库"的庞大西方书籍委托给了日比谷图书馆。她始终致力于从各方面证明佛教与基督教的同根性，所以在高野山上树立了景教碑的仿造碑。她1920年再次来到日本，滞留于京都酒店，度过了埋头钻研的日子，并于1925年6月27日在该酒店去世。戈登夫人的葬礼在京都东寺以佛教礼的样式举行。她生前不仅在早稻田大学设置了"戈登文库"，在她去世后，同名的文库也在高野山大学建立了起来。中村在文中，还叙述了戈登夫人沉睡在高野山的景教碑旁配有八叶莲华十字架的墓地中。戈登夫人的馆藏著作，以景教碑的仿造石碑献给高野山奥之院时的照片作为图解，在横滨印刷，由丸善出版刊登了出来。

在戈登夫人逝世的当晚，高野山派了水原尧荣到京都酒店，意图复原纯粹的真言宗葬礼。戈登夫人的研究通过藤无染，对折口信夫《死者之书·续篇》的构思产生了深远影响。前文中的《灵兽——〈死者之书〉完结篇》是其前一年出版的

---

① 即弗里德里希·马克斯·穆勒，英国语言学家、印度学家。

雄文巨著《光之曼荼罗——日本文学论》中"二 光之曼荼罗"内容的延伸。

顺便一提，武内博编著的《来日西洋人名事典》（增补修订普及版）（日外アソシーツ，1995）的标题人名为"戈登夫人"。1918年1月7日探险家斯坦因在印度的克什米尔的斯利那加写给戈登夫人的信中，转述了牛津大学的塞斯教授在东京和京都讲授的新闻，同时，大致讲述了斯坦因第三次探险的概况，这应该是对希望了解此事的戈登夫人的回信。不过，这封信的开头是"Dear Mr.Gordon"，从斯坦因的这个称呼来看，"戈登夫人"应该是位男性。

◎唐代洛阳感德乡出土的景教经幢

F. 霍尔姆和E. A. 戈登夫人，分别于1907年和1911年仿造了景教碑。2006年，在洛阳的古玩市场上出现的唐代大秦景教石经幢，给予了专家以很大的冲击。

据上文葛承雍主编《景教遗珍——洛阳新出唐代景教经幢研究》中的说明：此经幢是模仿佛教经幢刻成的，为八面体筒形物，下半部分已失。单面宽14厘米，上半部分高84厘米，所刻内容为《大秦景教宣元至本经》和《大秦景教宣元至本经幢记》。此经幢是在元和九年（814）立于胡人墓主

洛阳景教经幢

的神道一侧，并于大和三年（829）举行了迁葬仪式。这是在大秦景教流行中国碑树立48年后的事情了。

根据洛阳市第二文物工作队的报告，古玩市场上出现的石经幢不是考古学家发掘出来的，而是1976年前后于唐代以粟特人为中心的胡人村落——洛阳县感德乡（现洛阳市洛龙区李楼乡齐村东南1公里处）的台地，在应对旱天而挖井的钻探调查中距地面2米多的地点偶然发掘出来的。最初放在村子的打谷场，之后保存在齐村小学的校园内，几年前被盗。

关于粟特人所信仰琐罗亚斯德教活跃于唐代中国社会的情况，文库版《隋唐帝国和古代朝鲜》（《世界的历史》6，中公文库，2008）卷末所附的砺波护著"作为文库版后记的第一部分补充"中的"从中国出土文物所见粟特人的活跃"，简单记述了山西省太原市和陕西省西安市等地研究者们的研究，都是很令人欣喜的。

在上文发表一年后，关于唐代胡人聚落的存在，洛阳龙门石窟研究院的张乃翥发表了《洛阳景教经幢与唐东都"感德乡"的胡人聚落》（《中原文物》2，2009）一文。张氏以从隋唐洛阳城东南一带、龙门东北方向的平原地区所出土的史乔如墓志、安思泰浮图、康法藏祖坟记、安菩萨墓志、阿罗憾墓志等诸多石刻为依据进行论述；特别强调了唐朝因对少数民族的怀柔政策而设置的"感德乡"，及景教经幢从"感德乡"出土的重要性。对于收集景教经幢出土情况也很热心的，是《唐代景教再研究》（中国社会科学出版社，2003）的作者林悟殊。

林氏在《唐代景教再研究》收入的《所谓李氏旧藏敦煌景教文献二种弁疑》一文，通过对羽田亨《大秦景教大圣通真归法赞及大秦景教宣元至本经残卷》(《东方学》1，1951)中对小岛靖请来的两种敦煌景教文献的内容加以探讨，得出了它们均为敦煌藏经洞所出的结论。这次从唐代的洛阳"感德乡"出土的《大秦景教宣元至本经》与《幢记》证实了林的见解是正确的，不应考虑以敦煌所出景教文献为据的羽田的论述。

(《书香》27，2010年3月)

第十节　大学图书馆的共生与特殊化

　　承蒙先前的介绍，我是大谷大学的砺波护。我的专业是东洋史，主要研究中国隋唐时代的历史。因此，我所处理的文献是以汉籍资料为中心的。虽然不知道在图书馆中汉籍藏书占了多少位置，但我觉得它们是特殊的存在。在一年前，私立大学图书馆协会关西地区部会研究会的轮值学校被指定为大谷大学时，我接受了在会上做主题演讲的委托。虽然我对图书馆机构并不太能够介绍清楚，但我自己在进入大学后所受的最大恩惠是从图书馆获得的。当时我想，如果自己所讲的内容能作为专业人士的一些参考就好了，所以不假思索地接受了委托。今天所提出的"大学图书馆的共生与特殊化"这个题目非常大，针对今天的这个主题，恕我不能马上给出答案。与其在这里进行这些抽象的表述，不如我结合进入大学以来自己的个人经验，尝试着先讲解一下大学图书馆与我的故事。

　　在接受演讲的邀请后，我开始关注大学图书馆的现状。我看到在《日本经济新闻》上以"大学图书馆，竞争地域贡献"为题，刊登了校外利用大学图书馆的人数突破100万人的报道。这使我充分了解到，最近的大学图书馆不分国立私立，对外保持开放都是其一大使命。此外，我又发现了长尾真监修的《大学生与"信息的活用"——信息探索入门》（1999，2001年增补版）这本书，我买来读了一下。这本书的发行方是京都大学图书馆情报学研究会，经销方是日本图书馆协会，内容是京都大学全学科的系列课程。读了这本书后，我发现最近的大学图书馆与印象中的图书馆大不相同，利用它们的学生基本上都不是文科生而是理科生。但是，和像我们这样以汉字为对象在图书馆中寻找资料的人不同，在最近的所谓信息化社会中，图书馆与信息学领域保持着非常紧密的关系。我对于自己进入到了这样的时代而深感焦虑。这本书的执笔者中有很多人我都认识，所以读起来非常有意思。同时，我切实地感到自己已经是一个老辈人了，真的是在喋喋不休中不断地适应着时代的变化。

首先，我想以"大学图书馆和我"为主题，就我自身决定开始学习东洋史专业和汉籍接触以来，所经历的各种各样的感受与遇上的事情等进行说明。

我是在1956年进入京都大学文学部学习的。在当时，一年级学生是在教养部的宇治分校学习。这里是以前的火药库与兵舍遗址上所临时建造的教室，在那个火药库有一半地方还驻扎有自卫队。现在的京都大学宇治校区，林立着理科化学研究所等美丽的建筑，但在当时真的很小。在此之中有一所叫宇治分室的图书馆，与高中的图书室相比，都绝对不能说是好的。等过了一年级后，我搬到了吉田校区，那里的图书馆是旧制三高的，虽然是同一所大学的分室，但是情况却发生了很大变化，很令我吃惊。再后来，到了大学第三年决定专业时，我选择了史学系的东洋史。这样一来，光史学专业就有一整座建筑，由国史、东洋史、西洋史、考古学、地理学等的各教研室分属，还有被称为陈列馆的建筑，所以有着足够的图书资料室。特别是在东洋史的书库一角，桑原骘藏老师将自己的藏书全部捐赠给了大家，其中还有很多西洋图书方便大家取用。桑原骘藏是桑原武夫（法国文学学者）的父亲，在他所捐图书中不仅西洋图书非常丰富，还有老师平时治学使用的所有图书，对学生来说是非常有益的。

这个图书馆，在当时发行书名上写着"第一"的《京都大学文学部所藏汉籍分类目录　第一》，关于这一点，我想详细说明一下。实际上，在这本目录中没有收录史学科的汉籍。在当时的京都大学文学部中，虽然同属同一所大学的同一个学部，但是哲学科和文学科使用的是同一个图书室，只有史学科有独立的图书室。不仅如此，在哲学科、文学科的图书室和史学科的图书室里还收藏了其他分类的图书。因此，出现了这样的图书目录本来应该是方便检索图书的，但是对于研究东洋史的人来说，平时是没有什么用处的。

在大学院课程结束后，我成为位于京都北白川的京都大学人文科学研究所（以下简称"人文研"）东方部的助手。在此前，我作为研究生参加过在这里召开的研究会，但此时是作为助手在这里工作。在1965年，人文研开设了东洋学文献中心，它是在日本全国选出的，五个用特别预算所设置的藏有丰富东洋学文献的研究机构之一。在我进入这里之前，《京都大学人文科学研究所汉籍分类目录》的上、下两册，就已经出版了。人文研在东洋学方面，以世界上屈指可数的汉籍文献收藏数而自豪，对于所藏书目的整理在当时已经进展到了最后阶段。这个目录的名称不是《汉籍目录》，而是《汉籍分类目录》。汉籍的分类有着千年的传统，从中国的隋代开始以分类法（四部分类）将汉籍分类为经、史、子、集四部。我想从事编辑这种目录的工作人员和兼职人员是十分辛苦的。另外，人文研还收录了《东洋史研究文献类目》，自从成立了东洋学文献中心就被称为"东洋学文献类目"。它不仅包含了日本国内，还囊括了中国与全世界的东洋学相关文献，每年都会印刷出版一本。在人文研中，直到现在还持续着这样的工作。

关于图书的分类，在图书馆中应该对十进分类法比较熟悉，但是我想很多人都对汉籍分类法束手无策。所以研究人员在整理汉籍时需要一定程度的帮助，需要配有专职的助手、助理教授等。但是当时因大学里发生了纠纷，图书馆的业务发生变化，研究人员与一般的研究助手相比有了一些差距，负担很重。于是，为了实现负担的平等化，决定成立委员会来处理。因此除了此前的图书委员会以外，还设立了汉籍委员会、类目委员会这两个委员会，一共有三个委员会。这三个委员会同时工作，图书馆的业务也得以顺利进行。图书委员会以负责购买书籍为中心，但如果想要编纂汉籍目录或是每年向世界提供分类研究书目，会产生很大的负担。因此，后来决定以东方部的助手为中心来分担部分工作。我加入汉籍委员会后，就承担起了收录卡片的工作。我的工作是把新入汉籍的信息登录到卡片上，然后把图书卡放进去。不过，这其实是比较轻松的工作。之所以这么说，是因为进来的汉籍大多都是翻版书。因为是翻版书，所以很多书都已经有了书籍信息。如果把原本的卡片信息照样填写的话就省事不少。

像这样的判断该如何将图书馆购入图书摆放进合适位置的经验，由我自身来说是受到了图书馆教育层面所带来的恩惠的。我在此后于神户大学工作期间，就立马用上了这个经验。在我转任神户大学文学部助理教授期间，那里开始了《神户大学附属图书馆汉籍分类目录》的编纂，我分担了其中的一部分，负责在汉籍委员会时所从事的编写收录卡片的工作。神户大学的图书馆是大学整体的附属图书馆，文学部有着图书馆的分室。这里的《神户大学附属图书馆汉籍分类目录》，不只是将附属图书馆里，还将文学部与当时的教养学部等部分地方的汉籍都编入了其中。

在这之后，当我回去时，人文研已经开始进行编纂《京都大学人文科学研究所汉籍目录》的工作。与在我入职前完成的《汉籍分类目录》相较，这次工作去掉了"分类"两字，是将汉籍按图书馆现在排架顺序进行编纂。想来大家对图书馆以内容分类与以排架顺序分类是较为熟悉的，在此就不过多介绍了。

《京都大学人文科学研究所汉籍目录 上》就被放在了本次会场上，敬请观赏。本书共有1400多页，用非常细小的汉字印刷而成，编纂时的工作量很大。公立大学有年度预算，须以此为标准制作图书。正因如此，如果想要制作大型图书，就会出现各种矛盾，这件事容后再谈。

我在人文研待了25年，之后转入文学部从事普通的教育和研究工作，并被任命为《京都大学百年史》7卷本的编撰专任委员。我在文学部待了10年，其间经常在附属图书馆开会。当成为文学部的图书委员时，我率先提出哲学科、文学科、史学科在图书分类上进行统一，并且把至今为止分开的藏书场所合为一个，即将文学部的图书馆合为一个。这个提议引起了纷纷扰扰的议论，但是结果却并不顺利。上述的机构之间，很难在一起共生。近百年来，因各教研室的历史原因所形成的分类，是很难进行改变的。而且，在京都大学文学部的实际环境中，研究中国哲学、中国文学的人使用的书籍，与研究东洋史的人使用的书籍，虽然放在同一个书库里，但却摆在了不同的地方，这已经形成了一种无法合并的状态。

但我作为百年历史编纂委员会的编辑主任，就必须关注包括理科在内的各领域，甚至到后来，我作为文学部部长和图书馆商议员，肩负起了全校图书馆业务信息化的职责。这样的经历，使我感受到大学图书馆的共生，即使是在同一所大学里也是非常难的事情。

关于图书馆的共生还有一个问题，那就是与博物馆的共生。京都大学原本只有文学部博物馆，没有全校的博物馆。后来在计划修建全校博物馆时，经过十年的讨论终于有了预算和定员，最终在面向东大路的地方建成了综合性的博物馆。那是在我当文学部部长时候的事。正如刚才所说的，当时我正在编写《京都大学百年史》，搜集了很多相关资料。因为一旦搜集的资料又被分散的话就太可惜了，所以决定无论如何都要修造起"文书馆"对其进行保存。

原本图书馆是有着悠久传统的，但现在本属图书馆的业务、博物馆的业务、文件馆的业务以及其他业务等，都要由图书馆来承担。在这种情况下，在建立综合博物馆的同时，我受当时的京都大学校长长尾真的委托，为建造大学文书馆贡献了力量。于是，大学文书馆也随之成立了。然而，建立起来简单，但如何做到彼此之间的共生是很难的。从图书馆到博物馆，其间还建成了文书馆。如果提出要推进这些机构合作的话，反而会有更多的人反对，甚至会出现业务迟迟无法展开的情况。

大谷大学也建造了名为响流馆的新建筑，其中包含了图书馆，但最早是以博物馆为开端的。因以博物馆为开端，所以每年都要举办几次展览，同时也发布了馆报。作为图书馆的馆报，京都大学有《静修》，大谷大学有《书香》。《书香》因是从博物馆发起的，同时作为图书馆、博物馆的馆报。截至目前，我在《书香》中，连续两号发表了《大谷莹诚与神田喜一郎》（第20号）与《北京版〈西藏大藏经〉运抵日本的经过》（第21号）两篇文章。但是这两篇文章的原稿原本并不是作为图书馆的原稿，而是在开馆时为博物馆所作的原稿。此外，还存在着图书馆的分管业务与博物馆的分管业务之间的问题。现在在学校内部，设立了图书与博物馆课，由同一个课长管理。如果分离的话，即便是大谷大学也很难搞好关系，结果可能会变成互相主张各自的权利，并委托给对方很多事务。虽然有点难以启齿，但京都大学自从建了博物馆，图书馆和博物馆的业务就很难进行下去了。因此，展览会等活动也出现了该在哪里举办的问题。

总之，我觉得大学图书馆的共生和特殊化有两个意义。大学的全校图书馆和各学部、部门图书馆能否共生是个问题。此外，还存在图书馆与校内其他设施的共生问题。除图书馆外，博物馆、文件馆、情报学中心等机构，在大学中也有所增加，这样的话图书馆也就成为信息机构的一部分。以我自己的亲身体验来看，图书馆、博物馆、文件馆等设施之间的共生会非常困难。

从我的专业来看，我想举一个图书馆无法共生的具体弊端之例。刚才说的《京都大学文学部所藏汉籍分类目录　第一》是"分类目录　第一"。但是，"第二"很难出现的最大原因，是东洋史研究部门没有得到其他部门的协助。因此，在这次出版的《京都大学文学部所藏汉籍目录》中就没有"第一"两个字。不仅书函背面，书的扉页也没有"第一"字样。也就是说，本次书目囊括了京都大学文学部的所有汉籍。如果有"第一""第二""第三"的话，我想就不会引起这样的误解。

但是，这个目录的日语和英语是两种意思。目录的英语是"A Ccmplete Catalogue of Chinese Books in the Library of the Faculty of Letters，Kyoto"University.vol写着"vol. 1"。从函和封面上删掉的"第一"，在英语的内页上却好好地残留着，而且在后面写有"Classified and compuiled by the Department of Chinese Philosophy and Literature"，"History"在哪里都没有写。所以，如果仔细分辨的话，就可以知道这个目录不是文学部全部的综合目录。事实上，昨天图书馆的人用数据库的NACSIS Webcat查了这个目录。经查询，仅仅有最初的"A Commplete Catalogue of Chinese Books in the Library of the Faculty of Letters，Kyoto University"这样的记载，vol.1也就是说没有"第一"。而且，这本书在剑桥大学、牛津大学、爱知教育大学等，都是以这样的形式收录的。如果一个人什么都不知道，在英国看到这个目录的话，就会觉得京都大学文学部所有书籍都被收录于此了吧。比如刚才所说桑原骘藏的桑原文库中的书，作为学生频繁利用的书，就没有被收录在这个目录里。所以说像是这样的书，不能说不是京都大学所藏的书籍。对于目录的更改、篡改，都是这样的问题引起的。但是，如果在"第一"之后立马出"第二"的话，就不会有问题了，我想这都是学科同事间无法共生所带来的弊害。

截至目前的《京都大学人文科学研究所汉籍分类目录》和《京都大学人文科学研究所汉籍目录》，二者存在着有无"分类"二字的区别。最初的《分类目录》是1963年和1965年出版的，之后的《汉籍目录》于1979年和1980年出版。这两个书名很相似，如果不注意"分类"二字的话，只要有后出版本前面的《汉籍分类目录》也许就被认为是不需要的。其实两者都很重要，因为它们不只是排架目录与分类目录之间的区别。也许是与年度预算有关，后者目录有很大缺陷：舆图被剔除，美术作品、拓本部分（已进入分类目录）也全部被删掉了。如果不删减的话，就不能收到一千四百页了。从目录上来看是有地图部分的，但在正文的"舆图之属"上写着小字"阙"。不只是对中国的历史，对于研究文学、思想而言，地图都是很重要的。包括杨守敬的舆地图，以及各省地图在内的地图，对它们的收藏情况进行了解与把握是很重要的。但是，这些东西却从这个目录中消失了。而且，在次年出版的下卷《书名通检》，也就是索引篇的跋文中，只是轻描淡写地谈到了这件事。在《京都大学人文科学研究所汉籍目录》的第三个段落如下：

　　　　关于史部第十一地理类的舆图之属、子部第九艺类的书画之属，这样的实作，停止其著录。另外，拓本类也没有收录。一是因为它们在通常意义上是否是属于"汉籍"，不能说没有丝毫的疑虑，所以应再加以判断。另一方面，关于这些著作，本研究所的收藏量相当大，对它们分别制作目录的方法，也被认为应是对利用它们的人提供了便利。

这是上卷最开始应该提到的"凡例"，在稍迟一年的索引上被简单地写了出来，我觉得有些不够坦诚。而且，即使是到了今天，地图和拓本等还没有被收录。这个可以说是欺骗了吧。

我想不仅仅是在自己的大学内部，如何与大学外图书馆的共生也是一大问题，特别是其他大学和研究机构间共同利用、相互利用的问题。此外，还有因为购买大型收藏品所带来的共生的情况。因为大家都有预算问题，所以各大学、各部门都买大型收藏品是不可能的。但是，研究者们都想把几套大型收藏品放在身边，也就是希望它们都放在同一所大学里。就这一点来说，比如大谷大学有的《西藏大藏经》，除了中国外，就只有巴黎的法国国家图书馆与大谷大学有这样的善本书籍。这种贵重的东西，如果只是收藏而不提供给学术界进行研究的话，就没什么用。大谷大学在铃木大拙和山口益这两位国际学者的声誉下，从财界筹资完成了对于《西藏大藏经》的复制，使得其他大学也可以对其进行利用了。

但是，像这样大型藏品收藏在哪里的问题，需要考虑到教育活动与研究者个人主义间的平衡，我觉得会很难。比如说，有大公司给我买了套大书，那这套大书即使摆放在社长室里也不会被人翻阅利用，所以如有大学能很好地推动合作的话，我就可以从那家公司利用到了。作为学者，都想要将一些专业图书放在自己部门的图书馆，而非没有研究人员的大学附属图书馆里。这样的事情，不仅是在文学部，在人文研中也存在这样的想法。这虽然是研究者的个人主义，但是也有排除研究者的个人主义就无法进行研究的情况，所以很难平衡这一点。

我刚才说的是同一种类的其他大学和其他研究机构的共同利用、相互利用，或者通过购买大型藏品的共生情况。如何与其他种类的图书馆、公共图书馆和专门图书馆建立合作关系，这也是基于彼此的信赖，如果没有信赖的话，就无法合作，这是很重要的。

最后，我想借此机会发表一下我对文库与收藏品的意见。文库和收藏品，有购买的，也有接受捐赠的情况，我希望能进一步推进通过收藏来发挥图书馆的独立性，也就是说特别化。我觉得可以与收藏家及其子孙建立起信赖关系，来收集这些收藏品。可以举与我有很深关联的贵重书籍、珍藏本的藏品——近卫文库为例来说明。建在仁和寺旁近卫家的阳明文库，是捐赠给了京都大学的文库。大谷大学有以神田香严、神田喜一郎的旧藏书所建的神田文库，该文库收集了非常贵重的书籍。图书馆能收到这些书籍的机会是很难得的。在个人藏书中，京都堀川通的古义堂文库就很有名。古义堂是由伊藤仁斋、伊藤东涯父子主持的市井学塾，有着很高的学术水平。该文库被天理大学收藏，并著录了《古义堂文库本目录》。还有在内藤湖南的藏品中，国宝级的珍品被收入了武田药业的杏雨书屋，较为普通的书以内藤文库的形式收入关西大学。希望各大学给予关心的不仅是珍贵书籍，同时也能关注收集常见书籍。先前所提到的桑原文库就是这样，那时研究者持有的书籍会被原封不动地移送出去，所以我才会有这样的担忧。

以上是从我的专业中引申出来的偏颇之语。我在这里提出的建议是，因大学图书馆的特殊性，大多数是很难进行共生的，期待私立大学图书馆在保持共生与特殊化平衡的同时，也能为教育和研究提供帮助。谢谢大家聆听。

（《私立大学图书馆协会会报》124，2005年9月；本书收录时有大幅修改）

第十一节　神田鬯盦博士所赠两种图书善本书影的解说

1. 约翰·纽荷夫著《东印度公司使节团访华纪实》

本书的作者纽荷夫（Joan Nieuhof，1618—1672）出生于西弗里西亚^①，本书原名《近代中国皇帝、伟大鞑靼的顺治帝的使节报告》。他于1653年到巴达维亚^②的荷兰东印度公司赴任，1655年7月中旬到1657年3月末，为了请求与顺治帝统治下的清朝通商，荷兰派了佩特尔·戈耶尔和可苦·卡泽尔两人作为正式使节的使节团到北京，纽荷夫作为式部官随行，于1671年回到荷兰本土。据说，他于1672年在马达加斯加遇害。

本书由两部分组成。前半部分是使节团随行记，后半部分是根据其在中国停留的一年半期间的见闻，所撰写的中国总志，由19项组成。书中附有丰富的铜版画，作为西洋人视角描写的清朝时中国社会实情的图书，包含了珍贵的史料。

在使节团抵达北京的第二天，访问礼部尚书的时候，坐在

① 西弗里西亚群岛West FrisianIslands，（荷兰文：瓦登群岛）位于荷兰北部海岸外，属于荷兰王国。

② Batavia，今雅加达。

他左边进行翻译的是汤若望①。使节团向顺治帝提交了巴达维亚总督的信，作为荷兰国王的亲笔信。在他们1656年10月16日从北京出发时，朝廷下达敕谕作为嘉奖，将礼部所奏五年一次的朝贡，改为八年一次。此敕谕收录于《大清历朝实录·世祖章皇帝实录》卷一百〇三"顺治十三年八月甲辰"条中。

本书也被称为《东印度公司派遣中国使节纪行》，以荷兰语撰写，于1665年在阿姆斯特丹出版后，立即被翻译成了欧

《东印度公司派遣中国使节纪行》书影

---

① 汤若望（Johann Adam Schall von Bell，1591—1666），字道，神圣罗马帝国科隆（今德国科隆）人，耶稣会传教士，天主教耶稣会修士、神父、学者。在中国生活47年，历经明、清两个朝代。逝世后安葬于北京利玛窦墓左侧，在康熙朝封为"光禄大夫"。

洲各国文字：1665年被翻译成法语，1666年被翻译成德语，1688年出版了拉丁语版，1689年出版了英译版。正是因为出自霍尔尼乌斯（G.Hoenius）的拉丁语翻译，才涉及神田博士旧藏的这个版本。顺便一提，将此书翻译成英文的奥吉比尔（John Ogilby，1600—1676），还出版了蒙塔努斯（Arnoldus Montanus，1625—1683）的《东印度公司派遣日本使节纪行》（*Ambassades de la Compagnie Hollandoife des Indes d'Orient，vers L'empereur du Japon*，1686）的英译本。

这本原用荷兰语写成的书，传到了当时处于闭关锁国的日本，在兰学学者中进行了传阅。在幕府末期世界地理书的最高峰著作——山村才助的《增删订采集异言》（1802）开头刊登的引用书目中就有：

秦使中国行程记　和兰加比丹撰

东西海陆纪行　同人撰

前者即为本书。这两本书都是山村从杉田玄白处借来的。山村才助概括这两本书，写成了六卷《东西纪游》，遗憾的是卷三、卷四都已遗失了。

2. 基歇尔著《中国图说》

本书直译为《中国宗教世俗纪念物与各种自然、技术奇观及其有价值的实物材料的图说　莱昂纳多一世的援助》。

被称为德国万能学者的基歇尔（Athanasius Kircher，1602—1680），出生于赞森·魏玛大公国（Sachsen-Weimar-

Eisenach）的富尔达（Fulda）^①附近。在其1618年初等教育结束后，马上加入了耶稣会，在维尔茨堡大学等地教授哲学和数学。终于，在避开了三十年战争后，居于法国的阿维尼翁。1635年搬到罗马，在当地的大学教数学8年，之后在哈布斯堡家的斐迪南三世（Ferdinand III，1769—1824）和利奥波德一世（Leopold I，1640—1705）等有力支持者的庇护下，开始了精力充沛的著书活动，最终于罗马去世。其研究活动与著作涉及音乐、考古学、语言学、天文学、东洋学、博物学等令人惊叹的广泛领域，几乎每三年就发表一部不同领域的著作。他用拉丁语撰写的著作接近40种，插入了很多铜版画，《中国图说》（*La Chined Athanase Kirchere*）也是其插图论著之一。

本书由"第1部　叙利亚、中文碑的说明""第2部　赴中国的旅行者""第3部　西方经波斯、印度传到东方的偶像崇拜""第4部　中国的奇异自然与文化""第5部　中国的建筑与技术"五部分组成。其中介绍和研究明末发现的大秦景教流行中国碑的第1部，得到了《中国植物志》的作者卜弥格^②（Michel Boym，1612—1659）的帮助，以及汤若望、卫匡国（Martino Martini）^③等耶稣会传教士提供的信息和史料。基歇尔的宗教、语言研究都是口述编写的。例如，图解所载的人物像，是基歇尔教授数学的学生卫匡国根据《中国新图》，也就是布劳（Bleau）中国地图的题记的装饰画，进行描绘的。第3

---

① 现德国中部城市，卡塞尔行政区黑森州富尔达县首府。

② 波兰耶稣会传教士，被誉为波兰的马可·波罗。

③ 即卫匡国，原名马尔蒂尼（Martino Martini，1614—1661）。

基歇尔《中国图说》书影

部分是研究偶像崇拜，第5部分是围绕对汉字的检讨，认为中国
文明起源于埃及而展开的。

　　本书用拉丁语撰写，1667年于阿姆斯特丹出版。同年，另
一版本在安特卫普（实际上是阿姆斯特丹）出版，1667年被翻
译为荷兰语，1670年被翻译为法语，都是与原版同一出版社发
行的。奥吉比尔的英语翻译是抄译，附在纽荷夫的《东印度公
司派遣中国使节纪行》中。

本书在出版后的几十年间受到了很高评价。虽然有影响力，但内容全部都是基于很多传闻与荒诞无稽的奇谈。1735年，法国耶稣会士杜赫德（Jean-Baptiste Du HaIde）《中国全志》[①]全四本出版后，本书作为不可靠的志书而被无视了。自20世纪80年代以来，它又被重新审视，在喜马拉雅学史上本书的价值也得到了认可，1979年在尼泊尔加德满都出版了安特卫普版复刻本和一部分英译。

（《大谷大学图书馆藏神田鬯盦博士寄赠图书善本书影》，大谷大学图书馆，1988年10月）

---

① 即《中华帝国全志》，全称*Description géographique*，*historique*，*chronologique*，*politique et physique de l'empire de la Chine et de la Tartarie chinoise*（《中华帝国及其所属鞑靼地区的地理、历史、编年纪、政治和博物》）。

第三章　京洛的书香

——·

在卷首收录的关于内藤湖南的三篇文章，投稿于鹿角市内藤湖南先生显彰会刊《湖南》和书论研究会刊《书论》，其特点是将焦点放在内藤湖南作为知名作家的一面上。接下来是关于宫崎市定到巴黎收集，随后又捐赠给京都大学附属图书馆的西洋版地理书和古地图的演讲录。最后是有关汉字文化的文章。

第一节　内藤湖南的欧洲行纪

从1996年10月1日起，作为内藤湖南诞生130周年纪念活动之一，在秋田县鹿角市先人表彰馆举办了以"照片中看内藤湖南的生涯"为主题的6个月的特别企划展。同名的纪念写真杂志，以A4版12页的规格被制作了出来。同年11月24日，于十和田公民馆召开了文化演讲会，我作为讲师被邀请以"现在为何是内藤湖南"为题，介绍湖南在国际上一直受到的高度评价。

在此后的5年间，湖南有两本著作被翻译成中文：内藤湖南著，储元熹译《日本文化史研究》（商务印书馆，1997）；内藤湖南、青木正儿著，王青译《两个日本汉学家的中国纪行》（光明日报出版社，1999）。后者将湖

内藤湖南

南的《燕山楚水》与青木正儿的《江南春》《竹头木屑》合为一书。

1996年12月，日本NHK教育电视台播放了《超越日本的日本人——复苏的中国学者内藤湖南》。次年，《纪伊国屋书店录像评传》系列的《学问与热情》第1期全10卷本中的第6卷选取了内藤湖南作为对象。在2001年，由谷川道雄主持的内藤湖南研究会编著论文集《内藤湖南的世界——亚洲再生的思想》（河合文化教育研究所）出版了。我也在今谷明他编的《20世纪的历史学家们（2）》（刀水书房，1999）中，执笔《内藤湖南》一章；并在京都大学学术出版会发行的《京大东洋学百年》中，对秋口的六十页《湖南传》原稿中关于湖南京都大学赴任的普遍说法提出了修改意见。

就在11月的下旬，我在神田的古书店见到了以在《内藤湖南全集》未收录的湖南毛笔书简十封为主，另有桑原骘藏一封、今西龙三封、稻叶岩吉（君山）十三封书简，合计二十七封的书简，被装订题名为《弥高集》的13米多的长卷轴。我欣喜非常，斥巨资购入。

于此几天后，我在另一家古书店的藏品目录中，发现了自我学习东洋史以来就在寻找的书——《泪珠唾珠》，并有幸得到了它。在1897年出版的《泪珠唾珠》，是内藤湖南唯一以"黑头尊者"的笔名所写。与其同年出版的《近世文学史论》与《诸葛武侯》二书，我在学生时代就已拥有了。至此，我多年的愿望终于得以实现。题名为"弥高集"的书信集一直保存在湖南的女婿鸳渊一（1896—1983）家中。顺便说一下，《内藤湖南全集》第14卷所收录的书信中，并没有写给鸳渊一的，但在"弥高集"卷首湖南的第一封书信的信封正面写着"从上海出发乘坐诹访丸的鸳渊一",背面写着"京都大学内藤虎次郎",正文末尾的日期写着大正十三年（1924）"六月十八日"。这封信的内容是：湖南原本去美国的巡访计划，与石滨（纯太郎）等乘坐改为稍后一班的"伏见丸"号，于7月6日从神户起航。

1923年3月，湖南因患胆结石病，在京都大学附属医院接受了胆囊切除手术。1924年，年近花甲且京都大学退休在即的湖南，到欧洲进行学术考察旅行，其长子乾吉和石滨等随行，于1925年的2月3日回到神户。这次长达7个月的旅行的学术成果，是先前已公开发表的线装本汉诗集《航欧集》，与收录在《目睹书谭》中的《欧洲所见东洋学资料》（《全集》第12卷）。关于此次旅行的详细经过，在《全集》第6卷中首次公开的《航欧日记》与第14卷中收录的寄给署名郁子夫人、大谷莹诚等的29封信中有生动的描写。我们也因这些描写，而对这次旅行有了进一步的了解。《航欧集》（私家版，1926）的扉页是黑白色，而在《内藤湖南》（中央公论社，1971）上，采用了彩色版富冈铁斋（1836—1924）所画纸本淡彩《艤槎图》作为扉页，这是铁斋在7月湖南父子出发时钱别所赠画作的复印件。画中所绘的是父子同船的情形，画得很像戏画风；画中乾吉的头上放着三个卷轴，膝前放着葫芦。但是，因为时年89岁的铁斋，在当年除夕突然去世，所以没能听到湖南等人此行的逸事。

我从《弥高集》的第一封给鸳渊的信中首次知道，湖南的原计划是要先去美国再去欧洲。在《弥高集》中的第11封信，是桑原骘藏6月9日寄给鸳渊的长信：

敬启：

　因欧洲游学时间迫在眉睫，我担心您很忙，内藤博士受美国移民问题的影响，出发时间比预定的晚，应该是在7月上旬前往美国……

1924年5月15日，美国议会通过了排日移民法，并于当年7月1日起施行，所有日本人都被禁止入境。这项法令被废除是在40年后，即1965年。因此，湖南放弃了经由美国到欧洲旅行的想法，改为乘坐"伏见丸"号直抵欧洲。从神户出发，湖南经过门司到达上海时，受到了鸳渊等人的迎接。湖南与改变了计划的鸳渊在上海会合，一起出发前往欧洲。

湖南一行人经香港、新加坡，过印度洋、红海，于8月11日到达苏伊士后，转乘汽车驶向开罗，在那里住了一夜。第二天，他们乘坐汽车和骆驼游览了金字塔，在狮身人面像面前，他们和"伏见丸"号的约30名同游者拍了合照，并唱起"不顾太阳，在斯芬克司风汹涌的原野上几经岁月"的歌谣。

湖南一行在17日中午登陆马赛。据《航欧日记》记载，湖南在日本料理店吃了晚饭，乾吉受石滨、鸳渊的邀请，前往别处娱乐。湖南一行于当晚乘火车前往巴黎。

在纪念杂志《照片所见内藤湖南的一生》中，在狮身人面像前面戴着头盔、骑着骆驼的湖南等人的合照，被题为"大正十三年七月写送内藤湖南博士赴欧洲"，与富冈铁斋的《艤槎图》一同刊载。令人感到惊讶的是，在1936年，当时还年轻的内藤湖南的学生宫崎市定，作为文部省驻外研究员，在前往法国途中与高滨虚子、横光利一等"箱根"号一行诸人在金字塔前拍摄合照，与当年骑着骆驼的湖南等人竟然完全一致。

（《湖南》22，2002年3月）

第二节　内藤湖南的《华甲寿言》

在2008年10月，作为时隔良久后在京都大学举办的日本中国学会第60届大会纪念活动的一环，京都大学文学部和人文科学研究所共同举办了题为"京大中国学的源起"的展览。会场设在了京都大学100周年钟楼纪念馆一楼历史展示室内的企划展示室，展出了13件文献和资料。其中包括人文科学研究所藏的内藤湖南旧藏、章炳麟（1869—1936）以白话文所书的《佛学手稿》真迹，以及最为华丽的文学部藏、内藤湖南所书正面条幅——《华甲自述》诗两幅。

《华甲寿言》书影

湖南的出生年月日是庆应二年丙寅七月十八日（1866年8月27日），在《内藤湖南全集》第14卷的《年谱》中明文记载的"庆应二年丙寅（1866）

八月十七日"是错误的。所以，湖南迎来花甲是在大正十五年（1926）丙寅的夏天。根据大学退休制度的内部规定，他应该在8月30日退休。在之前的5月下旬，召开了湖南的花甲庆祝会，在会上发表了由弘文堂书房发行的《内藤博士花甲祝贺中国学论丛》。出席庆祝会并为纪念事务而筹措资金的人士，在9月中旬收到了线装本私家版《华甲寿言》。卷首印有湖南手书的《华甲自述》诗二首，以及赵尔巽、傅增湘赠送的祝贺诗画。此外，国内外朋友寄来的诗文也被印在里面。《华甲自述》诗二首，是押赵尔巽贺诗的脚韵而成的。

《华甲寿言》的体裁，与将在下个月出版的线装本私家版《航欧集》完全相同。在《航欧集》的卷首上，印有题赞为"大正十三年七月写 送湖南内藤博士赴欧洲艨八十有九叟 铁斋百炼"的富冈铁斋《艨艖图》、湖南手录《航欧集》律诗十五首，在之后还有寄给友人的送别诗，与伯希和、董康等人往来的书信等。

所谓"航欧"，正如在拙稿《内藤湖南的欧洲纪行》（《湖南》22，2002）中论述的那样，是指在湖南年临花甲、从京都大学退休在即时的1924年7月到次年2月的欧洲学术调查旅行。《航欧集》中的律诗十五首，是押铃木虎雄所赠送别诗的脚韵而成的。顺便说一下，在《内藤湖南全集》第14卷的《著作目录》中，虽然提到了《航欧集》，但却没有提到《华甲寿言》。

话说回来，在湖南即将迎来花甲的大正十五年八月左右，昭和天皇病情恶化的情况被世人广知。大谷大学的安富信哉，在经历了1988年秋天天皇病情恶化时极度自我克制的社会气氛后，为了了解持有不拜神祇传统的真宗门徒，在大正末年是如何安身的，在对当时的宗教新闻《中外日报》上的报道调查后，发表了《日本风景中的真宗》（《三河别院报》5，1989）一文。

安富关注的报道之一，是湖南的论说《神社问题及其他——特为促进青年真宗门徒的反省》（《中外日报》1966年8月13、14日）。当时，政府为了思想导善，计划以联合神道、佛教、基督教三教的构想，在第二次宗教法案上提出议案。内藤用充满责难的口吻说："曾经发生过高等学校的教师不参拜天皇陛下肖像的问题，现在的真宗门徒也会再次采取这种态度吗？另外，其他佛教宗派的人因为这个神社问题，也都附和真宗而议论纷纷。"安富如此描述道。

安富提出的湖南论说，没有收入《内藤湖南全集》中，这只是单纯的遗漏吗？如果是其青年时期刊登的所载不详的评论的话，还能说得过去，但我并不认为这种年近花甲时的主张是被无意中漏掉的。我通过缩微胶卷及前后两次阅读这篇论述后判断，可能是后来湖南自己将其废弃了；或者是因《全集》编辑者神田喜一郎和内藤乾吉的考虑，有意将其从《著作目录》中删除了。

（《湖南》29，2009年3月）

第三节　内藤湖南的汉诗文

因纪念编集发行机关杂志《书论》的书论研究会（杉村邦彦任会长）成立40周年，而举行的第34届大会，以"京都学派及其周边"为主题，于立秋前的2012年8月5日，在临近银阁寺道的白沙村庄桥本关雪纪念馆召开。除了演讲和发表研究成果外，还展示了关西大学内藤文库和狩野直祯、杉村邦彦两位所藏的遗墨等资料。我在会上发表了题为"湖南与君山等"的演讲，以下是该演讲的一部分。

十年前我从京都大学退休时，在京大会馆召开的史学研究会大会上，就对赖山阳给内藤湖南带来的影响以"山阳与湖南"为题进行了演讲。此次命名的"湖南与君山等"，和上次的"山阳与湖南"中所指的是赖山阳（名襄，1780—1832）与内藤湖南不会存在误解不同，这次的"君山"需要说明一下。因为湖南身边有两位以"君山"为号的学者，分别是史学的稻叶岩吉（1876—1940）和哲文学的狩野直喜，此次指的是狩野。内藤和狩野都是京都帝国大学文科创立时期的教授，被视为中国学的两位开山鼻祖。

◎东洋学的京都学派

京都帝国大学创立于1897年，当初预定开设文科大学却进展困难，认为应该设立文科大学并为此展开论战的，是时任《大阪朝日新闻》评论记者的内藤湖南。1901年8月，该报连续发表了《京都大学文科》《关西文化与京都大学》《京都大学与朴学之士》等宣传论文。文科大学的开设是在1906年，内定为第一任校长（之后的文学部长）的是在德国留学的哲学家大西祝（1864—1900）。他因病回国，不久后就去世了。

京都大学的第一任总长木下广次和国语学者、大学教授上田万年商量后，决定邀请在野的三宅雪岭出山。他们派遣与雪岭相熟的湖南去游说，但遭到了雪岭拒绝。结果，作为一高校长的秋田藩士①狩野亨吉（1865—1942）成为第一任校长，并以其为中心进行了教授阵容的选拔。

京都大学开设的讲席与东京不同，其特色是将中国哲学、东洋史学与中国文学分派到了不同学科，并在东洋史学设置了三个讲席。狩野亨吉对教授阵容的选拔也实行了所谓"求遗贤于野"的方针。东洋史学除已内定在清国留学的桑原骘藏（1870—1931）外，还聘请了作为独创型学者的内藤湖南。狩野数年前曾想邀请湖南为一高教授，但当时时机不成熟，这次就顺利实现了。

在以"京都学派及其周边"为主题，举办的书论研究会成立40周年纪念大会的宣传海报和明信片上，有1919年6月21日于京都圆山公园的料理店"左阿弥"召开的罗振玉（1866—1940）送别会纪念照片——"归国送别会上所集京都学派及其周边的名家"，上有38人。关于这个主题，日比野丈夫在《内

---

① 藩士是对日本江户时代的从属、侍奉各藩的武士的称呼。

藤湖南交游的学者文人们》（《书论》13，1978）一文中，详细叙述了文科大学设立时关西文化界的状况。

日比野言及湖南是书论界公认的名家，但湖南与书法界的交流却并不那么密切。和湖南想要给古老的传统学问吹入新风一样，他也感到了书法革新的必要。在19世纪80年代的日本书法界中，受杨守敬①来日的影响，北朝的碑版石刻书法风尚极为盛行；而湖南认为应该谋求唐朝以前正统书法的复兴。1911年辛亥革命爆发，罗振玉携王国维东渡日本京都。他携带了大量新出土的甲骨、古铜器、典籍书画等资料，在日传授中国新的学术动向，并介绍了新史料的出版情况，给日本特别是京都的东洋学界带来了巨大的冲击。

在此期间，在京都举行了各种各样的风雅会。1913年4月，在湖南等人倡导下，京都府立图书馆和南禅寺天授馆举办了兰亭会。首倡者名单上的西村天囚（名时彦）、富冈铁斋（名百炼）、富冈桃华（名谦藏）、小川如舟（名琢治）、神田香严（名信醇）、内藤湖南、村山香雪（名龙平）、上野有竹（名理一）、桑原北洲（名骘藏）、藤泽南岳（名恒）、铃木豹（名虎雄）等28人参加。之所以未见狩野直喜的名字，是因为他当时正在国外旅行。兰亭会当天，住在京都的王国维（1877—1927）献上长篇七言古诗，从东京来的犬养木堂（名毅）等人也参加了此会。

---

① 杨守敬，近代著名历史地理学家、金石学家、藏书家、版本目录学家。曾随驻日本首任公使何如璋赴日访问，与日本文化界诸人有深入交往。著有《日本访书志》以记其事。

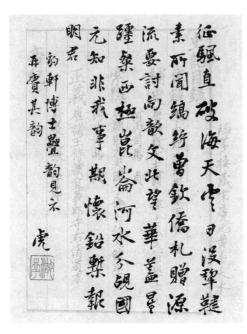

内藤湖南致王国维信札

王国维在京都停留到1916年。3年后，罗振玉也自京都返国，于左阿弥举行了送别会。

顺便提一下，在日比野论文的最后，也提到了湖南与繁忙的政界领袖西园寺公望和犬养木堂两位结下的翰墨之交。

> 动中静　静中动　犬养　毅
>
> 忙里闲　闲里忙　内藤　虎
>
> 乙卯正月十三日

因为十几年前在京都的古书店得到了这个小品书轴，所以演讲时带它来展示。

◎湖南与君山、雨山

长尾雨山（1864—1942）和冈仓天心一起致力于东京美术学校的创立，并成为教授，与作为熊本第五高等学校教授的同事——夏目漱石结下了友谊。长尾曾任东京高等师范学校教授，1903年移居上海主持商务印书馆的编译事务，1914年末回国后定居京都。

在那之后，以雨山为中心召开了各种各样的文人兴趣聚会。纪念苏东坡生日的寿苏会也是其中之一，收集的诗文以《寿苏录》之名编纂成书。此时，在大阪和京都分别组织了文会，还进行了汉诗唱酬。大阪的文会，由西村天囚与籾山衣洲发起，名为景社；以雨山为首，武内义雄和石滨纯太郎也参与其中。京都的文会称为丽泽社，在湖南和君山的指导下，小岛佑马、青木正儿、本田成之、冈崎文夫、那波利贞、神田喜一郎等人参与其中。

当时除了中国学学者外写作汉诗汉文的高手也很多。京都大学医学部的荒木寅三郎与法学部的织田万等人，也是与湖南等人诗文唱和的对象。特别是号"凤冈"、在1915—1929年间担任京都大学总长的荒木，经常在左阿弥的清风阁举行风雅会，在湖南赴欧洲旅行前也举办了送别会。为纪念荒木卸任总长，于次年以《凤冈存稿》为书名，以狩野直喜、内藤湖南、铃木虎雄三人的序为基础，编纂了线装本汉诗文集，由"荒木寅三郎著 长尾甲校"可知，此书是由雨山订校的。

日比野丈夫还有一篇题为《铁斋与京都学派》（《别册墨》十，《富冈铁斋》人与书，艺术新闻社，1989）的文章，

合影：罗振玉为中心，往右是富冈铁斋和内藤湖南，往左是犬养木堂和长尾雨山

刊登了在罗振玉回国送别会上聚会中，只有五个人的合照。此照以罗振玉为中心，往右是富冈铁斋和湖南，往左是犬养木堂和长尾雨山。之前提到的全体成员的合照与这张五人的合照，在内藤湖南诞生130周年纪念特别展上展出，并被收入了《照片所见内藤湖南的一生》（鹿角市先人表彰馆，1996）中。

　　湖南经常向狩野君山和长尾雨山请教，修改自己创作的汉诗。在《内藤湖南全集》第14卷（筑摩书房，1976）所收数量庞大的书信中，未收录的宛名君山的湖南书信，被我在熊本的旧书店里发现了，借此机会公之于众。上述书信与《全集》第14卷中的《湖南诗存》第315页中，作于1934年3月的七言古诗《病中地天至自台北因赋》相关。地天是指木村泰治。这是湖南在去世前近四个月时，京都大学医院告知其患有胃溃疡（其实是胃癌），而于病床上创作的汉诗。在《书信》所收3月3日的一条中，有送给木村的书信与请求雨山、君山修改其诗的书信。在3月13日寄给雨山的书信中写道"鄙作参考了君山博士的批改，加上一些订正，候间再次请您御览，敬候评语，因反复请求而烦恼您，不申候"，并附以《病中有友至自台北因赋》为题的诗稿。我拿到的寄给君山的信也是3月13日，在柱刻上印有"宝许凩"的朱红色四百字稿纸上，附有誊写的诗稿。

◎点校本《内藤湖南汉诗文集》

在以前，是不可能把湖南创作的大量汉诗、汉文序、跋等一股脑儿读完的。但是，神田喜一郎与内藤乾吉编纂的《内藤湖南全集》第14卷补遗了《湖南文存》16卷，新编入了《湖南诗存》等共600多篇，结合《和歌》《书简》《年谱》《著作目录》等，我们得以明了湖南汉诗汉文的全貌，由此带来的学术价值是不可估量的。另外，杉村邦彦从《书论》第13号起，前后五次发表的共计51篇的《内藤湖南全集补遗》中，也包含了汉文诗文。另外，《全集》和《补遗》都是用白文移录的，没有加句点。

这里要介绍的是，在中国作为"日本汉文著作丛书"中的一册，由魏东任责任编辑、印晓峰点校的《内藤湖南汉诗文集》（广西师范大学出版社，2009）；同为"日本汉文著作丛书"的还有《夏目漱石汉诗文集》（华东师范大学出版社，2009）。这套丛书并不是由同一出版社，而是由各大学出版社分头出版的。

这本《内藤湖南汉诗文集》，不仅囊括了《内藤湖南全集》第14卷中所收录的汉诗和汉文（作为底本），还在卷末新附了"湖南文存新补"，追加了在《书论》补遗中收录的13

篇，又加上在中国出版的图书中零星所见的13篇。该书不仅将所有的汉诗汉文都加上了标点，有的地方还设置了校栏，加上考证校订了的文字，实为诚意之作。

先举一个印晓峰校订的例子。在第36页的《华甲自述二首用赵次珊大帅见赠诗韵》中的"赵次珊大帅"，在底本《内藤湖南全集》第14卷的第294页中被写成"赵次珊大师"。赵次珊，也就是赵尔巽，在湖南1905—1906年于盛京故宫调查藏书时，担任盛京将军。印晓峰指出这一点，并校订为"大帅"，这是确凿无疑的铁案。顺带一提的是，在《湖南》第29号刊载的拙稿《内藤湖南的〈华甲寿言〉》图解版中，湖南自己也清楚地写明了"赵次珊大帅"。

◎上野藏品与内藤湖南

我在书论研究会的演讲中因没有时间而省略的内容，借此机会来说明吧。

作为京都国立博物馆所藏中国书画核心的上野藏品，是由朝日新闻社的创始人之一上野理一（号有竹斋，1848—1919）收集的，其子上野精一社长于1960年捐赠的。在理一收藏时，内藤湖南提出建议，让其重视笔墨精神的中国文人的艺术观，系统地收集藏品。2011年的正月，为纪念该收藏捐赠50周年，在该馆举办了特别展览会"笔墨精华——中国书画的世界"，并出版了豪华的图录。展出了国宝唐写本《王勃集》卷二十八，作为记载了其购买经过的参考文献，家藏宛名上野理一的湖南书信也一同展出了。

我在1月22日于这个特别展览会的关联活动——"周六讲座"上，做了题为"上野收藏和内藤湖南"的演讲。演讲室因装修工事不能使用，所以改在了京都女子大学校舍的五楼举行。演讲中我提到了宛名上野理一的湖南书信，并介绍了《湖南全集》第14卷"月报"上所载上野淳一的《内藤湖南老师和上野三代》一文。据淳一说，在父亲精一死后，他将墓地选定在了湖南所在的法然院，并将祖父理一的墓碑也转移到了同一个地方。理一的墓志铭是由湖南作铭及书写的，精一的墓表是由内藤乾吉书写的。

从2011年正月开始到次年2月为止的京博展览会——"笔墨精华——中国书画的世界"，实际上并不是单独的展览会，而是由收藏中国书画藏品的关西九个博物馆、美术馆，以接力传递方式举办的"关西中国书画藏品展"的一部分。这是关西中国书画收藏的尖端展览会。这九个藏馆分别是：和泉市久保惣纪念美术馆、大阪市立美术馆、观峰馆、京都国立博物馆、黑川古文化研究所、泉屋博古馆、澄怀堂美术馆、藤井齐成会有邻馆、大和文华馆。展会由东京都涩谷区立松涛美术馆协助，以京都大学名誉教授曾布川宽为代表的关西中国书画收藏研究会策划。

因"关西中国书画收藏展"而出版了由曾布川宽监修、关西中国书画收藏研究会编的《中国书画探访——关西的收藏家及其名品》（二玄社，2011）。

在序章的《关西中国书画收藏的邀请》中，曾布川宽讲道：

> 湖南掌握了其中几乎所有的名品，作品附带了大量的签名、题跋，或是各收藏家竞相出版的豪华图录的序文中的明确记载。在当时，如果谁得到了书画名物，就经常会

去内藤湖南和长尾雨山处请求题跋。

上面刊载了罗振玉回国送别会上的五人纪念合照。在"收藏家及其周边人物"中，收录了上野理一、犬养木堂、桑名铁城、长尾雨山、内藤湖南、罗振玉、阿部房次郎等17人。在"内藤湖南"条，还刊载了京都大学文学研究科所藏的双幅《华甲自述》二首彩色照片，没有写上"用赵次珊大帅见赠诗韵"的说明。在专栏一《收藏家智囊团的题跋、方书、题签》的题跋中，写道："有时题跋除了作品的传阅鉴定、作者相关资料外，还记载了到手的经过与喜悦之情等，这些都是了解收藏形成的宝贵资料"，并举例说明了关于罗振玉的彩色照片。

不管怎么说，这次引起热议的评校本《内藤湖南汉诗文集》和《中国书画探访——关西的收藏家及其名品》，是展现不常示人的作为汉诗汉文作家及中国书画鉴识家、书法家的内藤湖南的名著。

（《书论》39，2013年8月）

第四节　宫崎市定的收藏品

2001年6月，京都大学附属图书馆在博物馆北楼的展示室举办了综合博物馆开馆纪念赞助企划展——"近代的京都图和世界图"。在展览上，发行了由80页A4版纸组成的"近代的京都图和世界图——大冢京都图收藏和宫崎市定氏旧藏地图"华丽解说图。本次企划展是图书馆最近收到捐赠的并被分别放置在贵重书库中的两个收藏品，即京都实业家大冢隆系统收集的从江户时代到近代的京都相关地图藏品；以及从京都大学文学部的东洋史研究室已故多年的宫崎市定名誉教授（1901—1995），于1936年至1938年间作为文部省驻外研究员时，在巴黎收集的西洋古版地图和地图簿中所选出的精品。

致力于大冢京都图藏品捐赠的金田章裕教授，在展览期间以"近世都市图的特性"为题进行了演讲，其主旨登载在杂志《静修》3813期中。关于"宫崎市定的收藏品"，我于9月21日在与近畿地区国公立大学图书馆协会共同举办的、在多媒体大厅召开的，平成十三年第一次附属图书馆演讲会上进行了发表。

被表彰为文化功劳者、以《宫崎市定全集》全25卷（岩波书店）为人熟知的东洋史学家宫崎，对地理学和地图史也很感兴趣。在第二次世界大战后的一段时期，他兼任了地理学讲座的教授。他与地理学的缘分，可以追溯到进入京都大学的1922年。在松本高中学生时代，立志成为政治家的宫崎，之所以报考京都大学的文学部专攻东洋史，是因为该文学部地理学毕业的浅若晁教授所给的恰当建议。他在京都的下榻之所，也是浅若晁住的吉田山东山脚净土寺町。

在大学毕业后成为研究室的副手、于研究者的道路上前进的宫崎，在恩师东西交通史学家桑原骘藏的指导下，对雅各布·格奥尔格·阿加德（Jacob Georg Agardh）①著的《东洋在西洋的影响》进行了抄译，并在史学研究会的《史林》杂志上分为三期进行了连载。宫崎从丝毫察觉不到欧美优越感的雅各布论述中受到了很大启发。宫崎在1929年的春天从冈山第六高等学校教授转任第三高等学校教授。这些都是出于桑原骘藏的考虑。

身为三高教授，宫崎市定作为京都大学文学部的讲师担任了东洋史和西洋史的授课。从昭和七年开始，他不仅在东洋史研究室讲授宋代的制度和党争等，从昭和八年开始的三年间，他还在地理学教室教授了中国地理书的讲读课程，这加深了他对西洋刊印的地理书与古地图的关注度。

在中国地理书讲读的听讲生名单中，有后来成为著名地理学者的米仓二郎、织田武雄，以及专攻中国地理学的日比野丈夫等人的名字。

在他30多岁时，宫崎从三高教授转职为京都大学文学部副

---

① 雅各布·格奥尔格·阿加德（Jacob Georg Agardh，1813—1901），瑞典植物学家、分类学家。

教授，选择了法国作为他身为文部省驻外研究员所去的国家。宫崎在法国留学了两年多，到往欧洲各地旅行。特别是从1937年9月开始，他历时两个半月周游了西亚各地，最终确信了西亚在历史上的先进性。回国后，他执笔了名为"东方的文艺复兴和西方的文艺复兴"的有关于东西交流史的论述，出版了纪行《菩萨蛮记》。

宫崎在巴黎逗留期间，一方面购买了在欧洲出版的基督教传教士编纂的中国地志和报告书等大量古书；另一方面在巴黎市内数家铜版画专卖店和塞纳河岸的旧书店，除了收集地图册珍本外，还收集了从地图册上散落的地图。例如，耶稣会士卫匡国1655年刊《中国新地图帖》、杜赫德1735年刊《中华帝国全志》全4册、林斯霍顿1638年刊《航海志》的法语译本、诺登谢德1897年在斯德哥尔摩发行的《佩利普》英语版等西洋地理珍本；1513年出版的Eshle /尤伯林《现代印度图》、同为1550年出版的慕尼斯特《美国图》和《亚洲图》、1584年出版的约尔格《中国图》、1608年前后出版的奥尔特里斯《亚洲图》、1658年出版的杨森《中国图》。宫崎一直致力于搜集这些地图册和铜版古地图，一直到出国前都承担地理学教室的授课，说明他对西洋的亚洲地图史抱有浓厚的兴趣。

宫崎在这些他引以为豪的西洋书、地图簿、地图上，都盖上了刻有"宫崎氏滞欧采集书印"的朱印；他不仅赏玩这些地图，还间或发表利用这些地图得出的缜密论述，从地图的变迁来展开东西方交流的史论。在欧洲发行的中国地图帖"双璧"，是以《布龙的地图帖》而闻名的卫匡国的《中国新地图帖》和以《丹维尔地图帖》而闻名的杜赫德的《中华帝国全志》全4册中随处插入的42页近代地图，宫崎将它们都买了下来。

出生于蒂罗尔（Tirol）的耶稣会士卫匡国，在1643年与多位传教士一道进入中国，在明末清初的动乱期间于中国各地游历，写下了珍贵的见闻记；与此同时，他还测量了中国主要城市的位置，在回罗马教皇厅的途中，顺路来到阿姆斯特丹，于1655年发行了《中国新地图帖》（*Novus Atlas Sinensis*），作为地图学者琼·布莱欧（1596—1673）的大地图集《新地图帖》的一部分。这是欧洲出版的第一本中国地图帖。在以明代陆应阳《广舆记》为底本的唐维尔（Jean-Baptiste Bourguignon D'Anville，1697—1782）《中国新图集》（*Novel Atlas de la Chine*）出版之前，《中国新地图帖》作为欧洲最值得信赖的中国地理书而备受尊重。

出生于巴黎的杜赫德（1674—1743）加入了耶稣会，专门从事编纂工作。他巧妙地将在中国传教的传教士寄回的书信、研究等，编集为《中华帝国全志》出版，并在其中插入了许多由巴黎王室地图师唐维尔制作的中国地图。在唐维尔的地图中，唐维尔根据清朝康熙帝的命令，从1707年开始耗费十年岁月，以耶稣会员为中心，以近代实测制作的中国全图《皇舆全览图》为基础，以通过北京的子午线为基准经度，依据天文测量等，判定了包括中国内地与边境各地区在内的约700个地点的经纬度。《中华帝国全志》全4册在1735年于巴黎出版。在1736年于海牙缩印为石英版时，其中42页地图全部被删略了；1737年，在同一个海牙书行发行了另一本《中国新地图集》。《唐维尔地图帖》是将原本巴黎刊印的杜赫德《中华帝国全志》中插入的地图单独整理成的一本书。

在宫崎出生的1901年的12月16日的《大阪朝日新闻》中，宫崎的恩师之一、时任朝日新闻社评论员的内藤湖南，以"黑头"的笔名写下了以"京都大学图书馆纪念展览会"为题的详细观览记。这篇文章在筑摩书房刊《内藤湖南全集》全14卷中未被收录，但被收录在了以内藤湖南为特辑的《书论》第13号（1978）的《全集补遗》中。在此四年前创立的京都帝国大学，在敕令中被认定为拥有法、医、理工、文等各分科的大学，但当时东京帝国大学的文科学生也不足额，所以只能推迟了京都文科院系的开设时间，但是大学附属图书馆已经开馆了。

据该图书馆观览记的记载，自8日开始，该图书馆在开馆第二周年纪念日的三日间，举办了有关京都地理的图书展览会。内藤在展览第一天前去参观，富冈谦三向图书馆发表了寄语演讲，据说其宗旨是希望能与寺院里收集古版本和古抄本的京都大学一样，希望各图书馆都能做好图书索引，这个演讲直到现在仍作为关西文库协会例会的核心内容。

在观览记结尾中有写到，这天的参观者以富冈铁斋等爱好考古的老专家为首，还有青年文人等在这里谈笑风生。此外，除了展览的珍本书籍以外，还有新宫凉庭捐赠的一本书籍，岛文次郎馆长等人认为这便是1737年巴黎（应为海牙）出版的清国地图，著者名为D.Anvlle。奇妙的是在100年后，由附属图书馆主办的大冢京都图收藏品与宫崎市定收藏品的展览中，所见并非1737年巴黎（应为海牙）出版的清国地图，而是杜赫德于1735年在巴黎刊印的《中华帝国全志》全4册。所以，在之后关西文库协会与近畿地区国公立大学图书馆协会共同举办了这次演讲会。

在第二次世界大战时期，主持文学部地理学讲座的小牧实繁教授，受德国地政学风气的影响，出版了《日本地政学宣言》（弘文堂，1940）等，同时他也讲授了"日本地政学"课程。日本战败后，小牧教授和室贺信夫助理教授等人辞职，宫崎担任了地理学教室主任，努力重建该教室，并邀请织田武雄担任助理教授。

宫崎在织田武雄《地图的历史》（讲谈社，1973）序中写道："在16世纪的奥特柳斯[①]的亚洲地图上，描绘了一幅奇形怪状的日本、朝鲜图，看起来非常没自信。虽然从中看到他知识上的不自信，但也隐藏着坚强的意志——船员们无论冒着何种困难，无论付出怎样的牺牲，都要挑战未知的世界。在这样强烈意愿的驱使下，就必须要把工作做到极致。在当时见到这张地图的人中，想必也有憧憬一次航行就能获得巨额财富，进而晋阶贵族地位野心的商人吧。另外，也有想学习成功者，怀揣一获千金的梦想，从此开始踏上危险远征之旅的贫困青年吧。在他们旁边，也许还有着一边哭一边喋喋不休地指着地图上描绘的吞噬船舶的怪鱼，想让儿子停止冒险的母亲吧。"

宫崎提到的奥特柳斯的亚洲地图（1608年左右出版），也在宫崎市定的收藏中。详细解说这次图录《近代的京都图和世界图》的京都大学名誉教授应地利明先生，是织田的高徒；同时，他在学生时代就仰慕宫崎的学风，并解读过宫崎的论文。应地在对奥特柳斯地图的解读中写道："也许是因为颜色比较便于书写吧，宫崎在众多从中国到西域的英文地名中用红墨水

---

① 奥特柳斯（Abraham Ortelius，1527—1598），比利时地理学家，地图学家。

添写了汉文地名，仿佛可以让人看到他欣赏这个地图的样子。对宫崎来说，即使是古地图也可以自由涂写，这些都是为了研究和兴趣的私人资料，绝不是古董。在这些涂写的引导下追溯地名，可见是马可·波罗在回国时所出……"这张现在价值几十万日元的古地图上到处有着朱笔的涂写。宫崎搜集古地图，说到底是为了研究和兴趣。

年过80的宫崎在接受杂志记者提问时说道："经常被人批评说京都大学的治学方法是出于兴趣，但我反而认为，出于兴趣去做才是真正的学问。证实这一点的，不正是我的《论语的新研究》吗？"他对待西方刊行的地理书和地图也是如此。

宫崎在巴黎搜集西方刊行的地图时的竞争对手，是朝日新闻社巴黎分局局长渡边绅一郎（1900—1978）。渡边搜集地图的苦心在渡边的演讲录《古地图种种》中有详细记述。在标名为"古地图、地球仪、天球仪特辑"的同号杂志上，刊登了织田的演讲录《世界地图的发达》与宫崎的论文《马可·波罗留下的亡灵——契丹国消失为止》。此外，在平成九年的6月，神奈川县立历史博物馆举办了开馆30周年纪念特别展"世界姿态日本的姿态——以渡边绅一郎古地图收藏为中心"，并发行了同名解说图录。

在宫崎市定收藏的地图中，1550年刊行的慕尼斯特《美洲图》的彩色复制品，除了被收录在织田武雄、室贺信夫、海野一隆编著的大型图录《日本古地图大成·世界图编》（讲谈社，1975）中外，还收录在1982年外国航空公司发行的古代地图册中。此外，慕尼斯特的《美洲图》和《亚洲图》一起，被印在以金田章裕为代表编辑的《京都大学收藏古地图目录》（京都大学大学院文学研究科，2001）卷首。该古地图目录是2000年京都大学教育改善推进费（校长裁量经费）交付后，所发行的宫崎市定收藏西洋版地理书和古地图目录，由杉山正明教授制作，以《宫崎市定氏旧藏地图》为题收录的记录。

◎宫崎市定的西洋刊地图相关论述

1.《以南洋分成东西洋的依据》（《东洋史研究》714，1942）

2.《在巴黎发行的北京版日本小说及其他》（《日出国与日暮处》，1943）

3.《十字军对东方的影响》（《东方》7-3、4合并号，1965）

4.《马可·波罗留下的亡灵》（*Biburia* 32，1965）

5.《织田武雄著〈地图的历史〉序》（1973）

1、3、4在《全集》第19卷及砺波护编《东西交流史论》（中公文库）

2在《全集》第2卷及《日出国与日暮处》（中公文库）

5在《全集》第24卷及《游心谱》（中公文库）

（《京都大学附属图书馆报 静修》38-4，2002年3月）

第五节　十七字诗与汉俳

五言汉诗于汉代出现，至唐时成为主流。唐朝诗人们又完成了七言诗形式。自由形式的古体诗与韵律按照一定规则的近体诗，自宋代以后得以继承下来。

在宋代流行被称为"长短句"的词；南宋时出现了与俳句相似的十七字诗，并被民众广为传唱。十七字的排列，是以"五—五—七"形式。

先师宫崎市定在1974年新春的《朝日新闻》上发表了《十七字诗和俳句》。他认为十七字诗是由宴席余兴所作的酒令发展而来的，在当地实际接触了酒令和十七字诗的入宋僧[①]们，回日本后对其进行模仿，可能就此作为连歌和俳谐而固定下来的。

但是，模仿俳句形式的十七字汉诗，以1980年4月时任中国佛教协会会长的赵朴初为始，并被命名为了"汉俳"，其排列是以"五—七—五"形式，包含季语。与俳句不同的地方，在于其是在各句末押韵的。

当时，为了实现唐招提寺的鉴真干漆坐像回到中国扬州大

---

① 即入宋朝学习的日本僧人。

明寺（也就是回乡），大明寺于1973年仿照唐招提寺的金堂建成了鉴真纪念堂，安放中央的樟木雕鉴真坐像，在回乡期间被干漆坐像所暂代。

在陪同坐像回乡的寺院派遣团中，唐招提寺长老森本孝顺为名誉团长、东大寺长老清水公照为团长、日本中国文化交流协会的原信之为秘书。派遣团一行在大明寺举行了纪念法事后，于4月21日在北京参加了中国佛教协会主办的欢迎宴会。席间，清水秀在扬州创作的俳句《油菜花与日暮圣人里归来》，经翻译了解其意的赵居士（赵朴初）根据俳句的格律将其改为汉文，作成"遍地菜花黄　盲目圣人归故乡　春意万年长"，此为汉俳源始。5月26日，赵朴初以鉴真大师像重返奈良为题，创作了三首汉俳。其中第三首是："万绿正参天　好凭风月结来缘　像教住人间"，原注"风月同天，同结来缘"是《鉴真东征传》中所见日本长屋王子之语，"像教"在这里指鉴真像。

此后，中国对汉俳的关注度不断提高。2005年春，为纪念汉俳诞生25周年，全国性的汉俳学会在北京举办成立大会，日本也有现代俳句协会的代表团参加。

女俳人松本杏花在2006年夏天，吟咏与鉴真有渊源的江南之地时，在大明寺瞻仰了鉴真像，作了"花头窗　口もと凉し鉴真像"的俳句，随后由叶宗敏女士翻译，创作了"别致花头窗　微风习习口边凉　慈悲鉴真像"的汉俳。"花头窗"是指上部呈曲线状的窗户。（松本著、叶译《余情残心》，上海译文出版社，2007）

（《全汉诗连会报》24，2009年4月）

第六节　胡宝华编著
《20世纪以来日本中国史学著作编年》序言

从遣隋使、遣唐使时代以来，直到19世纪末，中国一直是日本憧憬和模仿的国家，广大的东亚地区都是汉字文化圈。但是现在被称为汉字文化圈的，只有中国和日本两国，朝鲜半岛和越南都已不使用汉字了。

总部设在京都的日本汉字能力检定协会，在清水寺发表了用一个字来表示当年世态的"今年的汉字"；这已成为日本年末的风景之一。2011年的年度汉字是"绊"。胡宝华教授的力著《20世纪以来日本中国史学著作编年》，是对从20世纪初出版的日本代表性中国史学家著作的解题书，是连接中国学界和日本学界的"绊"（纽带）性成果。

从1960年春天，我在提交了关于唐宋变革和使职的论文从京都大学毕业后，我专攻隋唐时代的中国史已经半个世纪了。借此机会，我想谈谈尊敬的、作为隋唐史研究先达的唐长孺老师与张广达、张泽咸两位老师，三位老师对日本的中国史学是如何评价的。

在我大学毕业时日本和中国还没有建交，虽然1972年后邦交正常化了，但是直到"文化大革命"结束，中日之间的学术交流才开始活跃起来。

在1980年，京都大学人文科学研究所新设了外国客座教授讲席，首先邀请了武汉大学的唐长孺教授前来。此事经过如拙文《唐长孺先生在京都》（《魏晋南北朝隋唐史资料》21、唐长孺教授逝世十周年纪念专集，2004；本书《唐长孺先生在京都》）所述。唐先生在京都期间，每天都要涉猎日本学者的著作，对于重要的论文不仅限于自身需要，也会为门下学生复印论文。唐老师对日本学界的动向非常关心，这在他100周年诞辰时出版的《唐长孺文集》8册（中华书局，2011）中随处可见。

在四分之一个世纪过后，张广达先生同唐长孺教授一样，从巴黎被邀请担任人文科学研究所客座教授。我收到了张广达老师赠送的三本《张广达文集》（广西师范大学出版社，2008）。第一本《史家、史学与现代学术》的《自述》一项中收录的《我和隋唐、中亚史研究》，是原载于《学林春秋三编》上（朝华出版社，1999）的自传。从中可见张先生在1978年其47岁时，首次在北京大学正式登台授课教授中国通史和隋唐至两宋史的回顾：

> 就是这样，年近半百，已成二毛的我，终于选择了隋唐、中亚为研究对象。受陈寅恪先生的外族盛衰之连环性及外患与内政关系说的启示，我将隋唐与中亚史结合在一起；受内藤虎次郎的中国近代始自唐宋之际说和堀敏一的中国各地可能分头发展的最后一次机会是五代十国时期说的影响，我把研究重点放在了晚唐五代。

所以，他在《学术史》一项中，继收录了关于王国维的两篇论文后，又收录了《内藤湖南的唐宋变革说及其影响》。此篇是原载于《唐研究》第11卷"唐宋时期的社会流动与社会秩序研究专号"（北京大学出版社，2005）卷首的大作。

北京大学刘俊文教授主编的《日本学者研究中国史论著作选译》全10卷，在1993年由中华书局出版，囊括了20世纪日本研究中国史的多篇代表性论文，这些论文首次被翻译成中文，就在中国大受欢迎。除第1卷《通论》中所收的宫崎市定著作《东洋的近世》作为唯一例外，其他全部是学术论文。针对第4卷中所收录的13人的19篇"六朝隋唐"论文，张泽咸先生迅速发表书评，并投稿于《书品》1993年第1期（张泽咸《晋唐史论集》再录，中华书局，2008）。文中首先详细介绍了宫川尚志的《六朝时的村》、滨口重国的《关于隋代乡官之废止》和砺波护的《唐代县尉》三篇；"上述有关村、乡官、县尉三文，都是涉及州县以下行政制度及官制的重要课题，日本学者选题详尽、论证深入，是这一门学术领域有价值的研究成果"。最后他还高度评价道："通读十九篇论文，我深感诸位学者的行文各有特色，他们或治学态度谨严，措辞一字不苟；或高度自律，勇于修正自己的失误。"

参照三位老师的意见，在隋唐史学领域日本学者做出了相当大的贡献，这一点是值得他们自豪的。我想在其他时代的研究领域中，日本学者也做出了一定贡献。

《20世纪以来日本中国史学著作编年史》是编年体的解题书。像这样的编年体例，曾在南开大学出版社出版的杨翼骧编《中国史学史资料编年》（"先秦至五代"，1987）中采用，我十分珍视。

胡宝华教授1954年出生于上海，是唐代史研究专家胡如雷的次子。1969年从北京中学毕业，下放内蒙古包头市郊外的工厂13年。1985年硕士毕业于陕西师范大学研究生院唐史研究所；1988年留学京都大学，潜心唐代史研究；其间，在我的主审下通过《唐代监察制度研究》取得了博士学位；2000年9月开始在南开大学文学院任教。以我的序文命名的《百年的面貌——中国知识分子生活的20世纪》（角川选书，2001）的后半段，是胡教授的自传。

本书并未提及工具书，希望大家参考砺波护、岸本美绪、杉山正明编《中国历史研究入门》（名古屋大学出版会，2006）。

2011年腊月

（《20世纪以来日本中国史学著作编年》，中华书局，2012）

第七节　2011年度汉字"绊"的印象

汉字检定协会于2011年末，从全国征集代表一年世态的汉字，"绊"被选为了"今年的汉字"。排名第二位的是"灾"，第三位的是"震"。大概是因为在东日本大地震之后，很多人感受到了国内外的羁绊吧。与"灾""震"相对，"绊"无疑是正面形象。

曾经在京都大学留学12年，在我主审下提交了博士论文的南开大学胡宝华教授，完成了力作《20世纪以来日本中国史学著作编年》，并于2011年年末向我求以序言。因为清水寺发表了作为日本年末风景之一的"今年的汉字"——"绊"，我认为这本书是将中国学界与日本学界联系在一起的"羁绊"成果。

不久，在中国翻译的"绊"字的注脚上写着：日语"绊"的含义有几种，这里表现的是"纽带""连接"之意。我突然注意到，对中国人来说，"绊"是会招致误解的字。我立刻用手边的汉和、中日、国语辞典检索了"绊"字。

"绊"字在角川书店的《新字源》中为："①羁绊。拴牛马等的生字。连接东西的东西。②连接。维系。"在讲谈社的《中日辞典》中为："①受挫。挂上。②绊足。③陷害人的圈套。"这些都不是正面形象。另一方面，在《广辞苑》中为

"①连接马、狗、鹰等动物的绳子。②无法忍受的恩爱。难舍难分的情愫。系累。牵绊",负面形象就少了很多。

今年有新闻报道称,NPO法人"RISU系统"中的活动和理念与"羁绊"相反,旨在摆脱"羁绊",发现和实现"个"。我痛感于同一个汉字因地域和时代的不同,给人以完全不同的印象。

(《汉字文化研究所开设准备室通信》4,2012年7月)

第四章 先学的彰显

在名为"先学的彰显"的第四章中，一并收录了狭义上的表彰文和追悼录。因为追悼录是委托书，之前错过了写的机会，所以这次先搁置了对佐藤长、福永光司、上山春平、竹内实、林巳奈夫等诸位老师的回忆。内藤湖南、桑原骘藏、宫崎市定的全集是我的座右之书。武汉大学的唐长孺教授在京都大学待了四个月，能与其近距离地接触，对我而言是一种幸运。

第一节　内藤湖南的学风

请允许自我介绍一下，我是砺波护，现在在大谷大学教授东洋史。今天，我作为全国汉文教育学会公开纪念演讲"讲述东洋的巨星·内藤湖南"的讲师，被邀请到秋田大学教育文化学部，感触颇深。接下来要演讲的是，东北大学名誉教授、鹿角市先人表彰馆名誉馆长寺田隆信与我。我们都是在本学部的前身——秋田师范学校毕业的内藤湖南老师首任教授时，进入京都大学文学部东洋史研究室学习的人。我准备了三张讲稿，为参考文献、史料和图版。

关于内藤老师，至今我有过多次公开演讲。1996年11月，为庆祝京都大学文学部90周年和二阶建新校舍的竣工，分为东洋和西洋两部分组成公开讨论会，东洋部的企划由我负责。讨论会以"创设期的京都大学文科东洋学者群像"为名，由中国哲学文学的狩野直喜、国史学的三浦周行与东洋史学的内藤湖南为例，分别对他们的业绩和于今的评价进行了论述。其中，负责内藤的是我。之后，京都大学学术出版会提出，希望以在本次研讨会上提出的三人为基础，编辑成八人左右的《东洋学者群像》评传集。我欣然答应，并与藤井让治先生合编出版了《京大东洋学的百年》，初版即售罄，好评如潮。在2006年1月末，作为大阪府立中之岛图书馆创立10周年纪念活动的一环，我发表了对于参与创建图书馆的内藤老师的人物与学问的讲话。

在1996年11月，于秋田县鹿角市十和田公民馆举办的"内藤湖南老师诞生130周年纪念文化演讲会"上，我以"现在为什么是内藤湖南"为题进行了演讲；演讲录刊登在了次年3月内藤湖南老师表彰会编刊的《湖南》第17号上。今天鹿角市内藤湖南表彰会的会员们也来了，为了不与上次内容重复，我想重点介绍下最近十年国内外发表的研究成果。

最近十年间我的内藤湖南研究的特色是，介绍了《内藤湖南全集》未收录的书信，并对此进行了讨论。

要对某位学者的学风进行总结，最重要的是要以囊括那位学者全部成就的全集问世为前提。1969年4月，筑摩书房发行了神田喜一郎、内藤乾吉编的《内藤湖南全集》全14卷。最初作为隔月刊发行，虽然最后阶段进展困难，但是在湖南诞辰110年的1976年7月，随着收录了汉诗文、和歌、书简，附有年谱、著作目录的第14卷的发行而完结。在《全集》刊行中的1971年，由中央公论社出版的《日本的名著》一书中，收录了小川环树编辑的《内藤湖南》，小川精彩的解说《内藤湖南的学问与生涯》受到了世人的关注。在《全集》完结后，还接二连三地出版了三田村泰助的《内藤湖南》（中公新书，1972）等优秀的传记。

在检讨湖南学风时，我希望能关注到《全集》没有收录的文献、书信、墨迹。有人曾指出湖南受到了出生地鹿角学统的影响。的确如此，特别是他受到了父亲调一（号十湾）的强烈影响。

湖南出生于1866年7月18日，在旧南部藩领鹿角郡的毛马内，是儒者内藤调一的次子。江户时代，鹿角的儒者们坚守被称为折中学派的学统，根据朱子学说，对经书的解释在参酌汉唐之学的同时，还采用了清朝的考据学。

　　然而湖南的父亲调一却师从了继承赖山阳①学统的那珂梧楼（那珂通世的养父），一心沉迷于山阳之学。湖南在父亲的指导下，从汉文的《二十四孝》《四书》读到《论语》，直到9岁末，才进入了鹿角郡开设的小学。虽名为小学，但和江户时代的寺子屋②一样，湖南并不上课，而是帮老师教低年级学生。

　　来自父亲的教育虽暂时中断，但在湖南12岁时，其父又重新开始教授他赖山阳的《日本外史》。自从读完《日本外史》后，他就埋头阅读山阳绝妙的诗文。湖南进入秋田师范学校（也就是本校的前身）的时候，会把自己创作的汉诗和作文送到父亲那里修改，或者买家里没有的赖山阳主要著作——《日本政记》来读。他20岁从秋田师范学校毕业后，在北秋田郡的缀子小学任职，但因无法满足于教书生活，两年后活跃在了东京大内青峦等地。湖南在秋田生活期间，父亲对他的影响非常强烈，这一点一直以来都有人指出，我也深有同感。但是我确信，在湖南于新闻界及京都大学教学时期中，父亲教育的成果也有体现。

　　我带到这里的是由内藤十湾编著、内藤湖南校对的《鹿

---

① 即赖襄（1780—1839），字子成，号山阳、山阳外史，通称久太郎，别号三十六峰外史，书斋名"山紫水明处"，著名汉学家，著有《日本外史》。
② 日本江户时期寺院所设立的私塾。

角志》，这是1907年3月由三余堂藏版刊行的地方志，1975年4月进行了再版，此版忠实于原著和装订样式。这本书因是日本地方志编纂的先驱而备受关注。此书签名和序文是由湖南誊写的，湖南对父亲75岁所完成的著作进行了校阅。在本书的里页中提到，编辑兼发行人是秋田县鹿角郡毛马内町的内藤调一，印刷是秋田市大町一丁目的癸巳活版所。值得注意的是，湖南敬仰主张地方志重要性的清代章学诚的学问，并编写了迄今鲜为人知的章学诚年谱，这与他父亲作为毕生事业的著作《鹿角志》的编纂不无关系。

另外，在作为著名藏书家的湖南的庞大藏书中，指定文物等善本被收藏在了与武田药品有着渊源的杏雨书屋，并刊行了《新修恭仁山庄善本书影》（临川书店，1985）。此外，恭仁山庄大部分剩余的书籍被关西大学收藏，其中的汉籍被编集为《关西大学所藏内藤文库古刊古钞本目录》（关西大学图书馆，1986）。在后者的目录中，继"第1部 汉籍部"204页后的"第2部 《鹿角志》相关史料部"共有30页，网罗了编写《鹿角志》时参考的史料和绘图等。

接下来介绍的是私藏版内藤调一的《漫游记 避寒纪行》，此书是在《鹿角志》发行的次年1908年6月刊行的，在里页有记载发行人为内藤虎次郎。这本书的两部分内容分别是：调一于1896年秋，在新婚不久的湖南的带领下，于关西和关东地区游历时的手记《漫游记》；1907年10月调一为了治疗肺气肿而到逗子避寒，于11月在刚刚成为京都大学讲师的湖南带领下在京都游玩、参观赖山阳的山紫水明处等地时合订而成的纪行《避寒游记》。在卷末附有湖南用汉文写的《内藤十湾前生事略》。

就湖南学风而言，以杉村邦彦先生主办的书法杂志《书论》的第13号《特集·内藤湖南》为始，共分5本介绍了他优秀的书法作品。我刚才参观了一下，这里的图书馆里也挂有"学贵日新"的匾额。我钦佩于秋田大学图书馆馆长石川三佐男教授为我们准备了详尽的解说文。

近几年来，陆续发现了《内藤湖南全集》和《书论》中未收录的书信和墨迹，对湖南的学风和交友关系提出了新的观点。我想结合湖南的"学贵日新"的匾额见解，想为最新的湖南研究提供一些话题。

首先，我来介绍一下我自己在古书店买到的湖南书信和墨迹。我在神田的沙罗书房得到了鸳渊家旧藏的书状集，内有从内藤湖南处寄来的10封、来自桑原骘藏的1封、从今西龙处寄来的3封、从稻叶君山（岩吉）处寄来的13封书信。它们被做成卷状，题为《弥高录》。鸳渊一是湖南的受业生，后来成为湖南长女的夫婿。我从中选取了湖南寄来的一封信和桑原寄来的信，对于湖南在1924年7月从神户起航、次年2月回国的欧洲旅行之事，写成了《内藤湖南的欧洲纪行》一文，投稿在了表彰会会刊《湖南》第22号（2002）中。湖南在回国第二年的1926年9月，编辑了私家版线装本《航欧集》，并在卷首插图上刊登了作为饯别赠予的富冈铁斋作《鑱槎图》。本文认为以《航欧十五律》为题手录的七言律诗15首，都是出发前铃木虎雄赠送的送别汉诗的脚韵所和之诗。顺便说一下，铃木、神田喜一郎等众多知友赠送的送别诗，以及湖南以神田送别诗的脚韵所和、题为《归舟中漫成六绝》的六首七言绝句，也以活字印刷而成。

接下来请看报告第3页的两个图版。第一幅《归舟中漫成六

富冈铁斋《艖槎图》

绝之一》，是湖南挥毫写就的六绝第2首，长150厘米，宽37厘米，这是我看到京都临川书店的目录后买的。此图是从京都书作家协会40周年纪念展的图录——《京之书——先达的轨迹》（2005）中复印出来的。

　　梯山航海访收储　　要为天朝补石渠　　应被故山猿鹤笑难将身迹混樵渔

　　（山に梯し海に航して收储を访ね、要らず天朝の為に石渠を补わん。応さに故山の猿鹤に笑わるるも、身迹を将って樵渔に混え难し）

书中写有"文求堂主人正之",表明此诗送给了有名的和汉书专卖店——文求堂主人田中庆太郎,要求他批改"正之",行间加上了"航欧归舟中作"六个字。

第二幅是富冈铁斋为湖南饯别而画的《艤槎图》,是从京都新闻社为纪念铁斋诞生150周年出版的展览图录(1985)中复印下来的。原来的《艤槎图》是《航欧集》的插图,铁斋在左上部分挥毫写有自赞"大正十三年七月写 送湖南内藤博士赴欧洲 八十有九叟 铁斋百炼",右半部分空白。湖南后来从《归舟中漫成六绝》中选了四首作为赞词写入。深究起来,请求田中指正的汉诗第三句"应被故山猿鹤笑"改为了"应被故园猿鹤笑"。不知是田中提议的,还是湖南自己修改的。总之,经过推敲,湖南抛弃了"故山猿鹤"(即故乡鹿角山猿鹤)的草稿,定稿为"故园猿鹤"(即故乡之园的猿鹤)。顺便说一下,之前提到的小川环树所编《内藤湖南》(中央公论社,1971)的插画上,登载了《艤槎图》的彩色图版,遗憾的是只有铁斋的绘画部分,没有了湖南航欧归舟中所作的汉诗,也没有铁斋的自赞。

于此三年前,我在2003年6月参观了京都加茂町文化中心举办的内藤湖南老师逝后70周年纪念遗墨遗物展。我惊讶地看到了富冈铁斋于1917年10月所画的《艤槎波浪图》条幅,它是赠送给稻叶岩吉等一起出航观览中国各地之旅的湖南的扇面。这证明,除了铁斋在1924年画了赠予欧洲纪行的湖南的《艤槎图》外,还有不为人知的1917年画的赠予前往中国的湖南的《艤槎波浪图》存在。

作为中央公论新社刊的《中公クラシックス》中的一本,

2004年4月，我作为编辑出版了《内藤湖南东洋文化史》，并在卷首写下了题为《东洋文化史学家内藤湖南》的解说。在此时，以湖南的书信为依据，发表了两篇关于湖南交友关系的论考。

第一篇是刊登在《湖南》第24号（2004）上的藏角利幸的《终身之师雪岭与内藤湖南——湖南书信二十二封所见交流轨迹》一文，其实是转载于去年在金泽学院短期大学纪要《学叶》第1号的发表。在三宅雪岭的孙子、流通经济大学名誉教授三宅立雄所藏书信中，仅以年次判明：从1892年5月4日开始，到旅欧前的1924年6月30日为止的书信，全部都未收录在《内藤湖南全集》中。文中先是叙述了湖南略传，并翻印了全部信件，加上注解，实在是难得的论文。

第二篇是刊登在《成城文艺》第186号（2004）上的佐伯有清的《内藤湖南与幸德秋水的〈万朝报〉时代——他的交友和五言律诗赠答》一文。文中运用幸德秋水的日记《时至录》与堺利彦的日记《三十岁记》，出色地阐明了湖南在《万朝报》中惊人的执笔活动、清国旅行前后的汉诗赠答，以及退社相关情况等。从佐伯老师那里得到文稿时，听说他执笔了以提倡邪马台国大和说的内藤湖南为中心的单行本，并在去年的贺信上告知我已经把原稿交给了出版社；但遗憾的是他在去年7月病逝。在今年1月岩波发行的其著作《邪马台国争论》中，佐伯老师详细介绍了湖南《卑弥呼考》中被视为不敬的内容，不是东京大学的黑板胜美所依白鸟库吉的九州说，并对内藤的大和说产生共鸣的经过进行了详细的介绍。

此外，《中央公论》和《东京人》原主编粕谷一希，近年来一直以《内藤湖南之旅》为题进行连载，我也时常接受他的采访。带到这里的是刊登在第8届"宫崎市定的位置——《亚洲史论》的方法和磁场"的《季刊东北学》第3号（柏书房，2005），和与粕谷先生在《远近》2006年2、3月号《特集·日中交流的人们》（山川出版社）上讨论的《内藤湖南看到的中国——中国要去向何方》一文。

如果考察身为京都大学教授时的湖南的交友关系，应该列举1911年10月辛亥革命时流亡京都，与湖南、狩野直喜等京都东洋学者深入交往的古典学者罗振玉及其亲家王国维。在这一点上，在2000年由北京东方出版社出版的王庆祥、萧立文校注、罗继祖审订的《罗振玉王国维往来书信》是第一手史料。这本书收录了罗振玉给王国维的697封信件和王国维给罗振玉的273封信件，间有罗振玉的孙子罗继祖所附按语。

在上个月，深泽一幸利用罗振玉和王国维的往来书信，发表了一篇题为《内藤湖南是日本政府的间谍》的论文。因此，我想在引用其文要旨的基础上，在介绍《内藤湖南全集》未收录书信的同时，对深泽先生的见解提出疑问。

深泽的论文收录在研文出版发行的，加地伸行博士古稀纪念论集发行会编的《中国学的十字路口》中。

深泽先生认为，流亡在京都净土寺町、靠贩卖古物书画维持生计的罗氏，于1917年10月12日（罗使用旧历，所以是八月廿七日）信中写道：

> 此间寺内仍不改助段政策。昨招湖南博士往东京，闻将至我国一行，匝月而返，又一密使也（请守秘密），不知湖南所蓄何政策……乙老久不答弟书，弟亦不欲多费笔

墨，请便以此告之，并属勿泄可也（因湖南系密使）……

引用这一段话是指前往东京的内藤湖南博士，接受了援助段祺瑞内阁的寺内正毅首相的意向，打算作为密使前往中国。

所以，罗继祖在按语中认为，当时的日本首相寺内"为了政局，特以内藤虎次郎（湖南）作为间谍。内藤曾经担任过新闻记者，与政界有关系"。深泽先生说："继祖氏是1912年出生于京都的，年幼时候应该和湖南也见过面，但是这个评价却非常冷淡。"不管怎么说，深泽论文的题目《内藤湖南是日本政府的间谍》，并不是用罗振玉所写的"密使"，而是使用罗继祖所注的"密探"的译词。

罗振玉和王国维属于溥仪的清复辟派。湖南的故知、曾在《中国史学史·清朝史学》中受推荐的沈曾植是复辟派领袖。湖南当时的旅行记《中国观察记》收录在了《湖南全集》第6卷中。在文中，他历访各地收藏家，欣赏金石书画，陶醉其间的样子跃然在目。从王国维11月8日寄给罗振玉报告湖南到达上海的信中可见，王与湖南一道拜访了沈曾植。湖南说："只是谈学问，不涉及其他事。"湖南自己在《中国观察记》中写道："完全只是文学上的谈话，和政治有关的事概不涉及。"应该说是罗振玉的疑心作祟吧。

深泽先生还介绍了，此时沈曾植赠给湖南的七言律诗《内藤湖南扇上的艖槎波浪图题字》，湖南的"扇子"恐怕是好友富冈铁斋赠送的，画着以仙人之姿乘坐在木舟上的"图"吧。扇子上所画的《艖槎波浪图》上文已述，与1924年的《艖槎图》不是同一个物品。深泽先生还全文介绍了湖南离开上海之际，王国维赠予的长篇七言送别诗——《在海上送日本内藤博士》，并评价这是他的力作。

深泽论文经过缜密的史料探索，题名为《内藤湖南是日本政府的间谍》，也就是依据罗继祖的按语"密探"得来的，实为荒诞无稽；即便就算像罗振玉所写的那样，湖南是否是日本政府的"密使"，也还有待商榷。关于这次考察旅行，湖南自己留下了很多文章，但都没有表明是政府派遣的，在外务省编的《日本外交文件》等正式资料中也没有提及。深泽在确认了这一点后，说道："但是，我觉得这个可能性相当高。"作为其论据，他引用了1917年7月3日湖南考察中国四个月之前，湖南写给稻叶岩吉的书信。但是，我认为湖南作为密使的可能性相当低。

寺内正毅首相确实是就时事问题与中国政局等，与湖南交换了意见，但同时他们也是谈论中国文物、书画的知己。请看摘要的第二张：平凡社刊《书的日本史》第8卷（1957）卷首彩图版湖南1913年11月28日《寺内正毅伯爵收书状》（收藏在国立国会图书馆，《全集》未收录）。我参照了大久保利谦先生的释文进行了转录。

昨天晚上又获得了陪同一起吃晚饭的殊荣，乍每度不堪深谢候。

昨晚与阁下共进晚餐，荣幸之至，万分感谢。之后因须至下榻旅馆拜见泽柳总长，未能再次拜访，深感遗憾。祈念之后能有再次拜谒机会。昨晚阁下提及的《大唐三藏圣教序》，回家后多处翻找，寻得一部，即刻奉上。如果以后阁下的藏书中也添置了这一部的话，也可以将鄙人的这一册转赠其他爱书之人，则不胜喜悦。在阁下的旅途中多次叨扰，诚惶诚恐，奉上仆从数名以供差遣，还望笑纳。又同时问尊夫人安好。顿首再拜。

十月廿八日内藤虎次郎

寺内伯爵阁下执事

泽柳总长，是因"京大泽柳事件"①而为人熟知的京大总长——泽柳政太郎。《大唐三藏圣教序》是在1911年4月，湖南从半年前逃亡京都的罗振玉那里借来北宋拓本的复制品，并附上了汉文题跋。从这封信中，可以看出寺内和湖南的亲密无间。湖南自己没有说是政府派遣，官方资料也没有提及，所以认为这次视察旅行是政府秘密使者的可能性相当低，难道不是很稳妥的吗？

话说回来，罗振玉在读了《大阪朝日新闻》连载的湖南《中国视察记》后，把湖南说成是"护前庸暗之人"，吐露了轻蔑语言。深泽先生认为，王国维一直称湖南为"湖南博士""炳卿博士"，表现出尊敬；但与赠送充满心意的送别诗

---

① 泽柳政太郎（1865—1927），日本大正时期的教育家、政治家，"实际教育学"的倡导者。1888年毕业于东京帝国大学。历任文部省书记官、普通学务局长、高等师范学校校长、文部省副部长、京都帝国大学总长、帝国教育会会长等职。1913年，泽柳政太郎从东北大学转任京都大学总长。同年7月，他不经教授会同意即令医、理、工、文各分科大学的7名教授辞职。法学科的教授、副教授等一致反对这项措施，主张任免教授应征得该分科大学教授会的同意。1914年1月，仁保学长等全体提出辞呈。后在奥田义人文部大臣斡旋下，按照教授方面的意见解决。4月决定实行校长互选制，导致了泽柳的辞职。

相对，罗振玉在书信中始终对湖南冷眼相看，甚至有些蔑视。

在深泽论文中，论述了在1918年1月2日罗振玉写给王国维的信中所记述的董、康等人的观点，列举了"看了这个讨论，就可以一笑了之"的部分，并在之后以下面的文章为结尾。

这个"一笑"是冷酷无情的轻蔑嘲笑，没有一点好感。恐怕罗氏在这个场合中，一瞬间也不会在脸上浮现这个"一笑"，湖南也不会察觉到这一点吧。而且，在以后的"互相尊重"的"交友关系"中，恐怕湖南直到死都没有察觉罗振玉这个人是可以在心中发出"一笑"的人物。

如果按照深泽先生的结论来看，湖南完全是个老好人，是个过分老实敦厚的人了。但真的是这样吗？实际上，在去年秋天东京古典会的拍卖会上，展出了内藤湖南寄给上野理一的十封毛笔书信，我首次投标就中标了。这些书信都是在《内藤湖南全集》中所没有收录的。上野理一以作为朝日新闻社社长、文物收集家而闻名，与湖南关系极为亲密。在其第三封1913年1月5日书信中有：

拜启，丧中不便，今年疏于新年问候。近日内希冀有幸拜谒贵府。关于游丞相本与开皇本兰亭，博文来访时，小生有幸阅览了其中一件片刻。据说开皇本乃是明代伪作而董其昌鉴定有误，且经由切角罗氏携至本国。小生认为这其中必有可疑之处。另外，近年来由中国出口至日本的商品，有故意抬价的风气，因此最近还是以观望为好。

以上是小生所报告之事，且希望对博文与矶野君保密，博文无条件信任罗氏，这在商业上是否有利，我持保留态度……

"罗氏"指的是罗振玉；"博文"指出版书画复制品的大阪博文堂主人原田庄左卫门；"矶原君"指朝日新闻社文艺记者矶野秋渚。湖南向上野递交了《密书》，书中记载了罗振玉不买博文堂向上野理一推销的《兰亭序》等书，并希望以此唤起对罗振玉的不信任感，引起大家注意。以上是对深泽论文的介绍和我的疑问，接下来我将介绍近几年中国的内藤湖南研究。

首先是钱婉约的《内藤湖南研究》（中华书局，2004）。这是在著有《日本中国学史》第1卷（江西人民出版社）的北京大学严绍璗教授指导下，所完成的博士论文。她是钱穆的孙女，也是京都大学狭间直树教授的留学生。因寺田隆信先生在《湖南》第26号（2006）刊载《中国内藤湖南研究》中，就对此书和连清吉的《日本近代文化史学家——内藤湖南》（台湾学生书局，2004）进行了评论，我们在此进行省略。

我在这里特别想介绍的是，曾任北京大学教授，后在巴黎做研究的张广达先生的大作《内藤湖南的唐宋变革说及其影响》（《唐研究》11，2005）。

《唐研究》第11卷是《唐宋时期的社会流动与社会秩序研究专号》，其卷首论文是以《内藤湖南的唐宋变革说及其影响》为题的，B4大小、70页的长文。在我这3页报告的后半部分，复制了其第1页。

正如诸位所见："研究历史，贵有创见。在近代中国新史学发展过程中，日本史学家内藤湖南在上个世纪初提出的唐宋时代观，无疑是一项富有创见的发明。"接着，文章简要介绍了内藤的唐宋变革，并给予了高度评价："古往今来，很多假说或学说的寿命难能长久。内藤的唐宋变革说则不然，作为中国近代史学论域中提出的最早的一种假说，将近百年来，仍在服役，被人经常引用；作为富有宗旨的学说，它在今天依然带动着学术研究。"

几年前，张广达先生作为客座教授在京都大学人文科学研究所停留期间，我们就内藤湖南的研究情况交换了意见，并向张先生进呈了我向《湖南》杂志投稿的文章与《京大东洋学的百年》。

最后，我介绍一下今年由名古屋大学出版会刊行的《中国历史研究入门》。在二十多年前出版了两种研究入门，一种由东京大学的学者执笔，另一种由京都大学学者执笔。这次的成果则是由我和东京大学的岸本美绪教授、京都大学的杉山正明教授三人编辑，东、西方研究人员合作完成的。如您通读全卷，我想您会发现，正如张广达先生所说，内藤湖南的学说在很多领域都对现在的中国研究产生了很大影响。

时间已到，感谢诸位的聆听。

（《湖南》27，2007年3月）

第二节 内藤湖南——从邪马台国到"满洲"史的研究

在1970年前后，中央公论社发行了全50卷的《日本名著》，有19卷被明治以后近代大知识分子的著作所占据，而其中的历史学家只有内藤湖南。在2004年我编辑了中公经典丛书——《内藤湖南东洋文化史》，书中的前半部分与日本有关，后半部分与东洋有关。内藤湖南一般被认为是近代东洋史学者，但他在满族清史上有很深的造诣，在日本史领域也做出过很大的贡献，首次提出了邪马台国大和说、强调应仁之乱的历史意义等。

湖南是号，他本名为虎次郎。他的前半生作为评论记者活跃在言论界，后半生作为京都大学教授讲授东洋史学。在其一生中有两次大转机：第一次是在虚岁22岁时从秋田来到东京进入言论界；第二次是在42岁成为京都帝国大学文科教员。

湖南出生在十和田湖的南面南部藩的儒者之家，他通读了其父佩服的赖山阳的《日本外史》，并埋头苦读了山阳的诗文。后进入秋田师范学校，被与山阳有缘的关藤成绪校长认可，之后受大内青峦知遇，以此为契机与顶级学者产生了交流。

湖南从秋田师范学校毕业后，成为北秋田郡缀子村小学的首席训导，并担任了校长。他埋头阅读了其借宿的宝胜寺的佛教书籍，对国学和中国也表现出了兴趣。在师范学校毕业两年后，他成为由大内青峦主持的佛教杂志《明教新志》的编辑。

湖南从青峦处学到了很多佛教知识，特别是江户时代富永仲基（1715—1746）著作的很多观点。在他潜心于真正的中国古典研究时，从学术史的观点来看，将富永提倡的"加上说"应用到了古代史研究中，极为引人注目。不久，他就转到青峦创刊的《万报一览》做编辑工作，并成为青峦主持的尊皇奉佛大同团①的机关杂志《大同新报》的编辑，并亲自执笔论说。在此期间，他与年长其6岁的三宅雪岭特别亲近。

不久后他成为《大阪朝日新闻》的评论记者，于1896年与同乡的田口郁子结婚。次年，他以《近世文学史论》为首，出版了《诸葛武侯》《泪珠唾珠》等三本著作，一时名噪文坛。这时，他是刚刚在台湾创立的《台湾日报》的主笔。湖南于一年后回到了东京，首次在小石川区江户川町建了一栋住宅，时任《万朝报》的社论记者，与同事社会主义者幸德秋水、堺利彦等人结下了深厚的友谊。

在1899年3月，湖南家里遭遇了火灾，烧毁了他以国学为中心的丰富藏书。以此为契机，他开始热衷于收集"唐本"②，并从之前的以日本文化为重点，转而专心研究中国。在从8月末开始的3个月中，他首次访问了中国大陆，与一流学者进行了会

① 1889年由大内青峦、岛地默雷、井上圆了等人创立的，以天皇崇拜为中心的佛教政治团体。
② 即汉文书籍。

谈。后以纪行文《燕山楚水》，与附录的14篇论述集《禹域论纂》相结合，确立了其中国学专家的地位。

在1902年，湖南由大阪朝日新闻社派遣，为应对时局视察了"满洲"，并游历了中国各地。湖南对日俄战争持主战论，在胜利在即时他远渡"满洲"，从今沈阳宫殿中发现了《满文老档》《五体清文鉴》等珍贵的满文典籍。他为此欣喜若狂，开始了对清朝兴起史迹的研究。以此为契机，湖南决心抛弃新闻界，专心研究东洋史。

此时，京都帝国大学设立了文科大学，湖南就任教授，与东京帝国大学毕业的桑原骘藏合作，努力扩充史学科东洋史学讲座。关于中国史的时代区分，他首次提倡从宋代开始为近代。他与史学系同事——国史学的内田银藏、三浦周行，西洋史的原胜郎等人交流，在京都文化史学上扮演了重要角色，同时又与哲学文学的狩野直喜一起被视为京都中国学的开山鼻祖。

在去京都大学赴任之前，湖南在睿山演讲会上演讲了三天的《日本"满洲"交通略说》，在其上任的第二年出版了《"满洲"照片帖》。他对于清王朝的政治和文化进行了毫不松懈的全面考察，最初的授课题目是清朝史，重点是建国初期史。直到晚年，他都对"满洲"史保持了关心。在湖南去世一年后，他的亲属出版了《增补"满洲"写真帖》。

湖南早期的重要学术论文是1910年连载在文科大学机关杂志——《艺文》第1卷上的《卑弥呼考》，他在其中提出了邪马台国大和说。在佐伯有清死后的第二年春天，发行了追溯邪马台国100年争论史的《邪马台国争论》（岩波新书，2006）。据我所知，在原稿完成时的暂定名为：《邪马台国争论100年和内藤湖南》。顺便一提的是，佐伯受到了作为本书副产物的幸德秋水日记《时至录》与堺利彦的日记《三十岁记》的驱使，写下了《内藤湖南和幸德秋水的〈万朝报〉时代》[1]一文。

（讲谈社《兴亡的世界史》月报20号，2009年11月）

---

[1]　《成城文艺》，2004年3月，第24—47页。

第三节　内藤湖南主题演讲

　　鹿角市先人表彰馆从1996年10月到次年3月，为纪念内藤湖南诞生130周年举办了"从照片看内藤湖南的一生"展，并发行了小册子《从照片看内藤湖南的一生》。10月24日下午，由鹿角市和鹿角市教育委员会举办的文化演讲会，在鹿角市立十和田公民馆举行，讲师是关西大学东西研究所所长大庭修教授和我。

　　我的演讲题目是"现在为什么是内藤湖南"。对我来说，这是以内藤湖南为主题的第一次演讲。演讲内容刊登在了翌年3月刊的《湖南》第187号上。其主要内容是介绍内藤湖南在国内、国际上受到了怎样的高度评价。此后，在近20年的时间里，我以湖南为主题的公开演讲有12次，并且我还留心介绍各个时期最新的湖南研究成果。

　　内藤湖南登上京都大学文学部讲坛长达20年。文学部由哲学科、史学科、文学科三个学科构成，1992年为了应对讲座数量的增加和学术领域的多样化，新开设了第四个专业——文化行动学科，史学科的地理学讲座也移到了文化行动学科。自此，学部的结构发生了很大变化，被合并到了人文学科，并在文学部创立90年后的1996年4月，大学院文学研究科实现了官制化，也就是所谓的大学院重点化。文学研究科被重组为了5个专业16大讲席，设立了与人文科学研究所的教官合作讲席。为了纪念研究生院重点化的实现和庆祝文学部成立90周年，以及二阶建新校舍的竣工，有关部门决定举办由东洋和西洋两部分组成的"公开研讨会"，由我来负责东洋部的企划。研讨会整体主题被命名为《创设期的京都大学文科东洋学者群像》。同年11月30日上午，研讨会从创建文科大学基础的学者群中特选了三位东洋学者，即中国哲学文学的狩野直喜、国史学的三浦周行、东洋史学的内藤湖南。在杉山正明的综合司会下，高田时雄、藤井让治和我做了演讲，讨论了他们的业绩和评价。这是我以湖南为主题的第二次演讲。演讲内容增补后收录在《京大东洋学的百年》中。

无论是在哪个时代，对于创立期研究机构的人事以及由谁主导的真相，当事者都经常默然不语，需要去进行确认。关于京都大学文科的开创，我在这次演讲中所披露的新说是：以在湖南逝后，众多编辑了追悼录的杂志中的书法杂志《书道》第四卷第九号所揭载的三宅雄二郎（雪岭）的《内藤湖南君之处》等文章为依据可知。在决定由狩野亨吉担任文科大学校长前，京大总长木下广次与上田万年想请三宅雪岭担任此职，并派了与三宅相近的内藤湖南前往说项。在当时湖南向三宅说出了"木下总长和上田都说，希望请您来担任校长，我担任教授……"这样的话。

我对于湖南的第三次演讲，是在2000年11月2日，于京大会馆召开的平成十二年度史学研究会大会上。演讲题目是《山阳与湖南》，演讲要旨移录在翌年1月刊行的《史林》第84卷第1号上。

　　在20世纪70年代由中央公论社刊行的全50卷《日本的名著》中，一个人占据一卷的历史学家，只有新井白石（1657—1725）、赖山阳（1781—1832）与内藤湖南（1866—1934）三人。像是以生卒年来划分似的，可以说他们正好是各自的一百年中最出色的历史学家。在参与了大概十年的《京都大学百年史》后，我在今天想讲一下东洋史学研究室的开山鼻祖湖南从白石与山阳，特别是从山阳处受到了什么样的影响。

　　对于赖山阳的研习是内藤家的家学。在湖南12岁的时候，他从仰慕山阳的父亲湖南十湾处学习了《日本外史》，虽然时间不长，但在翌年他就自发地阅读并热衷于此。之后他埋头阅读，到了可以背诵山阳绝妙诗文的程度，开始在汉诗文研读方面初露头角。刚进入秋田师范学校时，他就买了《日本政记》、山阳增评《唐宋八家文》等作品。

　　但是一年后，他在寄给父亲的信中写道："正如您所说，赖老师的学问气魄，是那些对自己学问到处沾沾自喜者之流所无法企及的。学问暂且不论，气魄应该是千古一人。及至经纬之学，海内外未有多见者。"（《全集》第14卷）虽然钦佩山阳的气魄，但他对学问的尊敬之情却淡薄了。在30多岁时，他出版了连载于报纸上《关西文运论》的修订版处女作《近代文学史论》。在《儒学》一章中，他写道："赖山阳修了私史，隐藏了文名一世，虽多有白石等前辈之资，但结合文气俊逸、步骤合度，叙述之妙尚前无古人。从游极盛，关西之文脉，从其手中失而复得。"（《全集》第1卷）他看破了山阳的史论，是以白石等人为根底进行创新的。

　　关于山阳传记最值得信赖的成果，是在30年前出版的中村真一郎《赖山阳与那个时代》。去年，我获得了著者写入与执笔时所用的池边义象译《邦文日本外史》、梁岳碧冲译《邦文日本政记》（1934）等十本书，虽然后者已经在查阅后盖上了"消除济"（删除完毕）的印章，但依然引起了我的关注。在今春发行的中村遗作《木村兼葭堂的沙龙》中，也有赖山阳的出现。

在《日本名著·赖山阳》的解说中，赖惟勤提到：川越版的《校刻日本外史》最普及，到1899年为止重印了14次，只要费点功夫到现在也可以印刷。我购入了几十张刻版，这次带给诸位观赏的是第12卷"丰臣秀吉发兵伐朝鲜"条和"外史氏曰"部分的4块刻版。

说到刻版，近卫本《大唐六典》的刻版保存在京都大学，湖南在题为《就白石的一个遗文》（收入《先哲的学问》《全集》第9卷）的演讲中，介绍了《大唐六典》的参考本，以及白石为近卫家熙费尽心血的事情。白石亲自抄写了嘉靖本献给近卫家熙；家熙誊写了跋文，并花费20年对于《大唐六典》的抄本进行了反复的审订。馆员古川千佳在京都大学附属图书馆中偶然发现了它，将其收入了附属图书馆的近卫文库中。

在近几年，内藤湖南的著作被翻译成了中文。《日本文化史研究》（商务印书馆，1997）、旅行记《燕山楚水》和青木正儿的《江南春》《竹头木屑》合编为《两个日本汉学家的中国游记》（光明日报出版社，1999）刊印。

在这场演讲的5个月后，我于2001年春结束了文学部部长的任期，从京都大学退休，就任大谷大学文学部教授，兼任了5年的博物馆馆长。我在这次演讲中公布的川越版《校刻日本外史》卷12《关原之战》、卷14《织田信长攻本愿寺及本愿寺的投降》等共计10张，最近捐赠给了大谷大学博物馆。顺便一提的是，我是从位于东京东洋文库附近的安土堂书店购买到刻版的。

关于湖南的第4次演讲，是在2001年11月末，为了纪念罗振玉和王国维东渡90周年，在京大会馆举办了日中共同研讨会"草创期的敦煌学"，我以《罗振玉、王国维的东渡与敦煌学的创始》为题进行演讲，内容被收录在高田时雄编《草创期的敦煌学》中。在敦煌的藏经洞中发现的文物和文献，被伯希和和斯坦因拿走了一部分，清国政府于1910年将剩下的约六千件运往北京。听到这个消息的京都文科大学，在从8月下旬到10月中旬中，将狩野直喜、内藤湖南、小川琢治、滨田耕作、富冈谦藏这5位派遣到清国调查，展现了狂热之情。本次调查的后半段——9月7日至10月12日的日记，被留在了富冈谦藏家。我引用了友人内藤戊申（湖南三男）从其子富冈益太郎那里收到复印提供的随笔《回忆与前进》（《本府》8，汇文堂书庄，1958）中所载：他们一行于9月18日同罗振玉和王国维见面。回国时，罗振玉向他们介绍了作为"志一时之别"的礼物。过去致力于研究罗振玉和王国维东渡的学者，一般都会举出内藤湖南和狩野直喜的名字，很难提到桑原骘藏。但是，在湖南去世第二年出版的《增补"满洲"写真帖》中有寄予罗振玉的序文，文中提到，在劝罗振玉于辛亥革命之际寓居京都的人中，桑原骘藏赫然在列。

曾编辑过全6卷《世界名著》和全50卷《日本名著》、有着古今东西方思想著作发行业绩的中央公论社，为与新世纪相适应，在宫一穗主编手下创刊了《中公经典》。因得知我想把内藤湖南作为其中一卷的内容，所以他们委托我负责编辑。由此，在2004年4月，《内藤湖南东洋文化史》出版了。全书共分《日本文化史研究》《先哲之学》《东洋文化史研究》《中国史学史》《目见书谭》《创立京都大学文科》《追想杂录》等7章，各收录了几篇论文。卷首写有"东洋文化史学家内藤湖南"，卷末附有年谱。我在此后的演讲中经常参考这本《东洋文化史》。

我进行的第5次湖南有关演讲，是于2004年7月11日在东京都的印刷博物馆举行的。我受宫一穗委托，在以石川九杨为所长的京都精华大学文字文明研究所举办的系列讲座——"世界古典讲座"的东京讲座上，以《内藤湖南》为题，提出了在湖南的巨大成就中，需要重视时代区分的观点。湖南对后来的研究者带来了巨大影响，宫崎市定在文化史上是以内藤学说为根源的，并以此建立了新的学术体系。

关于湖南的第6次演讲是在2005年1月22日，作为大阪府立中之岛图书馆创立100周年纪念活动的一环，我被委托以内藤湖南为题进行演讲。我写了《中之岛百年——大阪府立图书馆的脚步》（大阪府立中之岛图书馆百周年纪念事业实行委员会，2004）一文，论述了作为大阪朝日新闻社社论记者的湖南，在两日内写就的以《关于图书馆》为题的论说。在文中，湖南希望大家能对新图书馆有所期待，并注意目录编写，之后他也作为第一代馆长今井贯一的咨询对象而竭尽全力。湖南在纪念今井在职25年的演讲会上，发表了"宽政时代的藏书家市桥下总守"演讲，被收录于《先哲之学》中。

关于湖南的第7次演讲，是在2006年5月，我于湖南曾就读的秋田师范学校的后继——秋田大学所举办的"第22届全国汉文教育学会大会"上发表的演讲。在内藤湖南诞生140周年纪念大会上，我与前辈寺田隆信两人进行了演讲。我以"内藤湖南的学风"为题的演讲内容，被刊登在《湖南》第27号上。

关于湖南的第8次演讲，是在2010年9月17日，京都市生涯学习中心与京都大学人文科学研究所共同举办的连续四周的演讲会上。演讲会以"知识的巨人——构筑京都学派的巨星们"为名，选取了桑原武夫、今西锦司、内藤湖南、西田几多郎等4人作为主题。我的演讲题目是"内藤湖南和东洋史学"，当时有600名观众坐满了会场，山科频道也同时进行了直播。

关于湖南的第9次演讲，是于2011年1月22日，京都国立博物馆主办的周六讲座上。因博物馆礼堂正在改建，所以是在附近的京都女子大学校舍里进行的，我的演讲题目是"上野收藏与内藤湖南"。内容和第10次的"湖南与君山等"演讲一起，以"内藤湖南的汉诗文"为题，刊登在《书论》第39号上。

关于湖南的第10次演讲，是2012年8月5日，在银阁寺附近的白沙村庄桥本关雪纪念馆举行的书论研究会成立40周年纪念大会上，以"湖南与君山等"为题。

关于湖南的第11次演讲，是于2013年12月8日在兵库县宝冢市立中央图书馆，由该馆和铁斋美术馆共同举办的第二次圣光文库文化讲座上，以"京都中国学和富冈铁斋·谦藏父子"为题进行的演讲。富冈铁斋（1836—1924）与湖南等人的交游，在日比野丈夫的《内藤湖南交往的学者文人们》（《书论》13"特集·内藤湖南"，1978）和《铁斋与京都学派》（《别册墨》10，《富冈铁斋人与书》艺术新闻社，1989）中也有过记载。为了纪念富冈谦藏（1873—1918）诞生140周年，在2013年4月至6月，清荒神清澄寺①的铁斋美术馆举办了名为"铁斋与谦藏"的展览会。除派发了学艺员柏木知子的小册子《铁斋与谦藏》外，年末还举办了演讲会。这本小册子于2013年8月被重载在《书论》第39号上。在其中的富冈谦藏小传中记载：他出生于京都市上京区东三本木的赖山阳旧居"山紫水明处"，初名健三，后改谦三；明治四十年代前期开始称谦藏，号桃华。在我的演讲中，因铁斋美术馆方面把图像和书影做成了幻灯片，所以可看到湖南1917年10月前往中国时从铁斋那里得到的扇面——《艛槎波浪图》，以及他在1924年10月远渡欧洲时，从铁斋那里得到的《艛槎图》等。京都大学文科大学创建时期的东洋史学教室，由内藤湖南、桑原骘藏两位教授与富冈谦藏、羽田亨两位讲师组成。其中，根据《京都大学文学部五十年史》附录的"旧职员讲师一览表"可知，羽田亨是专职讲师，富冈谦藏是非常勤讲师，所以没有个人研究室。另外，在被称为"内藤湖南外传"的佐伯有清《邪马台国论争》（岩波新书，2006）中，就"邪马台国大和说"的倡导者内藤湖南对富冈谦藏的古镜研究提供了一些帮助、湖南与谦藏之间的亲密关系等进行了阐述。我在演讲中也提到收藏了谦藏所藏古镜的大阪和泉市久保惣纪念美术馆的现状。

关于湖南的第12次演讲，是于2014年1月11日在南禅寺门

---

① 由静关僧正创建于896年的真言三宝宗大本山寺院之一，铁斋为其第37世法主。

前的京都市国际交流会馆，由京都府立综合资料馆和京都府立大学共同举办的综合资料馆开馆50周年纪念、国际京都学研讨会——"近代京都学与美的新生——从明治、大正时期的日中文化交流"纪念活动中，我以"内藤湖南和罗振玉——'京都中国学'的诞生"为题进行了演讲。在辛亥革命时，罗振玉与亲家王国维一起移居京都。现在在综合资料馆的前身——京都府立图书馆里，收藏着罗振玉的《读碑小笺》《昭陵碑录》和王国维在京都出版的诗集《壬癸集》等，都已完成了展示和解说。我的演讲内容与拙稿《京都的中国学》（《大航海》66《特集·中国历史与现在》，新书馆，2008）、前文所述的《罗振玉、王国维的东渡与敦煌学的创始》有很多重复的部分。以上是我以湖南为主题的12次演讲的概要。

（《湖南》35，2015年3月）

第四节　桑原骘藏著《考史游记》解说

　　《考史游记》是东洋史学创始人之一、作为京都帝国大学文科大学创立期主要成员的桑原骘藏，自1907年4月开始在清朝留学的两年之中，从洛阳到长安（西安）旅行的《长安之旅》；从泰山、曲阜到开封、保定的《山东河南游记》；从热河、兴安岭到张家口、居庸关的《东蒙古游记》等图书，所集成的文库版。

　　桑原当初被文部省命令去欧洲留学，并已接受了身体检查，但在青山胤通博士的忠告下终止了计划，改往清国留学。令人惊讶的是，因体质虚弱而未留学欧洲，并且讨厌旅行的桑原，在东蒙古进行了艰苦的旅行，还精心拍摄了贵重的照片。如果当初他留学欧洲的话，就不会产生本书了。我从学术史的观点来说，诞生于20世纪初的本书，以记录唐朝末期地理、交通、社会、习俗的日记体旅行记——公元9世纪中叶平安时代的圆仁《入唐求法巡礼游记》为参考，也可命名为《入清留学考史游记》。

　　我在《平凡社大百科全书》（1984；《世界大百科全书》再录，平凡社，1988）中，执笔了"桑原骘藏"条目：

1870—1931年，东洋史学家。福井县出生。1896年帝国大学汉学专业毕业，担任东京高师教授，后成为京都帝国大学教授。他采用欧洲的史学研究法，致力于东洋史学的建设，最初凭借《中等东洋史》等作品在东洋史教育上留下功绩。赴任京大后，于法制史、东西交通史等领域取得了坚实的成绩。以名著《蒲寿庚考》为首的全部著作收录在《桑原骘藏全集》（1968）中。桑原武夫是他的儿子。

之后，我在杂志《しにか》1991年6月号上，为《东洋学的系谱15》之《桑原骘藏》章节（《东洋学的系谱》再录，大修馆书店，1992）写下更详细的评论。这次为了给阅读本书的读者提供参考，在简要叙述其生平的同时，也请大家了解一下本书所提到的话题。

桑原骘藏出生于明治三年12月7日（明治三年通常会置换为公元1870年，所以桑原的生年是在1870年，但是因为旧历换算的问题，欧美学者通常称其诞生于1871年1月27日。），是福井县敦贺市一位其店名为"鸟之子屋"的造纸业者桑原久兵卫的第二个儿子。骘藏的哥哥继承了家业，他的弟弟经营了钟表店；身为二儿子的骘藏本应在高中退学，但是因为成绩出众和身体弱不适合劳动，所以游学于京都的府立中学，毕业后就读于京都第三高等学校。他从中学时代开始就立志于历史研究，在写下了"世界的历史学家 桑原骘藏"后，他选择到东京入读于帝国大学文科汉学专业，据说是因为当时还没有东洋史的课程。在1896年7月毕业后，他进入了大学院，师从非专职讲师那珂通世

（1851—1908）专攻东洋史。他在不到30岁的研究生时期，就执笔了《中等东洋史》这本教科书，此书经那珂通世校阅，与教师用参考书《东洋史教授资料》一同享有很高的声誉。

桑原于1898年8月末成为母校第三高等学校教授并到京都赴任；一年后便成为东京高等师范学校的教授，任职近十年。在结束清国的两年游学后，他于1909年4月14日回国的5天前，受聘为京都帝国大学文科大学东洋史学第二讲席教授。在史学科开设后上任的讲师内藤湖南，升格为教授，于当年9月担任第一讲席。

主持创建期的京都帝国大学文科大学东洋史教室的内藤和桑原两人，在所有意义上都形成了鲜明对比。从在野记者进入象牙塔的内藤，关注同时代中国的政治、文化动向；桑原则彻底贯彻了严密的学术考证。内藤与负责中国哲学文学的同事狩野直喜一起标榜中国学，并希望编成日本学和印度学等学科；喜欢历史的桑原则认定东洋史学，主张国史、东洋史、西洋史应该以鼎立的形式编成学科。

最终东洋史教室的运行，依照了桑原主张东洋史学独立的意见。据说，照顾门生就业等工作都是由桑原操劳的。在内藤花甲时，朋友和门生献上论文集《内藤博士花甲祝贺中国学论丛》，使用的是"中国学"；桑原花甲时的《桑原博士花甲纪念东洋史论丛》，使用的是"东洋史"。在1931年5月24日，病弱的桑原在60岁退休后五个月时，于京都市上京区塔之段的家中去世，被埋葬在黑谷的常光院墓地。三年后，内藤在其隐居地——京都府相乐郡瓶原村的恭仁山庄去世，被埋葬在鹿谷法然院墓地。

在桑原去世前，除了教科书外，刊行的著作只有《蒲寿庚考》和《东洋史说苑》。在其去世后，东洋史研究室将桑原的旧稿分为三本文集出版，即《东西交通史论丛》《东洋文明史论丛》《中国法制史论丛》，于1933年至1935年由京都弘文堂发行。没有整理出版的只有他留学清国的旅行记。

在1942年6月，桑原的门生森鹿三编辑了豪华本《考古游记》，并于弘文堂书房出版。该书开头的矢野仁一和宇野哲人的《序》，以及卷末森鹿三的《后记》中，对出版过程有着详细描述，在此不必多言。

陪同桑原"长安之旅"的宇野哲人（1875—1974）所著《中国文明记》，于1912年2月由东京市神田区表神保町的大同馆发行，《长安纪行》在此书中的第176—270页。在《东蒙古纪行》中与桑原同行的矢野仁一（1872—1970），于1963年（此时矢野已年过九十）对桑原的门生宫崎市定讲述了这次旅行（《东方学》28；东方学会编《东方学的回想III学问所出》）。另一位在东蒙古同行的日华洋行行长三岛海云（1878—1974），后来创立了三岛海云纪念财团。因被桑原的《中国的孝道》所感动，三次自费将其出版。顺便一提的是，与桑原同行的宇野哲人、矢野仁一、三岛海云三人都是白寿①左右的高寿。

在1968年，岩波书店发行了全5卷别1册的《桑原骘藏全集》，编集者为桑原门下的学生宫崎市定、贝冢茂树、田村实造、森鹿三与其子嗣桑原武夫。《考古游记》和《蒲寿庚考》

_____

① 古称99岁为白寿。

收录于第5卷中，担任这卷编辑的森鹿三，在卷末解说中有专论。关于《考古游记》，森鹿三说道：

> 受令嗣武夫的委托，第5卷主要由我来编辑。我觉得可以用后记和例言来做解说，所以这次就不另起稿文了。

因为保存了有印字的照片，所以《全集》的图版照片比原书中的还要鲜明，有的地方还有对于同样的场面进行替换之处。例如作为本次封面使用的第192页的"第21图　开元寺榭亭一行"，看似很像，但是各人都摆了不同姿势的另外一张照片。

在《全集》第5卷的末尾，附有桑原武夫的《桑原骘藏小传》和《桑原骘藏略年谱》，但需注意再版时有所修订。比如，将初版中的"母亲是来自疋田村的长谷川家，早逝。之后是久兵卫的妾进了家门，所以孩子们稍微吃了点苦，但是也许因二儿子聪明，所以最受那位妾的爱护"修改为了"母亲是敦贺郡东浦比田村田代太兵卫的女儿。在他4岁时母亲去世。久兵卫有个妾，但在妻子死后却不肯让她进屋。因为二儿子聪明，所以最受那位妾的保护"。

在《全集》中随处可见关于石碑拓本，以及购买石刻拓本的艰辛往事。其中大部分的拓本，都收藏于京都大学人文科学研究所和文学部。

此次收入文库的是弘文堂书房所刊单行本，添加了《全集》没有的详细索引，并有若干补充修改。其中引用的汉文有一些加了读下文①，汉诗请井波陵一教授进行了读解。在此，我想对进行了极其细致编辑的平田贤一先生表示衷心的感谢。

2001年2月

（岩波文库，2001年3月）

---

① 读下文，日本进行汉文阅读的标注方式。

第五节　宫崎市定著《中国古代史论》的介绍

　　宫崎市定的学术成就，在其年满90岁时发行的《宫崎市定全集》全25卷（岩波书店刊）中可见："从博览中国史书的广阔视野来看，其研究对象涉及整个中国史，含括政治、经济、文化、东西交涉史等各领域……通过这些个案的实证研究，老师重新系统认识了中国历史，并将其纳入世界史的发展中……精细的个案实证研究和豁达雄浑的通史叙述在一位历史学家笔下如此紧密地结合在一起，可以说是十分稀有的。"

　　宫崎在迎来虚岁米寿（88岁）的1988年秋，以成对的形式出版了日本史研究著作《古代大和朝廷》（筑摩丛书）与中国史研究著作《中国古代史论》（平凡社）。这两套书我都参与了编校，现在我来介绍一下后者。

　　《中国古代史论》由宫崎发表的古代中国研究论文、书记约30种中，所选出的12种集结而成。我尽量选择通俗易读的部分进行讲解。在宫崎退休时，在京都大学专攻东洋史学的平凡社的岸本武士最初提议选8篇，后来增加了4篇，分为两部，并补上详细的"前言"，对于收载论考的执笔意图等进行了论述。

　　第I部由6章组成。第1章《中国古代史概论》于1955年出版，它是演讲笔录。中国古代史可以说是"王代记"，即以主权的交替、继承、革命为中心的政治史，几乎不涉及平民的生活；而在这一概论中，结合了包括帝王在内的全体居住者，都在营造怎样的聚落形态，相互之间如何交涉等焦点进行论述。认为在生活最重要的要素衣、食、住中，衣和食的方面变化很少，但是在居住方面经历了巨大变化。

宫崎的论述多有独创性。我最佩服的是，他在世界上首次指出并证实了中国古代也存在着像希腊那样的都市国家。中国的古代史和西方的古代史，有着相似的发展：属于青铜时代、使用战车的春秋时期是都市国家的时代；开启铁器时代的战国时期是领土国家对立的时代；秦汉和罗马一样是古代帝国，没有提及所谓的西周时期。

第2章到第6章，是以都市国家论为中心的聚落形态研究。在其1933年发表的《中国城郭起源异说》中，第一次指出了中国存在都市国家。中国古代文献随处可见"城郭"这个词，认为有城郭的是有文化的民族，没有城郭的是野蛮民族，城郭的城指的是如希腊卫城，郭是指环绕下町的屏障。

在《关于中国聚落形态的变迁》一章中，认为中国古代不存在后世那样的乡村而是乡、亭。不仅是首都，地方聚落在本质上也是和首都一样的城市，只是规模缩小，它们都是各自围绕着城墙的自治体，宫崎认为这就是乡、亭，而乡、亭变大就成了县。

在《战国时代的都市》一章中，认为即使进入了领土国家时代，都市国家时代的遗制依然根深蒂固，特别是在大城市，"市"异常发达。宫崎认为，中国古代的"市"相当于古希腊、古罗马的广场（Agora）、论坛（forum），不只是单纯的商业地区，也是市民休闲的交际场所，有时也进行政治运动。

在《汉代的里制和唐代的坊制》中论述了城市内部的构成。古代的"里"很容易被翻译成村，但实际上在城市内部，根据街道的不同分为多个居住区，区即里，里的周围又设置了屏障，居民从固定的门，即"闾"进出。然而到了六朝时期，乡、亭没落，人民就建村散居了。到了唐代，大城市曾经的里被称为"坊"，坊制被引入了日本的都城。

第II部分的第7章到第11章，抓住了古代社会中市民生活的特色，对于描写这样场景的文章，特别是对《史记》的叙述法进行了考证。

在《姿态与文学——关于史记成立的一个试论》中，宫崎将《水浒传》与《史记》并列为记叙文"双璧"。通过比较二者，他发现在绝妙的行文背后，二者有着共同的基础。论定了这两部杰作不一定都是作者原创，而是将先贤的讲谈、戏剧中的对话、动作原原本本地融入其中，成为自己的文章。

在《读〈史记·李斯列传〉》中，认为构成《史记·李斯列传》的资料非常多，当时正处于从战国以前的口承传说时代到文献记录时代的过渡，这篇传记兼备了两者的性质。宫崎在列传中最感兴趣的，是比当权者更能超越社会组织束缚的侠盗，这些与世流相逆的人物——游侠。"汉末风俗"是后汉名节之士由上代的游侠儒学化而成，故《后汉书》中没有《游侠传》。

卷末所附的第12章《我的中国古代史研究经历》是1985年写的，与本书结论相呼应。

（《新汉字汉文教育》60，2015年5月）

第六节 佐伯富先生与井上靖的《通夜之客》

在2006年7月听到佐伯富先生去世的消息时，我突然想起了以老师为原型的井上靖小说《通夜之客》，从书架上取出久违的文库本重读了一遍。看到了在报纸的社会版上发表的，作为主人公的、原B新闻社东亚部部长新津礼作的讣闻记事。报道了主人公在战争结束时辞职，离开家独自一人在鸟取县的乡下一心一意地过着晴耕雨读的生活。偶然间在上京途中，突发脑溢血病逝，享年42岁。

从小说中还看到，主人公在中国山脉①终端的山村度过了三年半，在他家中："榻榻米桌子上，《中国盐业史》第7章原稿和茂吉歌集放在一起。"生前，他一年中会到京都的朋友家中住几次，三天左右会去大学图书馆，在厚厚的笔记本上写下很多与中国的盐池相关的事情。

佐伯老师于1910年11月6日，出生于香川县三丰郡的名刹——弘法大师空海的萩原寺。萩原寺中藏有弘法大师的笔传——习字范本《急就章》；在1978年，萩原寺发行复制品时，佐伯还撰写了一本解说书。他经三丰中学（现在的观音寺

---

① 又名中国山地，日本中国地方东起兵库县西至山口县的延绵山体。

一高），进入到了冈山的第六高中文科甲类，落籍于剑道部。他当时正好接受了东洋史教授宫崎市定老师的授课，但他所学的不是东洋史，而是汉文和地理课程。

他于1931年春进入了京都大学文学部史学专业，专攻东洋史。他受到了已经作为第三高等学校教授、在任文学部授课的宫崎老师学问的深刻影响，对宋代政治产生了浓厚兴趣。在1935年毕业后，他受到东方文化学院京都研究所的委托，从事宋代茶制资料的收集工作。

狩野直喜所长在授职他的辞令中说，如果研究中国古代的茶叶专卖是弟弟的话，那么盐业专卖就是哥哥，中国的盐业专卖非常复杂，研究起来也很困难，所以研究盐业专卖制度的学者被嘲笑为"盐白痴"。这句话深深地刻在了佐伯老师的脑海里，他下定决心要研究比茶叶专卖制更为重要的盐业专卖制。

在东方文化学院京都研究所改名为东方文化研究所后，佐伯正式成为助手。结束了收集宋代茶制资料的老师，希望继续研究盐业专卖制，但是未被允许。于是，老师在新设的京都大学附属人文科学研究所转为助手，每日在安部健夫教授的指导下度过研究生活。他最初的成果是《东亚人文学报》第3卷1号（1943）刊登的《盐与中国社会》，这是一篇开启他毕生事业的用心论文。在刊行之前，老师将此文发表在了当时他将要赴任的山口高等商业学校东亚经济研究所的学术杂志——《东亚经济研究》上。因听闻东亚经济研究所中关于东亚的藏书很丰富，所以老师满怀期待地前往赴任，但期待却落空了。因时局极为动荡，课程和研究逐渐不被允许了。

战败后，由于粮食状况恶化，老师不得不一边上课一边从事农活，他没有时间去京都收集研究盐业制度的史料。正巧，经宫崎先生推荐，他分配到了文部省的科研费，便立刻动身来到京都收集史料。老师的博士论文《清代盐政研究》初稿就是在山口工作时写的。

在1949年5月，他就任了京都大学文学部副教授。每日新闻社记者井上靖《通夜之客》同年12月刊登在《别册　文艺春秋》14号上。我在地理同好会的藤冈谦二郎老师介绍下，购买的是角川文库版《春之岚、守夜之客》（1959）。另外，哲学科美学美术史专业的井上和史学专业的老师是同期的文学部学生。

当时，发行史学科机关杂志《史林》的史学研究会，财政状况极度恶化。作为新任副教授的佐伯老师，为了维护更多的会员并重建财政，非常辛苦。另外，东洋史研究会也在1956年以季刊形式顺利发行了《东洋史研究丛刊》，其中定期隔月刊的《东洋史研究》，在不知不觉中陷入了不定期。《东洋史研究丛刊》"之一"发表的是宫崎老师的《九品官人法研究——科举前史》（3月），"之二"是佐伯老师《清代盐政研究》（10月）。这套丛刊的发行没有任何宣言，也没有发表任何声明，这是会长宫崎先生提出的，负责销售、会计等业务的是佐伯先生，直到1974年他退休时才将此业务委托给了同朋舍[①]。

在《东洋史研究丛刊》中，佐伯老师除了《中国随笔杂著索引》《宋史职官志索引》等索引外，还有作为"之二十一"发行的学术论文集《中国史研究》"第一"（1969）、"第

---

① 2020年7月14日，同朋舍宣布破产，所属杂志停刊。

二"（1971）、"第三"（1977）。"第一"是从1938年至1957年发表的论文；"第二"是从1958年到1970年发表的论文；"第三"是从1970年到1976年发表的论文。此中还收录了分为"前篇""后篇"的处女作《王安石》（《中国历史地理丛书》11，富山房，1941）。

我在1958年成为三年级生专攻东洋史时，所求教的教授是宫崎、田村实造和佐伯，副教授是佐藤长，我听了他们4位老师的授课。宫崎老师所用的课本是清代贺长龄辑《皇朝经世文篇》中《吏胥》一卷。我完全理解不了这卷文章的脉络，问佐伯老师有没有什么工具书时，老师说小畑行简训的和刻本《福惠全书》会很有用。但因正版《福惠全书词汇解》（京都大学东洋史研究室，1952）脱销，所以我想着要不要再印一次。初版没有设置卷数和页数，是因为原来的卡片上写着卷数和页数，所以再版就考虑是否可以加上。于是，我立刻借用了卡箱填写卷数、页数，将打印好的再版本100部，于年末发行，将一些收益作为研究室的经费。1975年，同朋舍出版部发行了加了补充订正的活字本，现在已经不需要我再版的了。但是，在活字本的摘要中写着："本索引在昭和二十七年编纂后，交付油印分发，瞬间脱销。昭和三十年，根据京都大学东洋史学专业学生们的要求，再次油印。"其中的"三十年"，应是"三十三年"的误写。

我曾被在《中央公论》1957年2—6月号上连载5次的井上靖小说——《天平之甍》感动过，所以在四年级要决定毕业论文题目时，去了主任教授宫崎市定的研究室，直言想做唐代净土宗史。但是老师说："佛教史是很有意思，不过现在就别提了。因为一开始就深入研究佛教的话，其他东西就会觉得无聊。"所以我遵照老师的善导，按照先辈惯例写了硕士论文，但是并不知道要做什么。于是，我找佐伯老师商量，被告知可以具体调查宋代的财务大臣三司使。根据老师的建议，我提出了题为《唐宋的变革与使职——三司使的成立为中心》的毕业论文；于次年投稿《史林》时更换了题名和副标题名。当时的佐伯先生在讲读、考试中认为，应用宋代财政经济的基本文献《宋史·食货志》，宋代资料多，易入手。我的论文最后以唐五代社会为对象涉及宋代。

在老师住的桃山联合宿舍的隔壁楼，我在做助手时也住了三年左右，但是几乎没有机会和老师见面。老师退休后在比良山东麓和迩之丘顶端，过着晴耕雨读生活的30年间，我会在每年盂兰盆节和正月前后拜访老师，每次3个小时左右。我总是在离开前吃寿司，回来时拿着装了刚摘下的新鲜蔬菜的大袋子，里面装着一大堆挂面、南瓜等菜蔬。

我与老师所交谈的多是古今学界的状况，表达对宫崎、安部[①]两位老师的敬仰之情，也有发行《东洋史研究丛刊》中的辛苦故事。在老师退休时，因无人接手，所以所有的业务都不得不交给同朋舍。结果，定价变高了，年轻人买不起了，这很让人感慨。因此，我在担任东洋史研究会会长时，收到了同朋舍经营恶化，想要撤出《东洋史研究丛刊》业务的申请，就把业务全部委托转给了京都大学学术出版会，定价一下子就便宜了，这让我感到非常高兴。

---

① 即京都大学人文科学研究所首任所长安部健夫（1903—1959）。

在翻阅京都女子大学植松正教授编撰的《佐伯富博士著作目录》时，我发现直到老师晚年，他不仅做论述考察，还制作了庞大的索引类图书，为学术界做出了贡献。在编校老师著作时，虽然要求毕业生们协助，但是我却没做出什么贡献。我小小的贡献是在我的斡旋下，老师的《王安石》被收入了中公文库中，这使我感到高兴。在编辑全25卷的《宫崎市定全集》时，编辑委员以老师为首，加上岛田虔次、岩见宏两位老师和我4个人，实际业务全部都交给了我。虽然老师主张将讲义也收入《全集》中，但和宫崎老师商量后，他提出了编辑上的困难，最终放弃，至今仍令人遗憾。

老师于2006年7月5日因衰老去世，享年95岁。其毕生大作《中国盐政史研究》于1987年完成，并获得了恩赐奖、学士院奖①，在此已不必多说。

我最后一次与老师见面，是在老师去世半年前的正月，在距离自己家很近的坚田，面对琵琶湖西岸的地方上。总觉得这是最后一次见面了，我带着因"中国历史研究入门"等引起的话题，求得了老师一个小时时间。当时，在室内的桌子上，放着琉球大学教授西里喜行所著的《清末中琉日关系史研究》，该书去年春作为《东洋史研究丛刊》之六十六发行了。

（《以文》50，2007年11月）

①　全称日本学士院奖，是日本学术奖中的最具权威性的奖项。佐伯富获奖是在1989年的第79回。

第七节　唐长孺先生在京都

在1980年，京都大学人文科学研究所新设立了"外国客座教授"（正式名称为"京都大学外国研究员"），聘请了武汉大学的唐长孺教授前来。先生于1980年11月19日到1981年3月18日4个月间留日，另一位被聘请的则是厦门大学的傅衣凌教授。唐老师赴日计划得到了竹内实教授的协助，热心推动的是已故的川胜义雄教授。唐老师在京都逗留期间，学校提供给老师个人研究室，位置在北白川的京都大学人文科学研究所的分馆内，与我的个人研究室并列。老师为了借用我研究室的藏书，经常和同行胡德坤讲师一起到我这里来。我自己也经常访问老师的研究室和宿舍近卫公寓，借此机会得到了唐老师的很多教导，这感觉像是我在老师那里留学。当我听说老师的故乡是江苏省吴江县平望镇耕读村时，我对"耕读"这个村名感叹不已。

我难以忘记的是，第一次陪同唐老师去奈良的东大寺和唐招提寺参拜，以及和老师一起在龙谷大学图书馆阅览大谷文书时的情景。但是，本文避免涉及多方面，只陈述唐老师的诗文。唐长孺先生回国之际，将自己创作的一首七言律诗挥洒在美丽的彩纸上，赠予川胜教授和我作为纪念。现移录于下：

现说天涯若比邻，蓬瀛飞渡觉身轻。

唐风已自忘游旅，汉学由来重洛京。

史迹千年勒禹域，灵文三洞探玄经。

流风几辈传薪火，合向鸿都问老成。

庚申孟冬，余应京都大学人文科学研究所之邀，束装东游。

居东四月，川胜、砺波两先生厚意殷拳，俾忘客旅。临行率为长律，书奉

砺波先生，以识鸿爪。

辛酉孟春唐长孺题

唐老师把这张彩纸递给我时，点明诗中"鸿都"的"老成"指京都的宫崎市定老师。我将老师的这张彩纸顶礼珍藏起来，挂在寒舍的书房里作为对唐老师和宫崎老师的纪念。

唐先生曾在京都大学人文科学研究所内外相关研究会上多次发表演讲。题目是"解放后魏晋南北朝隋唐史的研究概况""新出吐鲁番文献发掘整理经过及文书的简单介绍""新出吐鲁番文献中看到的佛教关系的记载""有关桃花源记的问题"等。其中，最后一次演讲是在回国前一天的1981年3月11日，是在人文科学研究协会和东方学会共同召开的学术会议上，地点为京都大学人文科学研究所本馆会议室，竹内实教授作为翻译。

为了这次演讲，唐先生新起草了一篇《魏晋至唐前期的客和部曲》讲稿，写在99张200字一页的人文科学研究所稿纸

上，并且处处用细小的字加上注释。老师的这篇演讲稿，分为
"一、客人的卑微化和对农业劳动的普遍使用""二、晋代对
荫客特权的限制""三、北方大族和荫户""四、南北朝后期
的部曲和隋初的浮客""五、新出吐鲁番文献中看到的唐代部
曲""六、唐代的浮客与佃食客户""七、余论"七节。唐先
生在演讲中论述了其中的主要内容。

唐先生的这篇演讲稿《魏晋至唐前期的客和部曲》，翻译
成日语后本打算刊登在东方学会机关杂志《东方学》上，但因
体量太大，被分刊到两个刊物上。前半部分刊登在由宫崎市定
先生担任会长的东洋史研究会机关杂志《东洋史研究》上，后
半部分刊登在《东方学》上。

论文的一到四部分由川胜义雄翻译，以《魏晋南北朝的客和
部曲》为题，在《东洋史研究》第40卷第2期（1981）发表。唐
老师的中文版本以《魏晋南北朝时期的客和部曲》为题，收入在
唐长孺著的《魏晋南北朝史论拾遗》（中华书局，1983）中。

论文的后半部分由竹内实翻译，以《唐代的部曲和客》
为题，发表在《东方学》第63辑（1982）上。唐老师将原稿部
分的"五"改为"一"，把"六"改为"二"，把"七"改为
"三"，开头附以"唐代的部曲和客，中日学者论述已多，这
里只是提供一些参考资料，以及我的一些还不成熟的意见，敬
请批评和指正"。后半部分在中国没有完整发表，后经大幅增
补和修正，以《唐代的客户》为名收录于唐长孺《山居存稿》
（中华书局，1989）中。另外，演讲原稿——《魏晋至唐前期
的客和部曲》唐先生在归国之际交给了我。

除此之外，在人文科学研究所的纪要《东方学报京都》第

54册（1982）中，唐老师准备的《新出吐鲁番文书整理经过及内容简介》演讲中文原稿，由我负责校对并印刷。于是老师回国后，在中国的《山居存稿》中收录了一篇《新出吐鲁番文书简介》的简略文章。

唐长孺老师于1983年9月初，为了出席在国际会馆召开的国际东方学者会议而再次来到京都。当时我正作为文部省的在外研究员于英国剑桥大学留学，没能与唐先生再次相见并听其高论，令我非常遗憾。

（《魏晋南北朝隋唐史资料》21，2004年）

第八节　追悼谷川道雄博士

京都大学名誉教授谷川道雄博士，于2013年6月7日因肾功能衰竭逝世，1925年12月2日出生的他，享年87岁。10月6日，"谷川道雄先生追思会"在御所西侧的京都花园广场举行。

谷川道雄是熊本县水俣市开业医生①的第三子，大哥是民俗学者谷川健一，二哥是诗人兼思想家谷川雁，最小的弟弟是日本编辑学校的创立者吉田公彦。大学时，他们曾在杂志上以《谷川四兄弟》为题被报道过。他就读于熊本县立熊本中学与大阪府立浪速高中，1945年4月进入京都大学文学部史学专业学习，7月接受征兵在福冈入伍，隶属高射炮队。在8月15日战败后回到大学，于1948年9月从东洋史学专业毕业，毕业论文为《府兵制及其基础条件》。他与同年3月毕业的川胜义雄和西村元佑，都是"唐代史研究会"创设期的成员。

谷川于旧制大学院在籍时，任职了龟冈高中的讲师、洛北高中的教谕。1952年11月，他成为名古屋大学文学部的助手，开始以唯物史观、阶级斗争史观为基础进行唐代史研究，不久就转向魏晋南北朝史研究。他仔细研读了北朝史书，着眼于作

---

① 即开设个人诊所的医生。

为被统治者的民众的自由，提出了重视统治者和被统治者的自律共存关系的豪族共同体论。这方面最初的成果，是他1958年发表在《史林》上的《北魏末内乱与城民》。1961年他投稿《一个东洋史研究者的现实与学问》一文，于京都民科历史部会内部杂志《为了新历史学》，吐露了当时的心境。

在1961年，谷川道雄和京都大学人文科学研究所的助手川胜义雄一起，响应京都大学和名古屋大学的东洋史专业研究生和前辈呼吁，成立了"中国中世史研究会"。当时于3个月内，在京都和名古屋召开了2次发表会，宇都宫清吉在会上发表了具有丰富话题性的讲话。然而，从1967年到1968年，老师由于病魔侵扰，不得不切断右脚，开始了佩戴假肢和拄着拐杖的生活。因此，在1970年春，由中国中世史研究会编辑、东海大学出版会发行的论文集《中国中世史研究　六朝隋唐的社会和文化》中的《总论1　中国中世史研究的立场和方法》的作者，是川胜义雄和谷川道雄。但是相关资料显示，文责在川胜，谷川只是浏览了一下。正因如此，此文被收录在川胜去世后才被编辑出版的《中国人的历史意识》（平凡社选书，1986；1993年增补一篇，平凡社丛书）中。

谷川在出版了作为学位论文的主要著作——《隋唐帝国形成史论》（筑摩书房，1972）后不久，他又出版了《中国中世社会与共同体》（国书出版会，1976），并在主持研究室期间创刊了《名古屋大学东洋史研究报告》，至今还在连载中。

1978年11月，他被调任为母校京都大学文学部教授，移居洛北的岩仓，这是他最后的居住地。成为京都居民的谷川，开始热心于指导大陆和台湾来的中国留学生和交流研究人员。另外，与名古屋大学森正夫合编的《中国民众叛乱史I～IV》被收入了平凡社的"东洋文库"中。1987年秋日本编辑出版部刊行了谷川《中国中世社会与共同体》的续篇——《中国中世的探索　历史与人类》。

谷川在1989年春退休后，成为龙谷大学的教授。1994年就任与名古屋大学有渊源的河合文化教育研究所（河合塾附属研究机构）的主任研究员，不久在研究所内成立了"内藤湖南研究会"，并于2001年与他人共同编著了《内藤湖南的世界》。其后，他的研究着眼于近年来通过法律来维护权益的新农民群众。在本稿开头所提及的"谷川道雄先生追思会"，也是以同研究所为主体举行的。

另外，在谷川生前策划的两个研讨会，《I　亚洲的历史与近代》与《II　近代中国与世界的相互认识——内藤湖南与中国》的报告书，刊登于河合文化教育研究所的《研究论集》第11集（2004）中。此集包括了追悼谷川的几篇文章，特别值得一读的是胡宝华的《关于内藤史学的继承和发展的初步考察——以谷川道雄为中心》。

以上就是所谓的官方讣告。接下来我想写一下个人的追忆。

我第一次见到谷川是1960年11月3日，在京都大学人文科学研究所礼堂举办的东洋史谈话会（之后与东洋史研究会合并）的联谊会上，由前辈森正夫老师介绍下相识。当时我的毕业论文以从唐朝到宋朝的财政机构变迁、三司使的成立为焦点，题名为《唐宋的变革与使职》，我们谈及了唐朝后期朋党的"牛李党争"，很有意思。结果，我在硕士论文中分析"牛李党争"成为探讨使职辟召制历史意义的开端。1961年中国中世史研究会成立，于秋天在京都大学清风庄（西园寺公望旧邸）举行了第一次研究发表会，我做了硕士论文的预发表。

在多次中国中世史研究会上，川胜、谷川提倡的南北朝时期的中国是豪族共同体社会，不知不觉成为会员们的共识。但是，我是从制度史和财政史出发考察隋唐时期的中国，总觉得有些不协调，所以在自己的论文和概论中没有使用"豪族共同体"这个词。不管怎么说，当谷川的《隋唐帝国形成史论》和《中国中世社会与共同体》出版时，我在《日本读书新闻》报纸上发表了书评（《京洛的学风》再录，中央公论新社，2001）。

对于前书，我在文中写道："从内容上来说，叫《五胡北朝政治史》更合适，之所以特意以《隋唐帝国形成史论》为名，是因为谷川长年以来，抱着如何理解隋唐帝国这个时代的问题意识，这是他创作这本书的直接动机""我在谷川先生早期研究唐代历史的指导下进入研究生活，对他踏入之地，仍然感到留恋，难以离去。坦率地说，我至今还不能完全理解他过于偏重精神史的共同体论，但在祝贺本书出版这一点上我却不甘人后。我由衷地希望他将本书未收的精神史的诸论文、20世纪50年代执笔的众多唐代历史研究，继续结集成为《隋唐帝国论》一书，并以此劝导我们后进"。对于后者，我表示："在本书中展开的谷川先生的共同体说，今后也将成为许多研究者的评论对象。应该欢迎争论，但我们不希望像以往那样，带着强烈的意识形态色彩，脱离学术批判的范围。"

在谷川成为京都居民后，经过三五年岁月的洗礼，我们加深了交流，他还担任了我学位论文的主审。但是，自他从京都大学退休后，偶遇与面谈的机会变少了，我们一直处于论著往来的状态。最后的合作是因共同的门下学生、南开大学教授胡宝华《20世纪以来日本中国史学著作编年》（中华书局，2012）的编辑出版，从检查原稿到初校、复校，我们两人分别陈述了意见，序文是我写的。

在2013年正月，我收到了河合《研究论集》第10集刊登的两篇论文的抽印，于5个月后接到了讣告。曾经希望拜读的《隋唐帝国论》，最终未能如愿以偿。

（《唐代史研究》17，2014年8月）

第五章　京都的中国学——·

京都的中国学，与江户时代18世纪上半叶的近卫家熙考订《大唐六典》和伊藤东涯撰《制度通》等相区别，是以1906年的文科大学和1934年的东方文化学院京都研究所的创办为划分范围的。在此期间，为了躲避辛亥革命，罗振玉和王国维东渡之际，为敦煌学的创立和古典学的确立做出了贡献。在此对于卷末中初次出现"京都的中国学"的杂志、季刊杂志《大航海》的停刊表示遗憾。

第一节 　《京大东洋学的百年》引言

本书是在京都大学文学部讲台上讲授东洋学的8位著名老师的评传集。在发行之际，我想讲述一下编辑的经过和方针。

该文学部于1906年以京都帝国大学文科大学的名义创立时，老师们就与已有的东京帝国大学文科大学对比而言，应该有怎样的自己的特色而煞费苦心。其特色之一是，以"中国学"而闻名的中国哲学、东洋史学、中国文学，分别作为哲学科、史学科、文学科三个学科所属分别设立了讲席。特别是在东洋史学设置了三个讲席，这是大学创立期重视东洋学发展的一个具体化方针。

对东洋学抱以期待的，是制定了京都大学创立构想——《京都大学条例》的帝国博物馆总长九鬼隆一。他寄予了1892年10月在京都召开的关西地方教育家大会以文章，并于《日出新闻》上刊登，文中表明：设置在京都的大学，与欧洲的各大学相比也应该毫不逊色，自然有责任参与世界文化，除此之外应该有一种特色，那就是东洋学的主盟者。

在文学部创立90年后，文学部的构成结构发生了很大变化，被合并为了一个人文学科。在1996年4月，大学院文学研究科的官制化，即实现了大学院重点化。文学研究科被重组为5个专业16大讲席，并设立了人文科学研究所任教官的合作讲席。于是，为了纪念研究生院重点化的实现、庆祝文学部90周年和二阶建新校舍竣工，举办了由东洋和西洋两部分组成的"公开研讨会"。

因此，公开研讨会的整体主题被命名为"创设期的京都大学文科东洋学者群像"，于同年11月30日上午，从建立文科大学基础的学者群中，特选出三位东洋学者——中国哲学文学的狩野直喜、国史学的三浦周行、东洋史学的内藤湖南，在杉山正明的综合主持下，高田时雄、藤井让治和我进行了演讲，讨论了他们的成就和于今的评价。刚刚竣工的新校舍的演讲要旨，是在下午举行的西洋文学系研讨会——"西洋表象文化——文学与艺术之间"的演讲摘要，刊载于文学部同窗会杂志《以文》第40号（1997）中。

在1997年11月，京都大学举行了创立100周年纪念活动。在出版了《京都大学百年史》全7卷中的《部局史篇》第3卷及举行纪念仪式的同时，在综合博物馆和附属图书馆还举办了以"知识生产的传统和未来"为主题的纪念展览会。以综合博物馆为会场的展览会，由"对古代的热情"等10个展示主题组成，其中的第5个主题——"东洋学的系谱"的展示被委托给了我。我在接受委托之时，已经决定重点展示内藤湖南、狩野直喜、桑原骘藏、羽田亨、宫崎市定、吉川幸次郎、贝冢茂树等7人。

因此，我在最初的展板"东洋学的系谱"中提到："在文科大学（文学部），根据第一任校长（系长）狩野亨吉等人的构想，重视以中国为中心的东洋学。此后，以狩野直喜、内藤湖南为首的中国学派和以桑原骘藏为首的东洋史学派，形成了两大潮流，致力于研究和教育，在国内外形成了被称为'京都学派'的精细学风，一直延续至今。"在参观了各位老师的家藏著作和书信后，我还举例说明了与东洋学相关的学术杂志。

因为文学研究科的公开研讨会受到好评，所以策划在第二年后继续举办，但不再是两个主题而是一个，在星期六下午由数位工作人员进行演讲。第6届在2001年秋，以"日本文化的基点——中世纪到近代"为题。随着公开讨论会的多次召开、成果出版，给很多相关读者提供了话题。

几年前，在京都大学学术出版会，希望以在第一届研讨会"创设期的京都大学文科东洋学者群像"上的狩野直喜、三浦周行、内藤湖南三人为基础，包括在创立100周年纪念展览会"东洋学系谱"上介绍的几位，编辑成8人左右、20世纪全时代的《东洋学者群像》评传集。

在"东洋学的系谱"的展板中，东洋史学的老师就多达5位。在研究室之间平衡、能否有作者执笔的考量后，最终方案得以确定。除了最初3位外，另外5位为：担任京都大学校长的考古学的滨田耕作和东洋史学的羽田亨，人文科学研究所①第一任所长、中国哲学史的小岛佑马，以及在战后领导京都大学东洋学东洋史学的宫崎市定和中国文学的吉川幸次郎，总计8名。

把8人按时代顺序区分的话：于明治末年就任教授的狩野、三浦、内藤三人；于大正年间升格为教授的滨田、羽田，昭和初期升格为教授的小岛三人；于战败前后成为教授的宫崎、吉川两人。除了帝国大学文科大学选科毕业的三浦和秋田师范学

---

① 京都大学人文科学研究所的前身。

校毕业的内藤两人，没有参与到大学行政工作之外，其他6人都曾担任过文学部的部长，从事过大学行政工作。他们作为学术界的重要人物，在各个时代都受到过关注。

我确信这8位老师的评传，可以提供"京大东洋学百年"的发展潮流。但以防万一，补充一句，若在学者列传中选取杰出群像的话，应不止这8人。因为我原本属于历史文化系，专业是中国学，所以我策划的公开研讨会和展览会只限于东洋史学、国史学、考古学和中国文学、中国哲学（都是以东洋学为基础），并未涉及印度学和国文学的老师。

另外，尽管属于国史学、东洋史学或中国文学，但没有提及创设期的史学专业、建立构想的国史学的内田银藏、东洋史学的桑原骘藏和中国文学的铃木虎雄等，这是考虑到各个领域的平衡和有无执笔阵容的结果，没有其他的意思。

在欣然答应执笔时，除了担任文学研究科合作讲座的人文科学研究所教授高田时雄和兼任教授的综合博物馆山中一郎两人外，其他7人都是文学研究科的专职教授。另外，全体执笔者都是选题中对象老师们教研室里的再传弟子或授业生。排列顺序根据就任文学部教授的年月日，而不按出生年月日顺序或卒年月日顺序。

在委托执笔的时候，评传的形式没有明文的统一大纲。之所以这么做，是因为考虑到有些已被写过详细的评传，有些是第一次正式书写。另外我考虑到文学研究科的教官很多都是个性丰富之人，最好不要进行限制，让他们自由挥毫。究竟是应该统一体例呢，还是自由发挥，总是一个令人烦恼的问题。

用语和引文使用方法也依照作者的原字，不谋求统一。

因此，令人苦恼的引文用语"支那"或"支那学"也照搬了原稿，没有用"中国"或"中国学"来替换。在固有名词中包含的"支那"这个用语，要附上执笔者名。

也有因为太忙而耽误了时间的人，匆匆忙忙交了原稿，给之后的执笔者添了很大麻烦，作为编者也只能请求宽恕。

本书的出版获得了财团法人京都大学教育研究振兴财团的赞助金。对于各位相关人士的关怀，深表感谢。

2002年3月

（《京大东洋学的百年》，京都大学学术出版会，2002年5月）

第二节　罗振玉、王国维的东渡与敦煌学的创始

敦煌文献的发现与罗、王

敦煌声名大噪，是因为在20世纪初距敦煌县城东南17公里的莫高窟第17窟的藏经洞中，住持王道士发现了大量经卷、古文献和书画，这些发现为世界的东洋学和佛教美术研究做出了贡献。自1907年以来，英国探险家斯坦因和法国东洋学者伯希和、日本大谷探险队等来此得到古文献和书画，刺激了对中国社会经济史、古文献学、佛教学、美术史和民俗文学等方面的研究。与此同时，在1906年到1908年的第二次探险中，斯坦因从敦煌附近的长城遗迹处，发现了705件与边境守备有关的汉代木简。

斯坦因自1907年以来，多次取得大量经卷、旧抄本、画卷、刺绣等并将其带回本国。于1908年2月到达敦煌莫高窟的伯希和，从王道士那里得到了5000多件经卷、古抄本和150多件画卷。伯希和给各个小窟编上号码，拍摄了壁画照片。伯希和将敦煌文献送往法国后，暂时回到了河内的远东学院。

1909年，伯希和把从王道士那里得到的敦煌文献中的数十件在北京展示给了蒋伯斧、董康、罗振玉和当时住在北京的文求堂主人田中庆太郎看。田中以"救堂生"这一笔名，在日本

寓京侨民发行的《燕尘》杂志第2卷第12号上以《敦煌石室中的典籍》为名进行了介绍。此文被收录在了神田喜一郎的《敦煌学五十年》（二玄社，1960；筑摩书房，1970）中。罗振玉和田中将此事告知了旧知——京都帝国大学的内藤湖南和狩野直喜。

罗振玉在此后立刻执笔了《敦煌石室书目及发现之原始》和《莫高窟石室秘录》，并附上照片寄到了内藤和狩野处。内藤于同年11月24日到27日连续4天，在《朝日新闻》上刊载了以《敦煌发掘的古书》为题的详细报道。在28日和29日两天中，京都大学史学研究会第二次大会在冈崎新建的府立图书馆召开，展览了从北京刚送到的敦煌文献和绘画雕刻照片300张。以小川琢治为首，内藤湖南、富冈谦藏、滨田耕作、羽田亨、狩野直喜、桑原骘藏，也就是中国学的全部教员都进行了演讲。

清政府在得知斯坦因和伯希和将大量文物带到海外后，于1910年将藏经窟中残留的全部约6000件经卷运往了北京。在运送途中，监督官员自己抽走了相当多的经卷。京都文科大学于1910年8月下旬开始至10月中旬，向清国派遣了狩野、内藤、小川、滨田、富冈5人调查北京收藏的敦煌遗书，展示出狂热的态度。同时，东京的国华社也派遣了泷精一前往北京。这些都在长广敏雄的《敦煌石窟与敦煌学》（《橘女子大学研究纪要》10，1983）的《三　日本敦煌学的摇篮期》部分中有着很好的叙述。

1911年10月10日，辛亥革命在武昌爆发。派遣大谷探险队的西本愿寺门主大谷光瑞，邀请为了躲避革命的罗振玉一家来日本，并派了曾住北京本愿寺的僧侣，希望迎接其到神户六甲山半山腰的别邸——二乐庄。罗振玉因和光瑞在之前没见过面，一开始犹豫了一下，但在居于北京的藤田丰八（号剑峰，1869—1928），以及京都的内藤湖南、狩野直喜、桑原骘藏、富冈谦藏等人的大力协助下，罗振玉接受了光瑞的援助，与王国维及家人一起流亡京都，暂住在京都大学附近。

可以说罗振玉与王国维东渡日本，长期滞留京都，才起到了实现敦煌学在京都崛起的作用。此间经过，白须净真在《道夫诸古坟群出土汉文墓志研究开始——第三次大谷探索队将来墓表、墓志和罗振玉》（《唐代史研究》4，2001）的第2章"罗振玉与大谷光瑞"中有详细的记述。在列举致力于罗振玉和王国维东渡的京都学者中，通常不会像白须那样列举出桑原骘藏的名字，但在湖南去世第二年出版的《增补"满洲"写真帖》（小林写真制版所出版部，1935）的罗振玉序文中，记载其在辛亥革命时寓居京都经过时，桑原骘藏的名字赫然在列，所以桑原确实是推荐罗氏来京都的人之一。关于罗、王二人在京居住的情况，我参考了钱鸥的《罗振玉与王国维在京都的寓居》（《中国文学报》47，1993）。

罗振玉出版了伯希和寄来的照片的影印版《鸣沙石室佚书》（1913）和《鸣沙石室古籍丛残》（1917），并网罗了斯坦因发现的汉代木简，出版了其与王国维合作考释的《流沙坠简》（1914），这些都是停留在京都期间所作的。

罗振玉在敦煌学史上的贡献，在林平的《罗振玉敦煌学析论》（文史哲出版社，1988）中有着不遑多让的详细论述。关于王国维的敦煌学，周一平、沈茶英在《中西文化交汇与王国维学术成就》（学林出版社，1999）"第6章 史学"中的"五、敦煌学"和附录《王国维著述年表》中给予了准确评价。王国维在京都逗留期间，给日本人经营的《盛京时报》投稿了众多学术文章。如《东山杂记》《阅古漫录》等，因为没有收录在《王国维遗书》中，所以没有被提及。然而，最近发行了由赵利栋进行编辑校对的《王国维学术随笔》（社会科学文献出版社，2000），令人瞩目。他利用了王的笔录，涵盖了上面所说的《遗书》中未收录的文章。其中，在《东山杂记》卷一《敦煌石室古抄本》中，有着意味深长的证言。例如，从敦煌运到北京时，监督官员自己不仅抽走了经卷的一部分，还记载了"黠者又割裂以售，或添署年号、书人姓名，其流传在外者，不下数百卷"这样的情况。

罗、王与桑原骘藏的交游

在得到了罗振玉提供的资料后，京都大学的教授，以内藤湖南为首，狩野直喜、羽田亨等人热情洋溢地研究敦煌。但在以敦煌为楔子的1909年11月的正好十年前的1899年11月，加入罗振玉创立的上海东文学社的王国维便撰写了由与他同年出生的樊炳清（1877—1973）进行汉译，罗振玉进行题签的桑原骘藏《东洋史要》的序文。长春市政协文史和学习委员会编《罗振玉、王国维往来书信》（东方出版社，2000）的注释中写到，樊炳清在辛亥革命后任商务印书馆编辑，其长子丰令娶了罗振玉的孙女。

作为中国新国学旗手的两位学者——罗振玉和王国维，能够有长期滞留京都的机会，是因东京帝国大学文科大学汉学专业毕业的藤田丰八。他在1897年29岁时横渡到中国大陆，与罗振玉成为肝胆相照的好朋友。此中详情，可以参考罗振玉撰写的《藤田博士墓表》（池内宏编《剑峰遗草》，私家版，1930）。

撰写了藤田丰八的评传《藤田丰八》（江上波夫编《东洋学的系谱》第2集，大修馆书店，1994）的江上波夫如此说：藤田于1897年远渡中国，在这一年与日本女医先驱之一的丸桥光子结婚，结成良伴。解除了后顾之忧的他，充分发挥了其才华。藤田去中国的动机并不明确，但据小柳司气太的《藤田丰八博士略传》记载，远渡中国的藤田最初和马建忠等经营报社，不久便迎来了在上海主持农学报馆的罗氏的赏识，汉译了与农学相关的书籍。并且，在罗氏等人于次年在当地创立东文学社时，他也加入了其中，从事对中国学生的日语教育。

据江上记述，东文学社的学徒王国维："在藤田的推荐下，成为罗的女婿，并成为被称为'罗王时代'的中国新实证主义国学领袖。藤田无疑处于中国古典学、金石学史上划时代的新运动背后。"有可能的确是那样的。但是，该书却大书特书王国维撰写了藤田丰八《中等教育东洋史》汉译本《东洋史要》的序文，这完全是错误的，希望借此机会引起注意。

江上在总结了藤田的东西交涉史研究成果后说道："这样一来，藤田对于比他在东京大学汉学科低一年级的后辈，在互相走上相同的学问、教育之路的同时，也不得不奉劝好论战的桑原骘藏一句的。"作为其中的一环，江上写道：

在东洋史成为中等教育科目后，藤田很快在1897年出版了《中等教育东洋小史》（全2册），于1899年出版修订版《中等教育东洋史》（全2册），在中学的新历史教育场上报了名；桑原也是作为大学院生早在1898年在那珂通世校阅名义下编著了《中等东洋史》（全2册），加入了教科书的先锋之争。藤田与桑原的争夺战，最终以桑原在全国中等历史教育界拥有巨大支配力的东京高等师范学校的支持下，取得了胜利；而藤田的《中等教育东洋史》，则是由支持他的罗振玉在上海担任教授的东文学社翻译成汉译《东洋史要》于1899年出版，传播于当地学生之间。《东洋史要》由罗振玉题写了签名，王国维写了序文，也是由此而来。

但是，森鹿三在《桑原老师和藤田博士》（《桑原骘藏全集》月报，岩波书店，1968）中写道：

1898年，罗氏在上海创立了东文学社，（藤田）博士在这里负责清国学生的教育。这一年桑原老师的《中等东洋史》（《全集》第4卷所收）发行，东文学社立刻将其翻译成中文，1899以《东洋史要》为名出版。根据王国维的序文（插图参照），"吾师藤田学士论述此书的主旨，命令国维在其一端书写"，藤田博士也在推进这本书的翻译。樊炳清担任翻译，罗氏署签名。藤田博士在桑原老师之前也有《中等教育东洋史》（全4册），1898年出版，但选定翻译成中文的是桑原老师的版本。有意思的是，从这可以看出博士的见识和度量。

在《东洋史要》卷首有王国维序文的书影，作为插图刊登在其中。由此可看出，江上是把鹭称为了乌鸦。据陈鸿祥在《王国维年谱》（齐鲁书社，1991）中的记载，王国维1899年春在东文学社影印了那珂通世的《中国通史》，由罗氏代作序，11月王为樊炳清汉译的桑原骘藏《东洋史要》作序。关于这个《东洋史要》序文，在《年谱》中特别写道："此系现在所见王氏署名的第一篇阐明其史学观点的序文。"另外，翻译了王国维《宋元戏曲考》（平凡社，1997）的井波陵一在译者后记的最后，认为中国好像将桑原骘藏的《中等东洋史》翻译成中文时，王国维所写的序文遗漏掉了，陈鸿祥在《王国维年谱》将其作为佚文收录其中。

藤田和桑原都是第三高等中学（之后的第三高等学校）和东京帝国大学文科大学汉学专业的学生，藤田是高一个年级的前辈。在座谈会"谈先学——藤田丰八博士"（《东方学》63，1957）的卷末，移录了藤田的《东西交涉史的研究》南海篇，并附上了小柳司气太的《藤田丰八博士略传》。在其一的"修学时代"条中写道：

> 博士从家乡的小学进入德岛中学，1886年（18岁时）毕业。次年赴大阪，进入第三高等中学预科，1896年（22岁时）进入本科，1892年（24岁时）毕业，直接进入东京帝国大学文科大学汉文科。1895年（27岁时）从该科毕业，进入大学院，专攻中国哲学史。同时毕业的还有后来的京都大学名誉教授狩野博士。

藤田在德岛中学毕业的第二年，进入了大阪的第三高等中学预科。1889年9月，藤田入本科，从大阪城西转移到京都府下的爱宕郡吉田村（现在的京都大学本部用地内）。在那之后的三年里，藤田在京都的吉田山周边，度过了学生生活。另一方面，出生于福井县敦贺的桑原，在京都府立中学学习了五年后，在1890年9月才进入第三高等中学。三年后入东京帝国大学文科大学汉学专业，成为藤田晚一年的后辈。对藤田来说，桑原所在的京都是一片令人怀念的土地，在罗振玉和王国维商量逃亡京都一事时，他表示了赞成。

　　文求堂主人田中庆太郎以"救堂生"的笔名，在向日本寓京侨民发行的《燕尘》杂志上介绍了伯希和发现敦煌遗书的消息，此事在日本敦煌学史上很有名。这里我想谈谈桑原经常投稿《燕尘》杂志的原因。

　　《燕尘》是1908年1月创刊的月刊杂志，是在清国的唯一日文杂志。同年8月出第8号时，月发行量已8000册。顺便说一下，当时在北京居住的日本人大约150户，不足800人。创刊之初，桑原以就任京都帝国大学文科大学史学科教授为前提，被文部省派到清国留学，到清国各地旅行。当时，东京高等师范学校出身的人在清国各地执教，桑原在游记《考古游记》中提到，他常常受他们的关照。

　　桑原在清国逗留期间，在《燕尘》杂志第一年的第10号和第11号上刊登了《入竺求法的僧侣》。第二年1909年3月30日，他给编辑部写了封书信《来自南京》，刊登在第2卷第5号，作为代替回国前的问候。回国两年后，他又投稿了《观耕台》一文，并重新收录在了《考古游记》卷末。《来自南京》中说：

敬启：

　　此后久疏问候，候处益御多祥的条奉贺候，前几日收到了寄来的《燕尘》第3号，详细了解了诸君近况，仿佛身在燕京。之后小生又因淫雨而退却，3月上旬以小晴为契机，与藤田剑峰、长尾雨山等前辈们一起去杭州、绍兴等地游玩，前后十三天只晴了一天，连吴山的第一峰都没爬上，狼狈不堪地回了上海。云云。

　　在清国留学两年的最后时刻，他与藤田丰八、长尾雨山等前辈一起到江南各地观光旅行。关于桑原的旅行，请参考我在《考古游记》（岩波文库，2001）卷末附上的解说。

　　此外，正如桑原武夫在《桑原骘藏小传》（《桑原骘藏全集》第5卷，岩波书店，1986）中指出的那样，骘藏很早就重视外语，但因为少时起耳朵就不好，所以不擅长对话，天生蒲柳之姿，由于耳疾的老毛病接受了两次手术外，他还患有胆石症、丹毒等疾病，面临病危，退休前一年多便卧病在床，退休后（即花甲后）半年未满于1931年5月24日就去世了。正如我在评传《桑原骘藏》（江上波夫编《东洋学的系谱》，大修馆书店，1992）中所述，采用西洋式科学研究法的桑原，一般对于中国学者的研究成果持批判态度，这是事实。但是他没有忘记对第一流的学者罗振玉、王国维以及陈垣（1880—1971）的学问怀有敬意。

罗、王与内藤湖南的交游

王国维在1899年11月为桑原骘藏的《东洋史要》撰写了序文。11月下旬，内藤湖南在上海第一次见到了罗振玉。这是湖南在第一次清国旅行的归途中。纪行文《燕山楚水》（博文馆，1900；《内藤湖南全集》第2卷，筑摩书房，1971）中的《禹域鸿爪记》"其十二　最后的笔谈。时务。金石。归途的惊闻"（《全集》第101页以下；王青译《两个日本汉学家的中国纪行》之《燕山楚水》第69页以下，光明日报出版社，1999）中有：

> 从汉口回来，停留于上海，仅仅四天。在此期间，与罗振玉评论金石，与张元济、刘学询评论时务，是为最后的佳兴。

在其后记录了和张元济的笔谈：

> 与罗振玉的交谈，大多是金石拓本，这一句，那一句。如果对答的话，往往零星难以记录，罗将其所著的《面城精舍杂文》甲乙篇、《读碑小笺》、《存拙斋札疏》、《眼学偶得》赠予了我。吾以《近世文学史论》之报，吾携来有延历敕定印的右军草书、法隆寺金堂释迦佛，以及药师佛光焰背铭、二天造像记……赠送风信、小野道风国字帖等，罗以秦瓦量、汉戴母墓画像、汉周公辅成王画像、北齐张氏白玉像、唐张希古墓志，以及高延福墓志、南汉马氏买地券、晋永康和无年号"涅狄"、宋元

嘉砖等拓本以报之。

罗振玉之所以赠送这些虽不是很精良的拓本，是因为这是个人收藏，在市肆之间买不到特别好的。不管怎么说，初次见面，同是丙寅年出生的罗振玉和湖南两人，互相赠送拓本，以中国和日本的金石、书法为话题，成为情投意合的朋友。

从内藤湖南第一次清国旅行归途的1899年11月下旬，第一次见到罗振玉后两人便一直保持了亲密交往，珍贵的湖南的信件可以证明，信件被杉村邦彦以《内藤湖南博士所书投函罗振玉的书信》（《湖南》15，1995）为名进行了介绍。那是1901年3月28日所写，但没有投寄的书信。在此一年前，也就是1900年，湖南经安村介绍，从罗振玉那里得到了"书及拓本古墨数种"，但是因为当时清朝义和团运动的混乱，没能寄出感谢信。在松平定信编辑的《集古十种》内钟铭记足本中，记载了湖南委托朋友西村天囚将信寄往上海等事情。吉川幸次郎看到湖南还留着这封未发的信，就从湖南处拿到了。1943年在京都执教的罗振玉的孙子罗继祖，在时隔半个世纪后发现并拍下这封信，寄给了杉村邦彦。据罗继祖说《集古十种》确实在罗家，而且在罗振玉从京都回国之际举办的送别会上，里面还刊登了和富冈铁斋、犬养木堂、长尾雨山、内藤湖南一起拍摄的照片（鹿角市先人表彰馆《照片中看到的内藤湖南的一生》，1996），据说他很珍惜地保存着。

在记载了内藤湖南第二次清国旅行（1902年10月到1903年1月1日）的内藤戊申编《内藤湖南记·清国再游纪要——禹域鸿爪后记》〔爱知大学国际问题研究所《国际政经事情》20，

1956；《内藤湖南全集》第6卷改名为《禹域鸿爪后记（清国再游纪要）》并省掉戊申《前言》，1972〕的"上海"一项中，在其12月13日以后的日记里，记录了湖南与罗振玉、狩野直喜、藤田丰八的往来情况。

内藤于1909年11月24日至27日，历时4天在《朝日新闻》上写的《敦煌发掘古书》报道，之后收录在了由内藤乾吉整理出版的《目睹书谭》（弘文堂，1984；《内藤湖南全集》第12卷，1970）中。在《目睹书谭》中还收录了内藤湖南与他人合作的文章：1911年2月5日的《大阪朝日新闻》刊登了内藤湖南与狩野、小川、滨田、富冈合作撰写的《清国派遣教授学术考察报告》。这是京都的文科大学从去年8月下旬到10月中旬，向清国派遣5人调查北京收藏的敦煌遗书时的简单报告。其"一 敦煌古书"有载：

> 对于敦煌古书，不管怎么说结果都稍令人失望。当然，法国人伯希和先生精通东洋学，他自己也曾明言过，在敦煌古书中，入眼的大多都已被带走。但我们同时也希望或许能找到些残留的珍宝。从这次调查结果来看，所留下的几乎全部都是佛经。

这是一篇传达内藤湖南等人在失望的同时，也向伯希和的慧眼表达了敬意的文章。

富冈谦藏家留下了证实该事的日记，内藤戊申作为朋友，从其子孙富冈益太郎那里收到了复印件，并在题为《回忆与前进》（《本府》8，汇文堂书庄，1958）的随笔中引用了其中一部分。日记的前半部分是滨田的笔迹，后半部分是富冈的，据说从9月7日到10月12日分为了32页。

在9月18日（雨）"中秋节"条中：

> 除余（滨田）外，大家都外出到林酒店吃午饭，在小村（俊三郎）家接待了罗振玉和王国维。

接着，"10月8日（晴　强冷）"一条，大家都一一列出了早上一行人赠送了罗振玉"志一时之别"的礼物，例如内藤送了宋陶盏三枚（此得自常州张奕墓中）、明扫论坐帖、汉陶灶、翁相国书"虎"字（翁生之年月日时皆值虎，故平生喜书"虎"字）。在之后：

> 下午涉猎隆福寺街的古书肆，内藤先生得到了满文、狩野先生得到了词曲等相关的珍本书籍，各自满足，余（富）也幸运地得到满文满洲祭神祭典一套中的禁扁一部。云云。

第二天9日（晴）中：

> 大家一起拜访了藤田（剑峰）。午饭后内藤、富冈、藤田、小野、橘三宅的诸君一起到西直门外，用驴马踏查了元代城墙遗迹并摄影。大元庙、大钟寺展览。……今天狩野访问了王国维。

在内藤戊申的《回忆与前进》中刊载的《册府》，是京都的中国书法专卖店汇文堂书庄出版的书目，于1965年正月起刊行第21号后停刊。本书属于珍本，故略为详尽地进行了介绍。

（高田时雄编《草创期的敦煌学》，知泉图书馆，2002年12月）

第三节　土肥义和编《敦煌氏族人名集成》
（氏族人名篇·人名篇、索引篇）

敦煌学术界期待已久的敦煌人名大事典——土肥义和编《8世纪末期——11世纪初期敦煌氏族人名集成》，继去年春天出版《氏族人名篇·人名篇》（B5规格，总1264页）之后，随着"索引篇"500页的出版，终于告一段落了。

隶属于中国甘肃省西北部酒泉地区的绿洲之城——敦煌，是中国西北地区丝绸之路上最重要之地。但是，使它闻名于世的，是位于其东南鸣沙山东麓莫高窟藏经洞中的古文献、绘画等。在1900年被住持王道士发现后，1907年被英国的斯坦因、1908年被法国的伯希和取得很大一部分，各自带回本国，被国家图书馆收藏。清国政府大为震惊，在1910年将剩下的1万多件运到北京，之后访问的日本大谷探险队也获得了2000多件经卷，俄罗斯的奥登堡、第三次斯坦因探险队也取得了若干件。

敦煌学最初被认为是研究莫高窟发现的古文献。1944年在莫高窟当地设立了敦煌艺术研究所，1951年改为了敦煌文物研究所，进行保护和调查石窟，以及临摹壁画。此后，敦煌学的范围扩展到了壁画与塑像研究。无论是哪一门学问，目录都是必要的。关于古文献，有商务印书馆编的《敦煌遗书总目索引》（商务印书馆，1962）；关于石窟与壁画、塑像，有谢稚柳编撰的《敦煌艺术叙录》（上海出版社，1955）；关于敦煌学的现状，有北京大学荣新江的讲义集《敦煌学十八讲》（北京大学出版社，2001）。

敦煌学在日本的飞跃性发展，是在榎一雄先生的努力下，东京的东洋文库配备了斯坦因带出的文献的全部复印件之后。负责整理的土肥义和先生最早编纂的《西域出土汉文文献目录初稿·古文书类Ⅱ·寺院文书》（东洋文库，1967），是集半个世纪后的成果于一书的集大成之作。北京国家图书馆徐自强主编的《敦煌莫高窟题记汇编》（文物出版社，2014），无疑将成为世界敦煌学者经常阅读的书籍。

敦 煌 学 十 八 讲

荣新江 著

敬呈 礪波護 先生

荣新江 於京都

北京大学出版社
·2001年·

荣新江教授赠送砺波护先生
《敦煌学十八讲》签名扉页

（《中外日报》，2016年7月22日）

第四节　京大以文会

京都帝国大学文学部毕业生的同学会——"京大以文会"，是在京都帝国大学文科大学成立的1906年后差不多半世纪的1955年4月30日，由"京大俱乐部"发展性削减后更名成立的。在成立之初，当时的文学部长高田三郎对其尽心尽力，第一任理事长是吉川幸次郎。

虽然很早就尝试建立文学部的同学会，但是当国史学的西田直二郎发起时，却被教授会否决了。结果，1933年春召开了不是同学会，而是有志之士的集会，未加"文学部"的名字，冠以"京大"名字的"京大俱乐部"，西田就任第一任理事长。但是，由于第二次世界大战前后的困难情况，1942年秋的大会和联谊会成了有名无实的存在。

作为创立50周年纪念的策划，《京都大学文学部五十年史》与《文学部五十周年纪念论集》于1955年11月23日刊行。《五十年史》的编辑委员长是臼井二尚，内容以各研究室提交的资料为基础，同时核查了文学部保存的公文。实际执笔者是佐藤长和岸俊男，题名的是铃木虎雄，相关费用由以文会负担。《纪念论集》的编辑委员长是宫崎市定，该书同时也是《京都大学文学部研究纪要》第4和第5本合刊号。执笔者是现职的所有教官，题名的是新村出。两本书的序都是由文学部长吉川幸次郎执笔的。

在11月23日，于钟楼二楼本部讲堂的东半部举行的纪念仪式上，以京大总长泷川幸辰为首，有来自国内外约600名与会者参加；随后又在西半部举行了纪念庆祝会。学生庆祝会在文学部第一讲义室召开，据说参加的学生有300人，人多到无立锥之地。纪念演讲会于次日在每日新闻社京都分局的大厅举行，哲学科的田中美知太郎、史学科的宫崎市定、文学科的伊吹武彦等教授进行了演讲；25日在朝日新闻社大阪总社大厅，哲学科的臼井二尚、史学科的原随园、文学科的野间光辰等教授进行了演讲。在这两天的演讲中，听众座无虚席。

"京大以文会"的名字，来自《论语·颜渊》中的："曾子曰：君子以文会友，以友辅仁。"因此，"以文会"这个名字经常被用在文科联欢会名上。"以文会友"4个字，不仅用于国内文化交流，也用于国际交流。例如，在京都大学创设期间，作为全校亲睦团体诞生的"京都帝国大学以文会"发行了《以文会志》，会员不仅有法科、医科、文科、理工科各分科大学的学生，还有职员和毕业生等有志之士。京都大学人文科学研究所的前身之一的德国文化研究所，在1934年时房间的正面玄关挂着的匾额，是由原首相清浦圭吾挥毫的"以文会友"。

根据当初成立时的章程，文学部职员及历届生为会员，谋求会员之间的和睦关系，以促进各种研究为目的，举办会员名册及会报的发行、亲睦会、研究会、演讲会等，并在都、道、府、县设立支部。各支部在文学部本部的批准下，制定了各自的规章制度。

会报方面，1955年9月发行了《京大以文会报》第1号，直到1958年第3号为止，都是B5版纸质不好的小册子。在第3号中，增加了"学部来信"和"地方来信"栏。1959年9月的第4号以后，杂志名改为《以文》，成为A5版的册子，封面由铃木虎雄题字，封面照片是石狮子，此一封面一直延续到第43号。另外，从《以文》第5号开始，新设了"教室来信"和"支部来信"栏。

1991年以前的文学部，由哲学科、史学科、文学科三个学科组成；从1992年开始，新设了文化行动学科，成为4学科4×4的讲席。此外，学部进行了大规模重组，在1995年以后，文学部只有人文学科一个学科，从下一年度开始，组成了由6系16大讲席的新组织架构。文学研究科也相应地进行了改组，实现了所谓的大学院重点化。从1997年的《以文》第40号开始，刊登起文学研究科的公开研讨会的演讲概要和通知。自2001年的《以文》第44号起，改回了B5版纸，铃木虎雄的封面题字得以沿用，但石狮子消失了，变成了书影的彩色照片，每一期都会替换。

每年春天的毕业典礼的午间，以文会主办的啤酒派对一直持续了下来，但11月初举行的总会和演讲会则一直处于出席者寥寥无几的状态。京大文化研究院于1996年11月30日，为纪念大学院重点化的实现、庆祝文学部创立90周年与二阶建新教舍的竣工，召开了"创设期的京都大学文科东洋学者群像"与"西欧的表象文化——文学与艺术"两个公开讨论会。此后，每年秋冬之交举办"公开研讨会"，从第6回开始由以文会赞助，取消了以前的以文会演讲会。2005年12月，纪念文学研究科与北京大学历史学部缔结交流协定的"国际研讨会"，在由旧法经第一教室改装的、时计台100周年纪念大厅举行，以文会也赞助了该研讨会。

最初的会员名册发行于1958年，之后几乎每十年发行一次。1995年《京都大学文学部毕业生名册》以后的名册，被2005年《京都大学文学部毕业生、研究生院文学研究科结业生名单》的题名代替。另外，由于个人信息保护法于2005年4月实施，今后的会员名单将难以发行。

在2005年迎来创立50周年之际，为了促进活力，以文会修改了创立以来一直以"京都大学文学部长为名誉会长"的规定，改为"本会设名誉会长一名。由理事长选出"，并由社会学毕业的平井纪夫担任。纪念仪式于4月29日在时计台100周年纪念大厅举行，参加者达166人。在致辞后，还举行了室内音乐演奏会，然后是东洋史学毕业的砺波护与西洋哲学史毕业的冈崎满义作纪念演讲。仪式结束后，在纪念馆国际交流厅举行了联谊会，这是一次盛会。

另外，发行了由京都大学文学部编的《以文会友——京都大学文学部今昔》（京都大学学术出版会，2005）一书。该书从《以文》第43期以前收录的随想中，遴选出主要涉及大学和学部动态的67篇作品成集。该书由文学部传统的三个分类——哲学、史学、文学三部分构成，以《Ⅰ　哲学的风景》《Ⅱ　史学的律动》《Ⅲ　文学的协调》作为章节。这是《以文会友》系列的第1册，据说其他众多随笔也将依次收录。

（《京都大学文学部的百年》，京都大学大学院文学研究科、文学部，2006年6月）

第五节 宫崎市定兼任的"地理学教室主任"

1946年1月23日，史学科教授会议决定由东洋史讲座教授宫崎市定兼任地理学教室主任，重建研究室。根据宫崎的《自订年谱》，史学科陈列馆的各教室中，地理学教室在战争期间因小牧实繁教授醉心于地政学，而使得教室学风为之一变，有了崩溃的预兆——教室的图书被带走，学生失去目标，只能左右摇摆。另外，"教室主任"是俗称，只不过是教室的代言人，并没有发言权。

宫崎描述道："本来对地理学就不熟悉，但也要教授一部分课程。"他在1929年从冈山的六高教授转任京都三高的教授以来，最亲密的朋友是地理学教授藤田元春。从1933年开始的3年间，藤田作为文学部讲师，在地理学教室担任了"中国地理书讲读"的授课。从听讲生名册中可以看到，后来成为著名地理学者的米仓二郎、织田武雄、日比野丈夫等人的名字。1934年，他将《水经注二题》投稿给了《史学杂志》，并在史学研究会上发表了题为《就天明地理图》的演讲，表明他在地理和地图上有着深厚的造诣。他在1943年出版的《日出国与日暮处》中收录的《在巴黎发行的北京版日本小说及其他》一文里，运用了欧洲出版的日本古地图。

在战败后的1945年10月，GHQ①向日本政府发出了《关于日本教育制度管理运营事情》和《关于教师及教育相关人员的调查、排除、批准事情》。针对京都大学，首先提出了泷川事件②时不停职、辞职的原教官待遇问题。但是，在1946年5月同时发布了敕令《教职员的去职、就业禁止以及复职等事情》和有关其实施的文部省令等，开除教职和开除公职的审查委员会将于6月设立。因此，宫崎的教室主任兼职，是为小牧提交辞呈并于上年年末的12月27日自动离职后的善后对策，但小牧在此时还没有被开除公职。

无论哪个教室，应召的学生们从战场上一个接一个复学，提前毕业的学生也加入进来，教官变得很忙碌。宫崎向立命馆大学教授织田武雄求助，请其在2月28日任非常勤讲师，同时还任命吉田敬市为助手，以其为中心进行教室运营。副教授室贺信夫于3月30日退休，所以从新年度的4月开始，宫崎讲授中国地志，国史学教授西田直二郎讲授历史地理学，考古学教授梅原末治讲授日本史前地理学，织田负责讲授人文地理学的特殊授课和演习。但是，西田因被指定为开除教职者，于7月末退职。后期以织田讲授人文地理学概论，他于次年3月就任助理教授。宫崎始终扮演着监护人角色，重建教室的一切都是由织田着手。宫崎继续负责中国地理的课程直到1950年前期为止。他在9月就任文学部长。同年11月，织田升任教授，名副其实的织田教授时代开始了。据织田的《宫崎市定老师与我》（《宫崎

---

① 即驻日盟军总司令，General Headquarters，亦特指道格拉斯·麦克阿瑟。

② 即1933年发生的京都大学师生抗议活动。

市定全集》第3卷月报）记载，织田之所以开始热衷于地图学史研究，也是因为看了宫崎所藏的欧洲古地图后开始对古地图产生了兴趣。

借此机会，我想谈谈在兼任以前，宫崎与京都大学地理学教室的关系。根据他在1983年春所写的回忆文《来方之记》（《宫崎市定全集》第23卷），宫崎从饭山中学作为第一期学生进入了新设的松本高中进行学习。起初他对政治很感兴趣，但想在大学里学习历史，就志愿报考学校的问题，向从地理学教室毕业的浅若晃教授请教。浅若说，研究历史就到京都学东洋史，京大的东洋史中有内藤虎次郎、桑原骘藏等世界级大师，而且因为他们都已经上了年纪不能长期在职，被浅若断言现在是绝好的机会。宫崎后来对许多前往东京的学友说："我能向西走到京都大学大门，时至今日我仍然感谢当时浅若老师的建议。"

宫崎进入京都大学是在1922年4月，当时的史学专业新生有10人左右，作为一年级学生需要听讲史学科共通的普通课程。在当时，人文地理学的普通课程已经转移到了理学部地质科，授课教授小川琢治（1870—1941）的自然地理学是必修科目。宫崎在这一年的普通课程中，从"地理学是什么"开始，一生都未曾放下小川《地理通论》的听讲笔记。

据说织田立志研究地图学史的契机，是宫崎从1936年起在巴黎停留两年期间购买的欧洲刊印的古地图。这些地图在宫崎死后，被捐赠给了京都大学附属图书馆，作为"宫崎文库"被分别放置。其中的20件优秀作品被作为京都大学综合博物馆开馆纪念协助策划进行了展出，并发行了解说图录《近代京都图和世界图》（2001）。在解说中，名誉教授应地利明负责了其中18件，我负责了剩下的2件，该图录还再录了织田的《地图的历史》（讲谈社，1973）卷首的宫崎序文。

（京都大学文学部地理学教室编《地理学 京都的百年》，ナカニシヤ出版，2008年8月）

第六节　森鹿三与人文科学研究所

京都大学人文科学研究所的前身——东方文化学院京都研究所，是在外务省管辖下于1929年4月成立的。最初免费借用了京都帝国大学文学部陈列馆一楼东南角的一个房间，到了翌年11月，在北白川建成了一个让人联想到西欧僧院样式的新屋所。成立之初的七个研究部门之一为中国人文地理学，研究主题是"《水经注》研究"和"清代疆域图及索引编纂"。在房间的分配上，根据小川的意见，将西北角的大房间和东邻的小房间合起来作为地理研究室。

在开设研究所时，刚刚从文学部东洋史毕业的森鹿三（1906—1980）成为助手，其后成为研究员，评议员小川琢治成为指导员。森入驻地理研究室东侧的个人办公室后，专心研究《水经注》，在《东方学报京都》杂志上发表了《水经注》《关于戴震的〈水经注〉校定》《最近的〈水经注〉研究》等。

以编纂真正的中国地图为目标，森鹿三在1932年末，受地理学出身的太田喜久雄的嘱托，开始进行原以小川为监修的《清代疆域图及索引编集》的编写工作。首先是以现在所收集的地图为资料，在比较研究的基础上，精心制作了铜版雕刻，并根据时局形势变化修正。在1936年春，刚从东洋史毕业的日比野丈夫（1914—2007）作为特约员入所进行协助，编辑工作得以进展顺利。次年秋，由东京的富山房以《东亚大陆各国疆域图》为名并索引发行，采用了400万分之一的比例尺。

森于1937年，作为与东洋史学共同的非专职讲师，讲授了中国历史地理研究法；1938年作为外务省文化事业部的在华特别研究员，在中国留学，于一年后回国。日比野也同样留学了两年，致力于收集资料和实地调查，回国后升格为副研究员。另外，于1937年从东洋史毕业的佐伯富，在地理研究室从事宋代茶法资料的编纂工作；于1940年开始，荒木敏一代替了佐伯从事《资治通鉴》地名索引的编纂工作。佐伯的研究报告《宋代茶法研究资料》在1941年发表时，森的报告还未面世。日比野收集的宋代物产资料，则在战争末期于大阪印刷时，遭美军空袭而被烧毁了。1938年4月，东方文化学院将位于东京和京都的两部分分开，京都研究所改名为东方文化研究所，中国人文地理学研究室改称为地理学研究室，但是研究活动没有任何变更。

在战败前后，东方文化研究所陷入了财政困难。到了1949年，京都大学附属的人文科学研究所和西洋文化研究所（战败前的独逸文化研究所）合并，作为拥有11个研究部门的京都大学人文科学研究所再次成立。东方文化研究所的研究体制，由作为人文研的东方部继续运行，地理学研究室也没有任何变更。研究所全体教官的定员是11名教授、14名副教授、4名讲师和29名助手。虽然是文科的附属研究所，但是助手的名额却和理科一样，是因为申请时大学事务局参考了化学研究所的名额表制作的，然后直接报给国会通过。地理学研究部门定员为1名教授、1名副教授、1名讲师、2名助手，共计5名；在研究所内的运营上，地理研究室分配了1名教授、1名助理教授或讲师和1名助手，共计3名。研究工作的重点，放在了共同研究上。在合并10年后的1959年春，森鹿三为地理研究室的教授、日比野丈夫为助理教授、米田贤次郎是助手，他们都是文学部东洋史的毕业生。在米田转职的1961年后，地理学出身的船越昭生在12年间、之后的秋山元秀在5年间作为助手，一边照顾以地理学研究室为主体的共同研究班，一边从事着个人研究。

森自1953年直到1970年春退休为止，一直担任着文学部人文地理学的校内授课负责人。他的学术论文集，除了东洋史研究丛刊的《东洋学研究历史地理篇》《东洋学研究居延汉简篇》之外，还有《本草学研究》（杏雨书屋，1999），简略年谱被日比野收录在了《后记——森老师的学问和人品》之中。日比野从1954年到1977年春退休为止，同样在校内担当了人文地理学的授课，他的学术论文集有东洋史研究丛刊的《中国历史地理研究》。

1968年文部省指示，同一大学的多个部门不能接受同一名称的讲席或研究部门，结果人文科学研究所的地理学研究部门改名为历史地理研究部门。另外，为了寻求大学附属研究所教官对研究生院的协助，文学研究科增加了13名硕士和12名博士作为人文研的学生。历史地理部门增加了硕士1名，博士1名。结果，文学研究科地理学专业的招生名额为3名硕士和2名博士。

在2000年春，人文科学研究所进行了大幅度的组织改革，将此前的17个研究部门、3个客座部门和东洋学研究中心，改编为以数名教授为核心的五大研究部门制和汉字信息研究中心。

历史地理研究部门将制度史系，改为了文化构成研究部门，地理研究室改名为制度史研究室。就这样，持续存在了70年的地理部门消失了。

（京都大学文学部地理学教室编《地理学　京都的百年》，ナカニシヤ出版，2008年8月）

第七节 近卫家熙考订本《大唐六典》的研究

对唐朝以前的中国行政机构和官僚制度进行考察时，最有用的书是30卷的《大唐六典》。此书是唐玄宗御撰，由宰相李林甫等人奉敕作注，最好的文本是近卫家熙的考订本。近卫家熙是摄政和太政大臣，位极人臣，出家号为预乐院。近卫家熙（1667—1736）在致仕后的二十多年间，将精力倾注于《大唐六典》，对此书进行了缜密的审订，在书稿完成后，也一直与身边的侍臣探讨。但该书直到他死后三周年忌日的前一天才得以出版，这就是在世界东洋学界家喻户晓的"近卫本"。

关于收藏近卫家传世之宝的阳明文库，在周刊朝日百科全书《日本的国宝》17号（朝日新闻社，1997.6.15）中已有过介绍；在建造存放阳明文库建筑时，京都帝国大学捐赠了近卫本《大唐六典》全卷庞大的版木。文学部使用其版木，在1914年和1935年间进行了印刷。

前几年，在台北出版了作为缩印盗版的洋装书。直到1973年，广池千九郎对近卫本《大唐六典》全卷进行了标点、训点以及填补，内田智雄加以补充修订，由广池学园事业部出版了"广池本"；此书影印本由西安三秦出版社进行了出版。然而，因为广池本的标点和填补不当的地方随处可见，所以必须重新加以审视。

在1992年，中华书局出版了由北京大学陈仲夫进行详细注释的校本《唐六典》；在此书凡例中，特别对日本的近卫家熙予以表彰。

话说回来，内藤湖南在1924年5月3日召开的，新井白石二百年纪念演讲会上，发表了题为《就白石的一个遗闻》的演讲，介绍了托付在京都大学的近卫家熙和新井白石（1657—1725）之间的书信等（《历史与地理》15—5，之后被收录在了《先哲的学问》中；《内藤湖南全集》第9卷，筑摩书房）。他说道：

> 家熙公校对《大唐六典》是一生的大事业，其完成要到白石死后。由于时间较长，开始着手时收集了各种各样好的《六典》版本。白石听了后，也拿了一本，即刻从江户送来献上。这是一本多么好的书啊！也许只是一本无聊的书，但无论如何都是一个材料。就那本书，讲了很多话，请家熙公写了跋。元禄大地震是和这次大地震差不多的地震。在信中，乍恐言上开始详细写为了保存那本书费了多少心思。……当时溅上书本的泥渍成为纪念，使得家熙公更加小心翼翼，在注文中想要立即给书上加上怎么样的题跋，家熙公开始撰写跋文了。尤其在白石回到江户后，家熙公更加发奋地用汉文写下跋文。白石加上意见，到处修改后返还，家熙公按照修改的样式，誊写下来给白石。近卫家现在也有修改过的原文和誊清的草稿。

作为参考，将以"乍恐言上"开头的书信（宝永七年十二月十三日，附书状等）全文移录。新井白石在《折柴之记》中写道：元禄末大地震时，挖掘坑埋的"赐所之书，亦亲手抄录之物"中，就包含了这本《大唐六典》。

由此观之，内藤湖南虽然看过书状，但却无法确认新井白石在宝永七年（1710）赠送给近卫家熙的，就是被泥土弄脏的《大唐六典》。然而在几年前，京都大学附属图书馆的古川千佳，在房间架子上发现了这本未整理的书，并和我进行过探讨。毫无疑问，这本书就是内藤湖南提到的那本，所以被当成贵重书籍，加进了京都大学附属图书馆的近卫文库中。可以判明的是，近卫家熙在新井白石赠送的嘉靖本（1544年刊）白石亲笔抄本基础上，在撰写跋文外，还花费了20年时间一直在进行考订。

这次的出版，因为有了研究费，所以在缩印全文的同时，根据家熙自己的手书与正史和《通典》等对校，不仅用了朱墨，还使用了蓝色等多种颜色的笔墨，对160张多色的注释和拼接处进行彩色拍摄，被泥巴弄脏的部分也清楚可见。

经过新井白石批改的近卫家熙跋文概要移录如下：

近卫家熙考订《大唐六典》稿本自跋

《唐六典》者，明皇敕宰臣李林甫等所撰、百官经纬、千古典刑也。余早岁搜索四方，未尝购得，以为遗憾。今兹幕下士新井君美，衔命来洛，其为人豪迈卓伟，读书不撰何书，学以适用为本。余一见之，如旧识垂青话，心不觉日之暮夜之旦。只恨相见之晚。一日谈及《六典》之事，君美云："昔讲习之暇，偶得一本，手写以珍藏焉。请备于览可乎？"余甚喜之。无几送致之。盖飞驰以取来也。且其言云："此典卷末斑乎，有泥污之痕也。往年江府地大震山崩，屋侧书库，四壁迸裂，若龟文拆。而后震动未息者弥月，上下皆不安逸。窃自以为不久必有爵攸之变，乃命匠泥其壁隙，以修补之。果大火，藏书于库中而去。……故有匮中书典多泥水所染污。然免池鱼之殃，亦一幸矣。所以不忍削其痕者，冀谅察焉。"余甚感之。其人宏才谨慎。今观此典，正楷端肃，可谓勉矣。……苟非大略过人，孰能若斯哉。古云："岁寒，然后知松柏之后凋。"余于彼亦云。

宝永庚寅岁季冬日
摄政家熙志

另外，近卫家熙晚年获得正德本后欣喜若狂的样子，在山科道安笔录的《槐记》"享保十一年（1726）十二月五日"条中可以看到。（《近世随想集》，日本古典文学大系96，岩波书店，1965）。

（《古典学的再建》研究成果中间报告书，2000年10月）

第八节　京都的中国学

2008年正月和2月，东京国立博物馆举办了阳明文库创立70周年纪念特别展——"宫廷的雅——近卫家1000年的名宝"，发行了豪华图录。在全6章中，第3章和第4章是"家熙的世界"。近卫家熙是近卫家第21代家主，有过名副其实的官位，历任关白、摄政、太政大臣，出家号为预乐院。作为当时首屈一指的学术文化人，他在书画、茶道、花道等方面取得了很多成就，这次展示的是江户中期近卫家熙的全貌。

家熙亲笔的一些临摹，特别是临摹藤原佐理笔的《离洛帖》，其精彩程度令人叹服。然而令人遗憾的是，家熙在太政大臣任职期间休息之暇，与退休后的20多年间，一直在京都鸭川西岸的别邸里倾注精力审订《大唐六典》，在书稿完成后也一直与身边的侍臣相探讨，直到他去世三周年的前一天该书才最终得以出版。关于近卫本《大唐六典》三十卷的考订工作，此次展览完全没有提及。

近卫本《大唐六典》，正是京都中国学在世界上引以为豪的第一个成就，不仅在当今中国学界，在世界上也受到广泛赞誉。该版木被近卫家寄存在京都大学文学部，该学部使用该版木于1914年和1935年两次印刷发行，京都的临川书店和台湾的书店发行了缩印本。此外，针对近卫家熙审订的《大唐六典》全卷，广池千九郎加以标点、训点、填补，内田智雄又进行了补充修订，于1973年由广池学园事业部出版，其影印本由西安三秦出版社出版。顺便一提，在京都堀川东岸的私塾古义堂，比近卫家熙小3岁、著有《制度通》十三卷和《唐官钞》三卷的伊藤东涯（1670—1736），可能因为是町人身份，完全没有和家熙直接交往的迹象。在家熙校勘《大唐六典》时，其底本是江户的新井白石赠送的明嘉靖本的白石亲笔抄本。那本抄本现藏于京都大学附属图书馆。

文科大学与东方文化学院的创设

先不说近卫家熙考订的《大唐六典》，在回顾明治时代以后京都中国学的历史时，划时代的事件是两个学术研究机构的创立。第一个是1906年京都帝国大学文科大学（现在的京都大学文学部前身）的创立；第二个是1934年东方文化学院京都研究所（现在的京都大学人文科学研究所东方学研究部前身）的创立。

首先，在京都帝国大学创立9年后、文科大学创立之际，老师们为与已有的东京帝国大学文科大学相比，自身有什么特色而煞费苦心。在当初预设的四分科大学中，文科大学的开设是在日俄战争后。除了日俄之间的紧迫状况这一外在因素外，文部省因东京文科大学学生人数不足，有了在京都设置文科大学是"并不着急的事情"这样的议论。完成了京都大学创立构想的帝国博物馆总长九鬼隆一，为了实现重点发展东洋学的具体化，以"中国学"的中国哲学、东洋史学、中国文学，分别设立了分属哲学科、史学科、文学科的讲席。特别是在东洋史学上设置三个讲席，显示出了与东京有所不同的特色。

根据《京都帝国大学文学部三十周年史》（1935）的记述，创设期关于教授的人选也采取了与东京不同的方针。也就是说，致力于广泛征求人才，提高学府权威。比如说东洋史从媒体界迎来内藤湖南、国文学从文艺作家中迎来幸田露伴。所谓寻求遗贤于野，正是京都大学文科大学在社会上所表现出来的态度。

作为与中国学相关的创设期教授阵容，兼有中国哲学和中国文学两个讲席的是狩野直喜，东洋史学的是内藤湖南和桑原骘藏。关于狩野、内藤、桑原三人的成就，在《大航海》64号《特集·近代日本学者101》（2007）中刊载的，井波律子和我的文章，以及在三位教授早期学生小岛佑马（1881—1966）的回忆录《开设当时的中国学的教授们》（《京都大学文学部五十年史》，1956）中有如下证言。

狩野在成为京都大学教授前，一直是一个默默无闻的人，但是在东大毕业三四年后，他作为将要开设的京都大学文科的教授人选，被文部省派去中国留学，并在学术界迅速崭露头角。桑原比狩野晚一年于东大毕业，毕业后第二年出版了名著《中等东洋史》二卷，之后不久便成为高等师范学校教授，作为东洋史学家他已经拥有很高的名望。内藤与狩野、桑原经历不同，他从中学毕业就担任了杂志记者和新闻记者，根据其著作和报纸杂志的论文，他非凡的中国学学识很早就被人认可，在开设文科向四方广泛征求人才的方针下，被聘请到了京都大学。

根据小岛的说法，狩野放弃了将文科讲座分为哲学、史学、文学三科的构想，而是将其分为日本学、中国学、印度学等，又在中国学中分为哲学、史学、文学等专攻。据说主张将东洋史从汉学科独立出来的桑原，反对狩野的主张。在研究方法上，狩野和内藤主要以清学的实事求是方法进行；相反，桑原认为中国人的研究都是疏漏的，不可采信，应采用西方科学的研究方法；但是双方都是讲究实证的，在反对传统的明代学风这一点上，他们完全一致。这成为京大中国学的特征。

此外，小岛还表示，三人都对中国文化有着深刻的理解，但在对待中国文化的态度上，狩野和内藤非常喜欢中国文化，与中国的文化人士建立了友谊，自己也在努力学习中国文化；与此相反，桑原虽致力于学习中文，但对中国文化基本上是批判的，不怎么喜欢中国人，尽管如此，桑原对中国的研究还是有很大兴趣，对中国多方面的知识都很了解。

小岛说内藤只是从中学毕业而已，是对事实的误认。内藤在小学毕业后进入秋田师范学校学习并毕业，所以确实是当时学习所谓的精英课程——初中、高中毕业者以外的"旁流之人"。作为"旁流之人"，可以在大学学习被称为选科的课程。根据《京都帝国大学文学部三十周年史》记载，从开设哲学科开始，除了本科16人以外，还有17人选科入学，这些人经过一定的考试被允许成为本科生，为大学预科以外的好学生开放了门户。

然而，东京却完全不同。在《图书》1942年11月创刊号上刊登的、2008年2月号重新收录的西田几多郎的回忆《明治二十四五年左右的东京文科大学选科》中，关于1891年前后的大学时代有着这样的回顾：

当时的选科生真是悲惨啊。当然,从学校的立场来看,这也是理所当然的事情,但是选科生受到了非常大的歧视待遇。正如刚才所说,二楼是图书室,中间的大房间是阅览室。但是,选科生不能在那个阅览室读书,而只能在走廊里摆着的桌子上读书。到了三年级,本科生可以进入书库检索书籍,但是选科生却不被允许。……与充满欢乐回忆的高中时代相反,在大学时代既没有老师的眷顾,也没有朋友。默默地每天进入图书馆,一个人看书,一个人思考。

如此说来,东京帝国大学的选科生能在之后被同一大学录用,应是非常罕见的事例。

顺便说一下,京都大学文科大学在根据1919年2月的大学令进行改正,成为文学部后,也没有发生什么大的变化。但是在那之前,能够正规地将入学者送到帝国大学的高中有8所,而这一年又新设了新潟、松本、山口、松山这四所高中。之后每年都会增加,将公立和私立合计起来,在几年内实际上达到了34所。如此,文学部入学的本科生和选科生由合计60名,在1926年猛增到了330名。其结果是,扩建研究设施的进度跟不上了。同年,学部修改了规定,限制了选科生。也就是说,追加了"对选科生必须进行考试"这一项,废除了学年考试,并且不授予结业证书。原本选科制度是为正规高中毕业生以外的旁系入学志愿者而设立的,经过一定的考试批准其入学,之后会进一步审查成绩,再批准编入本科,这是文科大学创立以来的特色。以本科生为准的选科生和本科生有着明显差别,与西田几多郎叹息的东京文科大学情况相同。

对东京帝大的强烈对抗意识

在这之前，也有像研究中国佛教史的塚本善隆（1898—
1980）和东洋考古学的水野清一（1905—1971）那样的选科
生。根据塚本的《羽田老师的回忆》（《东洋史研究》14—3，
1955），塚本从膳所中学毕业后，在佛教专门学校学习了三年
英语和历史，并向刚从俄国回来、穿着时髦西服的年轻贵公子
般的京都大学羽田亨学习英语，在最后一年通过被称为"佛教
东渐史"的讲义，决定走佛教史学的道路。通过宗教大学研究
科、京都帝国大学文学部的印度哲学史选科，塚本于1926年完
成了该学部的东洋史学选科。这两个都是选科，羽田曾多次劝
说他："先参加学士考试吧，这样对就业更方便。"因为不这
样就没有学士学位。此外，根据塚本的《回忆》（《京都大学
文学部五十年史》），他在印度哲学史选科生时期，受到美术
史的泽村专太郎的喜爱，被邀请去近郊的社寺参观，还去泽村
家里玩，据说还可以自由地使用大学的个人研究室直到晚上9点
为止，享受到了独家恩惠。

水野清一的情况，在《水野清一博士追忆集》（1973）卷
末的简略年谱中有记载：

大正七年三月，神户市兵库高等小学第一学年结业。
大正十二年一月，兵库县立神户第一中学施行的专门
学校入学者学力检定考试合格。

大正十三年四月，作为东洋史学专业选科生进入京都帝国大学文学部史学专业。

昭和三年二月，第三高等学校实施的高等学校文科毕业学力检定考试合格。

三月，作为东洋史学专业的本科生进入京都帝国大学文学部史学专业。四月毕业。

本应继承蔬菜业家业的水野，在朋友森鹿三的协助下，秘密地为所谓的专门考试做准备，在通过了初中五年毕业的审定后，作为京都帝国大学文学部东洋史学专业的选科生入学。学习场所从小学一下子进入到了大学。在4年后的2月，他通过了三高施行的高中文科毕业学力检定考试，因此其在第二年3月作为本科生入学，竟然在第二年4月就毕业了。

作为选科生，在京都帝国大学度过青春时代的塚本和水野，在刚刚设立的京都东方文化学院京都研究所中作为研究员，享受着得天独厚的研究环境。在狮子奋迅般地活跃了30多年后，他们作为京都大学教授退休。年轻时的塚本和水野入所的第二研究机构设立情况与东京研究所的不同之处，在山根幸夫《东方文化事业的历史——昭和前期的日中文化交流》（汲古书院，2005）的"第四章　东方文化学院的设立"里有详细记述。

山根说，外务省当初只考虑在东京设立研究所，但是因京都研究人员的强烈要求，不得不变更最初的构想。在其背后，有着东京帝国大学和京都帝国大学激烈的对抗意识。在1929年4月东方文化学院开办时，按照规程，东京和京都两个研究所都委派有指导员、研究员、助手等，然而委派的研究人员的身份在东京和京都却完全不同。在东京，研究人员几乎都是评议员；而在京都，指导人员几乎都是评议员，但是研究人员都是专职研究员，没有一个评议员，这一点备受瞩目。也就是说，京都培养着中坚、年轻的研究人员，期待他们活跃起来；与此相对的，在东京，权威主义发挥着很大作用。在京都，即使是被录用为研究员的人，在东京也只能被录用为助手。

因为塚本在《大航海》64号中被提到过，所以在此省略不提。水野发表了关于殷周青铜器等中国古文物的个人研究，共同研究是与美术考古学的长广敏雄（1905—1990）一起组织调查队，得到塚本等人协助，发行了《响堂山石窟》（1937）、《龙门石窟的研究》（1941）、《云冈石窟》全16卷32册（1951—1956）等大作。

当然，京都帝大文科因"求遗贤于野"而招入的记者内藤湖南，为好学之人成为学生开放了门户，结果产生了塚本善隆和水野清一成为选科生，并在后来担任京都中国学一翼的机会。如果没有他们三个人，就像哲学的京都学派没有选科生西田几多朗①一样，将令人无法想象。

在侵华战争爆发前后，大学收到的由军部指示的外务省发出的照会，要求不仅要研究中国的传统文化，也应该致力于对理解现代中国有所帮助的研究。京都对此回答还是要固守对于传统中国古代文化的研究；而东京则明确表示将积极从事现代中国的研究。由此产生分裂后，作为东方文化研究所的京都部分进行了独立，但是研究体制完全没有改变。直到战败后的

---

① 日本近现代最重要的哲学家之一，哲学京都学派的开创者。

1949年，与西洋文化研究所一起被合并到了京都大学于1939年附设的人文科学研究所。在1979年出版的京都大学《人文科学研究所五十年》中明确表示，东方文化学院京都研究所继续被承认；与此相对，从1991年出版的东京大学《东洋文化研究所五十年》中可以看到，东方文化学院东京研究所已经消失了。

京都中国学的潜在对立

在介绍第二次世界大战后京都中国学的特色时，最近刊登在《アステイオン》67号《特集·世界思潮》（阪急交流社，2007）上的三浦雅士《白川静问题——文字学的射程》给了我们一个很好的线索。这篇论文由《藤堂明保的批判》《吉川幸次郎的立场》《贝冢茂树的立场》《白川静的孤立》等四节组成。文中首先详细介绍了藤堂明保对白川静的《汉字——成长与背景》（岩波新书，1970）的书评和白川的反驳，并提及了东大毕业的加藤彻，在《贝与羊的中国人》（新潮新书，2006）中对白川静一句话也没有提及的情况。

三浦表示："在学界中，东京大学有一个规定，就是应该将白川静默杀，并赞美藤堂明保。在京都中国学的发祥地京都大学，也默认了这种风潮。这件事的元凶应该是吉川幸次郎。"他引用了《吉川幸次郎全集》第1卷（筑摩书房）的自述文章，简直就是对白川静的批判："当然，当时吉川幸次郎是研究中国文学的权威。白川静的事情是不可能直接说出来的。批评他的是他在京都大学的同事、中国古代史研究泰斗的贝冢茂树，这样比较自然。"如果把贝冢茂树看作内藤湖南的直系，吉川幸次郎是狩野直喜的直系的话，在这里可以看出京都中国学潜在的对立，在这里已经明确了。

再加上三浦指出的相关资料就是《宫崎市定全集》第5卷（岩波书店，1999）月报——藤绳谦三的《来自宫崎史学的边境》。听过宫崎以"论语和孔子的立场"为题的演讲的西洋史学家藤绳，在9年后出版的《希腊文化和日本文化》注解中提到了宫崎关于《论语》的新解释。吉川寄来了长达3米的卷纸亲笔信，发表了自己的感想，他在最后写道：

> 乘兴而来的老生常谈就到此为止吧。再望好汉自重。
> 关于《论语》，宫崎、贝冢二人作为历史学家，多有奇说。很多古代原义，暂且不提中国人平常所读的解释，首先请看我的注（朝日新闻社筑摩版）。

总之，宫崎努力弄清作为历史人物的孔子的原来思想含义，而对于吉川来说，中国文明传统中的意义才是最重要的。

三浦表示："先是劝他申请博士学位，之后却完全不提这件事。吉川幸次郎这样的立场，是没法保持干净的。好恶暂且不论，对于他作为学者的能力总该是承认的吧。只能说两者处于无法相互割舍的境地。白川静应该也理解了批评的含义。但是，本应和白川静处于相似立场的贝冢茂树，也几乎没有提及白川静。"之后他又引用了《贝冢茂树著作集》第9卷（中央公论社）月报上赤冢忠的文章，虽然没有明说，但暗示可能贝冢夫妻相信白川偷了贝冢的构思这件事，就是互相保持沉默的原因。

在读到了盗用这一构想的观点，我不得不提到中国古代存在都市国家的说法。一般来说，中国古代都市国家说是由宫崎市定和贝冢茂树倡导的，但是古代史专家是贝冢，所以论文中多写有主张都市国家说的是贝冢和宫崎。

话说回来，贝冢将中国古代视为封建制的立场转变为都市国家说，正如贝冢自身回顾的那样，是在1951年5月出版的《孔子》（岩波新书）中。都市国家说，正如宫崎在《我的中国古代史研究经历》（《古代文化》37—4、5合并号，1985；《全集》第5卷，岩波书店）中回顾的那样，是于1934年在《历史与地理》34—4、5合并号的内藤湖南追悼纪念论文《就游侠》（《全集》第17卷）中明确公开发表的；在1940年出版的《东方淳朴主义的民族和文明主义的社会》（富山房）中提出了："中国上代是封建制还是都市国家？"（《史林》33—12，1950；《全集》第3卷），他将其与古希腊、罗马的都市国家进行了比较。总而言之，世界上第一个主张中国古代有城市国家的是宫崎。关于中国古代史的发展，宫崎提出了殷周时代的都市国家→战国时代的领土国家→秦汉时代的古代帝国的图式。

然而，贝冢并没有说是因为宫崎的说法，才将观点转变为都市国家说的，而是在《孔子》中写道："中国的城市国家形成过程，是近代法国的大史学家希斯特·德·库兰奇在其名著《古代都市》中出色地描绘出来的古希腊、罗马城市。"（《贝冢茂树著作集》第9卷，中央公论社）。虽然宫崎并没有用文字表达出来，但对贝冢的不信任感肯定一直有。在都市国家论者编集的论文集《古代殷帝国》中，讽刺地收录了与"都市国家"时代和"帝国"时代相提并论的认识。

以防万一补充一句，三浦对吉川破例以学问观念劝白川申请博士学位，感到了违和感。至少据我所知，这是非常普通的例子，因为在京都大学文学部，不会因为立场不同而拒绝博士的学位审查，也不能有。

（《大航海》66，2008年4月）

后

记

　　2001年春，在我年满63岁从京都市左京区京都大学退休之际，作为纪念，前作《京洛的学风》由中央公论新社出版。在那之后的9年里，我在北区的大谷大学工作。本书以我于大谷大学在职期间给各种报刊投稿的文章为中心，收录了很多前著中未收或之后发表的杂文。前半部分的"第一章　从敦煌到奈良"和"第二章　大谷的响流"按标题排列，后半部分的"第三章　京洛的书香""第四章　先学的彰显""第五章　京都的中国学"排列得相当随意。

　　2015年12月，在大谷大学召开的题为"中国古代史及敦煌、吐鲁番文献研究"的中国社会科学院国际研讨会上，我发表了题为《敦煌与京都的五台山》的报告。以东亚的五台山信仰为焦点，论述了敦煌的《五台山图》壁画、《五台山巡礼记》和京都嵯峨野的释迦堂、清凉寺的仁王门题额"五台山"等，希望引起大家关注。与此同时，将在本书中提到的斯坦因个人体验记《沙埋和阗废墟记》捐赠给京都大学附属图书馆的是同样在本书有所提及的E.A.戈登女士。戈登女士在高野山奥院的参道上建立了景教碑仿造石碑，生前将被称为"日英文库"的庞大西方图书委托给日比谷图书馆保管。早稻田大学设立了"戈登文库"，在她死后高野山大学又收藏有"戈登文库"，这些我是知道的。但是以前我不知道她把斯坦因的著作捐赠给了京都大学。

本书封面装帧时使用的锦文来自《"诞生120周年纪念展——初代龙村平藏织的世界"图录》（朝日新闻社，1996）的"三"中复原的"一 汉锦韩仁绣文"锦。根据解说，原品"云气动物文经锦"是斯坦因探险队在中国楼兰发掘的公元3世纪锦缎，现收藏于新德里国家博物馆。云气文中是龙、虎等6种动物的具体图样，动物文之间织出了"韩仁绣文广者子孙无极"几个字。另外，龙村①还特别记载了从京都大学教授内藤湖南那里收到锦的照片，以此为基础组织研究，结合奈良的正仓院御物裂②研究进行了复原，这是平藏唯一一个在海外的原品复原案例，最适合作为本书封面。感谢京都龙村美术织物爽快允许我们使用的好意。

---

① 这里指的是日本知名染织研究家初代龙村平藏（1876—1962）。
② 即奈良东大寺正仓院所藏唐代染织品。

本书与先行出版的学术论文集《隋唐佛教文化史论考》《隋唐都城财政史论考》一道，都是由大谷大学的受业生、法藏馆编辑部的今西智久策划出版的。今西还为我做了地图和表格。这次，京都大学的受业生森华先生从书本设计到插画，都给予了协助。两位主修隋唐史的人的合作，使这本书成为一本非常漂亮的书。编辑校对阶段也使用了大谷大学图书馆的会议室。为我安排这些的图书博物馆的山内美智科长也是东洋史专业的，是我在作为非常勤讲师时的听讲生。谢谢大家。

2016年9月6日

译者后记

我第一次仔细阅读本书，是在2017年夏，第一次选择乘坐中日国际渡轮"新鉴真"号，由神户回到上海的旅程中。老实说，我并非刻意选择了这本书作为我的旅行读物。而是在出发前一日，我到天王寺附近的书店闲逛，想找一本感兴趣的相关领域书籍供我在旅程中消磨时光时，在书店分类书籍热销书架上看到了这本学术随笔集。诚如诸位一样，我也是第一时间被书名深深吸引，故而激起了我进一步学习了解的欲望。但很遗憾的是，登船的第二天晚上因初尝远航的不适，我没能再继续阅读下去。但我在船上所阅读到的地方，恰好是在本书的第一章丝路人物传中介绍井上靖《天平之甍》与鉴真东渡的部分。此时，正在"新鉴真"号上回归故国的我，感到与此书之间产生了一种强烈的宿命感，并在之后的岁月中，于很多场合向很多学界师友同道推荐过此书。关于砺波护老师这本书的介绍与翻译工作，在开始时，我是想将日本相关学者的研究视角与理论展现给国内同道。虽然本书是一篇记述性质的学术随笔，但其中看待问题的视角与认知上的裁用，依稀可以使我们了解到以砺波护先生为代表的老一辈日本敦煌学相关学者，是如何看待丝路文化，及丝路与中国、与日本文化之间的交互关系的。

关于敦煌的记忆，其实于我而言是比较匮乏的。虽然一直以来有接触一些佛教美术方面的研究，但若真的需要说起，多集中在宋以后的一些具有佛教思想性的美术作品中。如果抛开专业角度来说，迄今为止我与敦煌学研究最为亲密的一次接触，应当就是在对此书进行翻译过程中所进行的学习和体悟了。但在此之前，我对如何站在日本文化的场合看待敦煌以及其代表的丝路文化，是通过另外一种文学化的途径。站在世界专业的敦煌学研究范围之外，在20世纪60年代以后日本社会对于敦煌热潮的最大起源之一，当属上文中所提到的井上靖的另一代表作——《敦煌》。如果说在本书中所介绍的是京都及日本的学界对于敦煌的认知与敦煌学的发展过程的话，那么以井上靖《敦煌》所带来的对日本社会文化上的影响为视角，可以判明敦煌文化在日本社会文化整体中的发展历程。因此，我们也许可以将对于《敦煌》的考察作为本书的后传，从中看到敦煌学与敦煌文化在日本社会各界所持续散发着的动人魅力。关于《敦煌》一书的内容，我无意做出太多的分析与说明，因为我们身处在不同的时代与文化语境之中，很难真正地去置身于这本巨著刚刚诞生流行时的语境里去感悟。我想这是除了翻译的问题之外，这本书在国内各界评价并不是很高的原因之一，但并不妨碍这本书所展现的精神内核带给我们的更深层次与多角度的精神洗礼。当然，无论是在本书还是《敦煌》中，因为时代与空间的局限性，以现代的视角为评判标准，自然会有着许多谬误的存在，但我觉得这反而是我们把握敦煌学与敦煌文化发展的一个绝佳的机会。通过带有遗憾和不足，但不失其价值的先行研究成果，既可以去伪存真为当下的研究指明方向，又可以通过回溯的方式对前辈的研究方法进行总结和提炼，进而得以更加透彻地理解一门学科发展的客观逻辑与路径选择。在通过此书得以与砺波护老师深入交流与学习后，我对于京都学派中国学以及敦煌学在日本近现代学术与文化史上的意义，有了更为清晰与深入的理解。在本书的翻译及出版过程中，年过八旬的砺波老师数次来信联络，并不顾疫情未熄，亲赴京都与我商论相关事宜，还赠予多种相关书籍以供参考。在我感动于砺波老师对于后辈学者无微不至的关照之余，也感受到了砺波老师对于中国学界及中国读者非同一般的重视。但碍于我才疏学浅，深恐辜负了砺波老师的一番良苦用心，对于书中翻译内容可能存在的谬误，还望诸位方家同道不吝赐教。

在本书翻译过程中，因为恰逢疫情肆虐全球，给本书的翻译及出版工作带来了很大的客观困难。在此，向对本书翻译出版工作给予大力支持的四川人民出版社，以及章涛、邹近二位老师表达最诚挚的谢意。感谢荣新江老师对本书的审校与惠赐的序文，感谢沙武田老师的序文与杨宝玉老师的推荐。同时，向在本书翻译过程中予以关注与帮助的井黑忍老师、井上充幸老师，以及提供了主要翻译场所的梁引先生、刘畅女士，致以谢意。

黄铮

辛丑年于日本京都